Dozenten als neulateinische Dichter

EDICTVM

ILLVSTRISSIMI PRINCI
pis Electoris Ioachimi. II. Marchionis
Brandenburgensis.

GEORGII SABINI & aliorum
quorundam Professorum Carmina
de instaurata Academia Fran-
cofordiana.

ADDITVS EST CATALOGVS
Autorum, qui Francofordiæ ad Oderã
prælegunṫur.

ANNO M. D. XLI.

Siegmar Döpp

Dozenten als neulateinische Dichter

Die Erneuerung der Universität Frankfurt (Oder) unter Kurfürst Joachim II.

Haec schola cum iacuit multos collapsa per annos,
iam tamen extollit rursus in astra caput.

Bernhard Holtorp

Kartoffeldruck-Verlag
Speyer 2023

Bibliografische Information der Deutschen Nationalbibliothek

Die Deutsche Nationalbibliothek verzeichnet diese Publikation in der Deutschen Nationalbibliografie; detaillierte bibliografische Daten sind im Internet über http://dnb.d-nb.de abrufbar.

Der Kartoffeldruck-Verlag publiziert zum reinen Selbstkostenpreis Bücher, die in jeder Buchhandlung bestellt werden können.

1. Auflage 2023

www.kartoffeldruck-verlag.de
ISBN 978-3-939526-61-2

Inhalt

Vorwort

Im Folgenden geht es um die Übersetzung und Erläuterung eines bemerkenswerten bildungsgeschichtlichen Dokuments, eines lateinischen Buchs aus dem Jahr 1541. In der Mitte des dreiteiligen Werks stehen achtzehn Gedichte verschiedener Autoren, und zwar handelt es sich um Dozenten der Universität Frankfurt an der Oder (Viadrina). Gerahmt werden die Gedichte von einem kurfürstlichen Edikt und einem Vorlesungsverzeichnis.

Bei der im Internet erhältlichen digitalen Kopie des Werks, die auf dem Exemplar der Sächsischen Landesbibliothek – Staats- und Universitätsbibliothek Dresden beruht, ist leider durch falsche Bindung die Abfolge der Gedichte erheblich gestört. Ein korrekt gebundenes, schönes Exemplar befindet sich hingegen im Domstiftsarchiv Brandenburg. Dessen Leiter, Herrn Dr. Uwe Czubatynski, danke ich herzlich dafür, dass er mich das ausgelagerte Werk hat einsehen lassen.

Mit 180 Versen ist das Gedicht Nr. 16 das längste und zugleich mit seinem astronomischen Gehalt schwierigste. Nur mit der aufs liebenswürdigste gewährten, umfassenden Hilfe von Professor Dr. Stephan Heilen (Universität Osnabrück) konnte ich eine Übersetzung und Erläuterung dieses Gedichts versuchen. Herrn Heilen gilt mein ganz herzlicher Dank!

Ebenfalls zu besonderem Dank bin ich Dr. Michael Fleck (Bad Hersfeld) verpflichtet: Er hat den größten Teil des hier Vorgelegten gelesen, mich vor so manchem Fehler bewahrt sowie Übertragungen und erklärende Anmerkungen an einer Reihe von Stellen verbessert.

Dass das Manuskript kurze Zeit nach dem Abschluss erscheint, hat mit seinem unbeirrbaren Engagement Kai Brodersen (Erfurt) ermöglicht: Dafür danke ich ihm *ex animo.*

Berlin, Anfang September 2023

Einleitung

a) Der Gegenstand der Untersuchung; Terminologisches

Am 26. April 1506, einem Sonntag, eröffnete der brandenburgische Kurfürst Joachim I. (Nestor), der von 1499 bis zu seinem Tode am 11. Juli 1535 regierte, in Frankfurt an der Oder[1] feierlich die erste Landesuniversität, die später so genannte Viadrina[2], indem er den Einzug der Notabeln der Gründungsphase und des Universitätspersonals in die dortige Marienkirche anführte[3]. Zunächst lockte

1 Der Einfachheit halber wird das an der Oder liegende Frankfurt im Folgenden ohne den Flussnamen bezeichnet, das hessische Frankfurt hingegen als Frankfurt am Main.

2 Das angegebene Datum ist wie auch bei den anderen in dieser Arbeit zitierten Quellenschriften das des julianischen Kalenders, der erst ab 1582 nach und nach durch den gregorianischen abgelöst wurde. Die Bezeichnung Viadrina, welcher der lateinische Name *Viadrus* für die Oder zugrunde liegt („Universität an der Oder"), wurde erst nach dem 16. Jahrhundert üblich: Höhle (2002) 7; Targiel (2003), in: UNIon Nr. 37/39 Februar/Mai 2003, 25; sie wird im Folgenden der Einfachheit halber, wenn auch unhistorisch, anstelle von ‚Universität Frankfurt an der Oder' verwendet. – Nach Horn (1893) 122 konnten im 16. Jahrhundert und später für die Viadrina noch folgende Bezeichnungen verwendet werden: Illustris ad (cis, propter) Viadrum Academia; Francovadana; Marchica; Brandenburgica Electoralis; Trajectina. – Zu den Bauten der Universität, namentlich zum Hauptgebäude, dem Collegium maius, s. Gurnik (1904) sowie vor allem Targiel (2006 / 1) und Targiel (2006 / 2).

3 Die Eröffnungsfeier einer Universität auf einen Sonntag (oder ein bedeutendes Kirchenfest) zu legen, entsprach einem in Mittelalter und früher Neuzeit verbreiteten Usus, wie Frank Rexroth dargelegt hat, der ausführlich die Botschaften untersucht, die von einer solchen Terminwahl ausgehen; so wurde z. B. „den in die Zuschauerrolle gedrängten Beobachtern während der Prozession und der Messe vor Augen geführt, welche Instanzen sich um die Hochschule bemüht hatten und diese zu schützen gedach-

die neue Universität außerordentlich viele Studenten an[4], doch gegen Ende von Joachims I. Regierungszeit begann sie erheblich an Bedeutung und Zuspruch zu verlieren. Sein Sohn und Nachfolger, Joachim II. (Hektor, reg. 1535–1571), war von Anfang an bestrebt, der Viadrina zu einem neuen Aufschwung zu verhelfen; gleichzeitig vollzog er in Brandenburg Schritt für Schritt die Einführung der 1517 durch Martin Luther (1485–1546) eingeleiteten Reformation. Dass seine Maßnahmen zur Wiederaufrichtung der brandenburgischen Landesuniversität den gewünschten Erfolg hatten, davon zeigte sich der Kurfürst überzeugt, als er am 23. Januar 1541, einem Sonntag, ein lateinisch geschriebenes Edikt unterzeichnete; unter anderem verkündete er darin, dass künftig staatliche Ämter den Absolventen der Viadrina vorbehalten bleiben sollten[5]. Veröffentlicht wurde das *Edictum* sicher bald nach der Unterzeichnung, allerdings nicht in einem einzelnen Formular, sondern zusammen mit achtzehn lateinischen Gedichten, in denen die Verfasser die Erweckung der Viadrina zu neuem Leben feierten. Gerahmt wird die Reihe der *Carmina* durch einen Panegyricus des berühmten Dichters Georg Sabinus (1508–1560) auf den Herrscher (*c.* 1) und ein versifiziertes, katalogartiges Elogium zahlreicher Professoren (*c.* 18); den Hauptteil bilden sechzehn Gedichte, mit denen einzelne Dozenten, überwiegend solche der Philosophischen (Artistischen) Fakultät[6], ihre

---

ten" (Rexroth [1998] 22–27; das Zitat steht auf S. 25; die Viadrina wird auf S. 23 erwähnt).

4 Fläschendräger (1983) 171: „Keine der bis dahin gegründeten deutschen Universitäten konnte sich einer so hohen Zahl von Erstimmatrikulationen rühmen wie die Oder-Universität"; nach Fläschendrägers Zählung waren es „mindestens 917".

5 So wie die Eröffnungsfeier der Viadrina an einem Sonntag stattgefunden hatte (zur Symbolik dieses Termins s. die in Anmerkung 3 genannte Abhandlung Rexroths [1998]), wählte der Kurfürst einen Sonntag für die Unterzeichnung des Edikts, das die Wiederaufrichtung, gleichsam die Neueröffnung der Universität bekannt gab.

6 An der Spitze steht Georg Sabinus, der neben dem Panegyricus drei Ankündigungen beigesteuert hat; außer ihm sind Mitglieder der Artistenfakultät noch Christoph Preyss, Christoph Corner, Joachim Zierenberg,

Lehrveranstaltungen für das Sommersemester 1541 ankündigten. Den Schluss des Bandes bildete ein tabellarisches Verzeichnis der in den Lehrveranstaltungen jenes Semesters und darüber hinaus zu behandelnden Autoren und Gegenstände (*Catalogus Autorum*), gleichsam eine Kurzfassung des gesamten Lehrprogramms. Der vollständige Titel des Werks lautet: *Edictum illustrissimi Principis Electoris Ioachimi. II. Marchionis Brandenburgensis. Georgii Sabini & aliorum quorundam Professorum Carmina de instaurata Academia Francofordiana. Additus est catalogus Autorum, qui Francofordiae ad Oderam praeleguntur. Anno M. D. XLI.* („Erlass des höchst erlauchten Kurfürsten Joachims II., Markgrafen von Brandenburg. Gedichte des Georg Sabinus und einiger anderer Professoren über die Wiederaufrichtung der Universität[7] Frankfurt. Beigegeben ist ein Verzeichnis der Schriftsteller, über die in Frankfurt an der Oder Vorlesungen gehalten werden. Im Jahr 1541"). Datum und Ort des Edikts stehen A 2 verso: *Datum X CAL. FEB. ANNO M. D. XLI. Coloniae ad Spream* („Gegeben am 23. Januar 1541 zu Cölln an der Spree"). Gedruckt wurde das Werk durch den in Hanau gebürtigen Johannes Jomer, der sich nach seinem Geburtsort Hanaw (Hanau) nannte; sein Name findet sich im Kolophon auf E 4 recto: *Francofordiae Ioannes Hanaw Impressit Anno M. D. XLI.* („In Frankfurt hat es Johannes Hanau gedruckt im Jahre 1541")[8].

Andreas Bochow, Matthäus Host, Bartholomäus Rademann, Werner Elerdes, Jakob Jockisch, Caspar Schulz und Bernhard Holtorp; zwei Dozenten gehören der theologischen Fakultät an (Alexander Alesius, Theobald Thamer), je einer der juristischen (Caspar Widderstadt) und der medizinischen (Jodocus Willich). In *c.* 18 werden außer einigen Dozenten der Artistenfakultät rühmend erwähnt der Theologe Johann Pistius sowie die Mediziner Heinrich Eggeling, Gregor oder Georg Jorschigk (Crabat) und Christian Schirach.

7 Neben dem Wort *academia* begegnen in dem dreiteiligen Werk als Äquivalente für „Universität" noch *gymnasium*, *Lycaeum* (*Palladis*), *palaestra* und *schola*.

8 Zu Hanaus Leben und Wirken s. Teitge (2000) 36–46. – Exemplare des Werks [18 Bl.] befinden sich in: Domstiftsarchiv Brandenburg, Signatur: G: M 1,5,4; Sächsische Landesbibliothek – Staats- und Universitätsbiblio-

Das dreiteilige Werk ordnet sich den *studia humanitatis* zu, einer im 15. Jahrhundert einsetzenden Bildungsbewegung, die man seit dem Beginn des 19. Jahrhunderts als Humanismus[9] zu bezeichnen pflegt. Gegenstand der Vorlesungen waren in allen vier Fakultäten (der Artistischen oder Philosophischen, Juristischen, Theologischen und der Medizinischen) wichtige Texte hervorragender Autoren ganz besonders der Antike, aber auch des Mittelalters und der frühen Neuzeit. Seit längerem war es an den Universitäten Brauch, jeweils für das nächste Semester geplante Vorlesungen schriftlich anzuzeigen. Die lateinischen Termini, welche die Humanisten für „Vorlesung" verwendeten, waren *lectio* und *praelectio*[10]. Angelegt waren die Vorlesungen jeweils so: Der Dozent trug Abschnitt für Abschnitt aus dem Werk des thematisierten Autors vor[11] und erläuterte das Vorgelesene; zum Vergleich herangezogene kürzere Passagen aus anderen Schriftstellern diktierte er. Die Scholaren waren zum Mitschreiben angehalten; dabei benutzten sie gelegentlich eine

---

thek Dresden, Signatur: Op.var.171.m, misc.6; digitale Ausgabe: PURL: http://digital.slub-dresden.de/id323756670, die Bögen C2 und C3 des stark wasserfleckigen Exemplars sind irrtümlich nach D1 eingebunden; Marienbibliothek Halle, Signatur: Q 3.97 4° (23), unvollständig (nur 14 Bl.); Gottfried Wilhelm Leibniz Bibliothek – Niedersächsische Landesbibliothek Hannover, Signatur: G-A 1693; nach dem Verzeichnis der Drucke des 16. Jahrhunderts (VD 16) ZV 2325 besitzt auch die Ratsschulbibliothek Zwickau ein Exemplar.

9 Verwiesen sei auf den konzisen Artikel Jaumanns (2000).

10 Beide Termini gehen zurück auf den kaiserzeitlichen Grammatikunterricht, in dem der gewählte Text laut vorgelesen und erläutert wird (*praelegere*); s. Quintilian *inst. orat.* 1,18,1 (*lectio*; hierzu s. Ax [2011] 384) sowie 1,2,15 und 2,5,4 (*praelectio*); zum weiten Bedeutungsspektrum von *lectio, legere* bei Quintilian s. Zundel (1989) 56f; zur Geschichte des Begriffs s. Bahmer (2012).

11 Im Blick auf die sicher ähnlichen Verhältnisse an der Universität Leipzig schreiben Leonhardt / Schindler (2007) 44: „Das Textpensum (das natürlich je nach Schwierigkeit des zu erklärenden Textes schwanken konnte) dürfte im Durchschnitt bei einer bis anderthalb Textseiten gelegen haben"; s. auch Bräuer / Leonhardt / Schindler (2008) 207.

von ihnen selbst gefertigte Abschrift, in der Regel jedoch gedruckte Editionen, und hier oft spezielle Studienausgaben, die dank größerem Zeilenabstand und breitem Rand Raum für Interlinear- und Marginalglossen boten[12]; angesichts der damals hohen Buchpreise durften sich zuweilen zwei oder drei Studenten ein Buch teilen[13].

Das Ankündigen einer Vorlesung konnte man seinerzeit als (*publice*) *proponere* bezeichnen; Äquivalente für eine Reihe universitärer Bekanntmachungen, zu denen die „Vorlesungsankündigung" gehörte, waren *scriptum publice propositum*, *intimatio/intimacio*[14] oder πρόγραμμα / *programma*[15]; die Dozenten bedienten sich aber auch, zumal bei der späteren Aufnahme der Ankündigung in ein Buch, unspezifischer Bezeichnungen wie *epigramma* oder *elegia* oder sie wählten Titel wie beispielsweise *In Ciceronis de oratore libros* und *In lectionem Livii.*

Die Funktionen, welche die Vorlesungsankündigung im Humanismus hat, lassen sich gut mit zwei lateinischen Termini fassen, die Lucie Claire 2009 bei der Analyse einer zwar inhaltlich weit gewichtigeren und sich demgemäß in weit größerem Umfang entfaltenden, aber doch strukturell ähnlichen Textsorte angewandt hat, nämlich bei der Analyse humanistischer *leçons d'introduction*: *laus*

---

12 Zu Einzelheiten des Vorlesungsbetriebs am Beispiel der Universität Leipzig s. Leonhardt / Schindler (2007) und Bräuer / Leonhardt / Schindler (2008).

13 Das jedenfalls steht in den Statuten der Universität Leipzig (1471–1490), Abschnitt VIII.3: *De Modo Audiendi Lectiones Et Exercicia*, abgedruckt, übersetzt und erläutert bei Beichert / Kühlmann / Mathes / Wiegand (2022) 18f.

14 Bertalot (1915) 1, der im Übrigen nahezu vierzig Ankündigungen aus der zweiten Hälfte des 15. Jahrhunderts, zum Beispiel von Peter Luder (ca. 1415–1472), wiedergibt.

15 Domtera-Schleichardt (2021) 168f. – Als Beispiel für πρόγραμμα sei genannt: Franz Burchart aus Weimar (1503–1560), in: [Reiffenstein] (1528) fol. E 3f: *In Officia Ciceronis Franciscus Vinariensis πρόγραμμα* (10 Hendecasyllabi).

und *cohortatio*[16]. Zum einen kam es bei der Vorlesungsankündigung darauf an, die Bedeutung des gewählten Autors und seines Werks oder einer bestimmten Disziplin (wie Logik oder Sternkunde) nach Kräften zu rühmen (*laus*), zum andern, dem Hörer, dem Studenten den Nutzen der Beschäftigung mit dem Gegenstand der Vorlesung vor Augen zu stellen und ihn so zum Besuch der Veranstaltung anzuregen (*cohortatio*). Da es im 16. Jahrhundert noch kein spezielles ‚Schwarzes Brett' gegeben zu haben scheint[17], wurden die Ankündigungen in handschriftlicher Form oder als Einblattdrucke am Tor der jeweiligen Universität, an den Türen der Kollegien und am Portal von Kirchen des Orts und der Region ausgehängt[18]. In unserem Falle kam die Verbreitung durch Druckexemplare des dreiteiligen Werks hinzu.

Überwiegend waren die Ankündigungen in Prosa gehalten; werden sie in metrischer Form dargeboten, ordnen sie sich dem weiten Terrain didaktischer Poesie zu[19]; insofern sie für einen bestimmten, klar definierten Anlass geschrieben werden, lassen sie sich dem Sektor der Casualcarmina mit lehrhafter Intention zurechnen[20]; als schriftliche Hinleitung zu einem langen Redeakt haben sie gleichsam die Funktion einer Praefatio.

Lateinische Vorlesungsankündigungen in metrischer Form hatte es

---

16 Claire (2009) 3–5. Claires Gegenstand sind die von ihr *praelectiones* genannten *leçons d'introduction* zu Tacitus' *Annales* (1580) aus der Feder von Marc-Antoine Muret (1526–1585): *Oratio* XIII und XIV versteht sie als eine *praelectio* (Ausgabe: Muretus, ed. Frotscher [1834] vol. 1). Ein Synonym für *praelectio* in Sinne eines öffentlichen Vortrags, den der Dozent zu Beginn einer Vorlesung hält, ist *prolusio*; zu poetischen Beispielen aus dem italienischen Humanismus des 15. und 16. Jahrhunderts s. Klecker (1994).

17 So meint jedenfalls Alfred Götze (1929) 14.

18 Götze (1929) 14; Domtera-Schleichardt 168, besonders Fußnote 9.

19 Zu Formen und Funktionen frühneuzeitlicher Lehrdichtung grundlegend Kühlmann (2016), besonders 1–28; s. auch Krämer (2019) 6–33.

20 Zu Formen der Casualpoesie s. etwa Drux (1985).

schon längere Zeit vor dem *Edictum* von 1541 gegeben[21]. Genannt seien beispielshalber Konrad Celtis (1459–1508)[22], der Wanderlehrer Johannes Hadeke (Hadelius, Hadus), dessen Wirken für die Jahre 1513–1518 bezeugt ist[23], und Philipp Melanchthon (1497–1560)[24]. Ungewöhnlich war, dass an der Viadrina jetzt die Ankündigungen einer

---

21 Vermutlich gibt es an der Universität Oxford Beispiele für Ankündigungen in lateinischen Versen bis in jüngere Zeit.

22 S. etwa *Epigrammata* 3, Nr. 78 und Nr. 103; 5, 11; dazu s. Hartfelder (1889) 306f.

23 Stationen seines Wanderlebens sind: 1513 Frankfurt an der Oder, 1514 Greifswald, 1515 Rostock, 1516 Krakau, 1517/1518 Wien; anschließend lebte er wohl in Rom (Wiegand [2000 / 1] 120). Die poetischen Vorlesungsankündigungen finden sich in dem Band *Elegiae* (1518): *Ad Cracovianum Scholasticum* (Einladung an die Krakauer Studenten, bei ihm zu lernen, wie man lateinisch dichtet [zwölf elegische Distichen]); *Ad eundem* (Vorlesung über Ovids *Ibis* [acht elegische Distichen]); *Ad Viennensem Scholasticum* (An die Wiener Studenten: Vorlesung über Ovids *Fasti*, Juvenal und Livius [fünfzehn elegische Distichen]).

24 Z. B. Corpus Reformatorum, vol. 10 (1842) Sp. 482 Nr. 13; Sp. 483 Nr. 15; Sp. 492 Nr. 34; Sp. 530 Nr. 94; Sp. 547 Nr. 129 und 130; s. Glei (1998) 146–148; 158f; 164; 168; Glei (2001) 198f; Fuchs (2008) 69–72; Weng (2003) 190; 195–198; 200. Weitere Autoren sind der 1502 verstorbene Vincenz Lang (s. Kipf [2013] Sp. 15); Jakob Locher Philomusus (1471–1528) (s. Kühlmann / Niehl [2013] Sp. 79 C. 19; die Sp. 77 C. 7 als metrisch angeführten Ankündigungen sind hingegen in Prosa abgefasst) und Marcus Rustinimicus (Bauernfeind, letztes bekanntes Lebenszeugnis: 1. Sept. 1528, s. Worstbrock [2013 / 3] Sp. 777; Sp. 778 2 a: metrische Ankündigungen).
Ferner findet sich eine beträchtliche Anzahl versifizierter Ankündigungen verschiedener Wittenberger Autoren in *Scripta publice proposita a Professoribus in Academia Vuitebergensi ab anno 1540 usque ad annum 1553* (Vuitebergae 1553) und in weiteren sechs bis 1572 erschienenen Bänden (s. Domtera-Schleichardt [2021] 172; 179–185; 197f; zu Caspar Cruciger d. J. [1525–1597] s. Rhein [2021] 333–337); schließlich sind Rostocker Autoren vertreten in *Scripta in academia Rostochiensi publice proposita, ab anno Christi 1560 usque ad Octobrem anni 1563 & inde ad initium anni 1567* (1568); speziell zu den teils in Prosa, teils in Versen gehaltenen, Vergils *Aeneis* geltenden Ankündigungen des in Rostock lehrenden Johannes Bocer (1526–1565) s. Mundt (2001).

beträchtlichen Anzahl von Dozenten ausschließlich in metrischer Form erfolgten[25], ungewöhnlich, dass manche Gedichte nicht bloß die beiden konstitutiven Elemente einer Vorlesungsankündigung, *laus* und *cohortatio*, aufweisen, sondern in beträchtlicher Länge thematisch weit ausgreifen[26], ungewöhnlich war erst recht die Anbindung der Gedichte an ein die Universität betreffendes Edikt des Landesherrn. Angesichts dieser Besonderheiten mag es lohnen, den wichtigen Forschungsarbeiten zu den ersten Jahrzehnten der Universität[27] eine spezielle, vor allem kulturhistorischen Aspekten geltende Beschäftigung mit diesem dreiteiligen Gebilde hinzuzufügen.

Im Folgenden wird die gesamte Werbeschrift[28] erstmalig übersetzt, und zwar, soweit irgend möglich, unter Beibehaltung der syntaktischen Struktur, in einem nüchternen Prosastil. Des Weiteren werden insbesondere die Gedichte in sachlicher sowie stilistischer Hinsicht erläutert. Einleitend sollen wichtige Vorgänge der Jahre 1536 bis 1540, welche die Neuorganisation der Viadrina und die Einführung der Reformation in Brandenburg betreffen, umrisshaft beschrieben werden, nicht in systematischer Perspektive, sondern strikt chronologisch. Auf diese Weise kann die Verzahnung von Joachims II. Universitätspolitik und seiner Kirchenpolitik unmittelbar hervortreten, hat doch namentlich diese enge Verknüpfung den Boden für die angestrebte Erneuerung der Viadrina bereitet. In einem knappen Schlussteil der Arbeit fasse ich die wichtigsten Kennzeichen des aus drei heterogenen Teilen bestehenden Werks von 1541 zusammen.

---

25 Gotthard Kemmether bezeichnet das Ensemble der Gedichte treffend als „ein überaus originelles, poetisches Vorlesungsverzeichnis in Auswahl“ (Kemmether [2017 / 2] 291).

26 Es handelt sich um *c.* 6; 7; 10; 16; 18. Das längste Gedicht, *c.* 16, umfasst 180 Verse.

27 Bauch (1900); Haase / Winkler (1983); Höhle (2002); Blänkner (2008); Asche (2015); Stegmann (2017 / 1); Stegmann (2017 / 4).

28 Diese vereinfachende Bezeichnung verwende ich im Folgenden im Anschluss an Höhle (2002) 475 u. ö.

b) Joachim II., die Viadrina und die Reformation: Eine chronologische Skizze zu den Jahren 1536–1540

War die 1506 von Joachim I. gegründete Viadrina anfangs sehr gut besucht, sank im Laufe der 1520er und 1530er Jahre die Zahl der Studenten – wie auch an anderen Universitäten des deutschsprachigen Raums[29] – ganz erheblich[30]. Was mögen im Falle Frankfurts die Ursachen gewesen sein? In ihren ersten Jahrzehnten bildete die Viadrina geradezu eine Hochburg des konservativ kirchlichen Geistes und des Kampfes gegen den Reformator Martin Luther (1483–1546)[31]. Nach Gustav Bauch (1900) war es dieser Umstand, der dazu geführt habe, dass viele märkische Studenten anderen Hochschulen den Vorzug gaben, vor allem der sächsischen Landesuniversität in Wittenberg, der Leucorea, die sich namentlich dank dem Wirken Philipp Melanchthons der Reformation öffnete[32]. Doch wie Ludwig Götze, „Staats-Archivar zu Idstein“, bereits 1878 gezeigt hat, lässt sich diese Deutung angesichts der niedrigen Zahlen – zwischen 1522 und 1535 ließen sich insgesamt nur 54 Märker in Wittenberg inskribieren – nicht aufrecht erhalten[33]. Hingegen war, wie Michael Höhle zeigt, ein wichtiger Grund für die Krise der Viadrina die – etwa im Vergleich zur Leucorea – notorisch schlechte und

---

29 S. dazu Immenhauser (2003), der außer der Viadrina etwa noch die Universitäten Erfurt, Heidelberg, Köln, Leipzig, Rostock und Wittenberg erwähnt; speziell zu Greifswald s. Heyden (1956) 21.

30 Eulenburg (1904) 54 f hat folgende Zahlen ermittelt: für die Inskriptionen nach Jahrfünften: 1511/16: 736; 1516/20: 781; 1521/25: 263; 1526/30: 141; 1531/35: 214; 1536/1540: 314; für die Frequenz nach fünfjährigen Durchschnitten: 1511/15: 257; 1516/20: 273; 1521/25: 93; 1526/30: 49; 1531/35: 75; 1536/40: 112; s. auch Herold (1926) 106f. Von 1540 an stieg die Anzahl deutlich an: 1540 waren 99 Studenten immatrikuliert, 1541 schon 202.

31 S. dazu Asche (2015) 243f: „zähe Bastion des alten Glaubens“ (244).

32 Bauch (1900) 86; ebenso urteilt Schwengler (1988) 88f.

33 Götze (1878 / 2) 326 nennt für die Inskribierung von Märkern in Wittenberg folgende Zahlen: von 1502 bis 1517 insgesamt 182; 1518–1521: 89; 1522–1535: 54; 1536–1539: 40; 1540–1549: 250; 1550–1560: 393; zu diesem Befund s. auch Höhle (2008) 72; Asche (2015) 248 Fußnote 33.

unsichere Finanzierung, welche „zu erheblichen Problemen bei der Legentenbesoldung und damit zum Niedergang der Universität führen“ mussten[34]. Des Weiteren werden mehrfache Seuchenzüge, von Zeitgenossen oft als „Pest“ oder „pestilenzisch“ bezeichnet[35], zum Rückgang der Immatrikulationen an der Viadrina beigetragen haben.

Als Joachim I. am 11. Juli 1535 starb, wurde sein Herrschaftsgebiet seinem Testament[36] entsprechend geteilt: Dem jüngeren seiner beiden Söhne, Johann (3. August 1513 – 13. Januar 1571), fiel die Markgrafschaft Brandenburg-Küstrin zu (die Neumark und andere Gebiete)[37], der ältere, Markgraf Joachim II. (9. Januar 1505 – 3. Januar 1571), erhielt die Kurwürde und übernahm die Regierung über den Hauptteil der Mark Brandenburg (Altmark, Prignitz, Mittelmark, Uckermark, Grafschaft Ruppin).

Eine andere wichtige Bestimmung des väterlichen Testaments war, dass die beiden Söhne unverändert dem „alten cristlichen glauben“ anhangen und der Papstkirche treu bleiben sollten. Beide Brüder hatten allerdings bereits seit den 1520er Jahren Sympathien für die Lutherische Reformation entwickelt, nicht zuletzt unter dem

34 Höhle (2008) 68; zur wirtschaftlichen Ausstattung der Viadrina s. Höhle (2002) 47–52.

35 Loewenstein (1863) 21–23 erwähnt in Frankfurt grassierende Seuchen für die Jahre 1516, 1526, 1528, 1536, 1539, 1550, 1552, 1565; besonders schlimm habe der sogenannte englische Schweiß (*sudor anglicus, pestis sudorosa*), „ein rheumatisch-faulig-nervöses Fieber“, gewütet.

36 Joachim I. setzte das Testament am 22. Oktober 1534 in Cölln an der Spree auf (Riedel, Codex diplomaticus Brandenburgensis, Erster Haupttheil, Band 3 [1843] 393–405; Caemmerer [1915] 52–71; Teilabdruck bei Stegmann [2020] 117f); seine beiden Söhne mussten unterschreiben, s. Leibetseder (2017 / 2) 318.

37 Außer der östlich der Oder gelegenen Neumark handelte es sich noch um Sternberg, Fürstentum Krossen, Züllichau, Sommerfeld, Bobersberg, Cottbus und Peitz, „etwa zwei Siebentel des ganzen Landes“ (Bahr, Dritter Teil) 5.

Einfluss ihrer Mutter, der Kurfürstin Elisabeth (1485–1555)[38], die „sich schon in der ersten Hälfte der 1520er Jahre dem evangelischen Glauben geöffnet“ hatte[39]. Nach dem Tode des Vaters handelten beide Brüder gegen dessen letzten Willen: Johann fasste wohl 1537 den endgültigen Entschluss zur Einführung der Reformation und vollzog ihn durch den Beitritt zum Schmalkaldischen Bund, einem Beistandsbündnis evangelischer Fürsten, am 5. Juni 1538 auch förmlich[40]; Joachim II. hat die Reformation schrittweise von September 1539 bis Juli 1540 eingeführt und sich selbst öffentlich am 1. November 1539 zum evangelischen Glauben bekannt durch Teilnahme an einem Gottesdienst, in dem das Abendmahl *sub utraque specie* („unter beiderlei Gestalt“), d. h. mit Brot und Wein, gefeiert wurde[41].

Doch schon beträchtliche Zeit vorher hatte der Kurfürst im Geiste der Reformation, in evangelischer Gesinnung Maßnahmen getroffen, welche der Wiederaufrichtung der Viadrina dienen sollten. Zwar nahmen seit ihrer Gründung üblicherweise die Fakultäten im Zusammenwirken mit dem Universitätskanzler Aufgaben wie die Erstellung von Lehrplänen und die Berufung von Dozenten vor, doch wie schon sein Vater erlaubte sich Joachim II. immer wieder starke Eingriffe in die Selbstverwaltung der Universität[42].

---

38 S. dazu Leibetseder (2017 / 2) 323f und Stegmann (2017 / 2) 51–53.

39 Stegmann (2017 / 2) 52.

40 Schultze (1964) 103; Stegmann (2017 / 1) 57.

41 Die Formulierung schließt sich eng an Stegmann (2017 / 1) 64f an: „Am Allerheiligentag 1539 empfing Kurfürst Joachim II. das Abendmahl unter beiderlei Gestalt, und zwar in einem Gottesdienst mit deutscher Liturgiesprache – was in den Augen der Zeitgenossen ein unmissverständliches Bekennt-/nis zur Reformation war“. Wo der Gottesdienst stattgefunden hat, ob in der Spandauer Nikolaikirche oder in Berlin-Cölln, ist seit langem heftig umstritten; s. zu dieser Auseinandersetzung etwa Leibetseder (2017 / 1) und Leibetseder (2017 / 2) 328.

42 S. hierzu Höhle (2002) 438f.

1536 begann er, Güter des Kartäuserklosters bei Frankfurt einzuziehen, um den Überschuss der Einkünfte für eine bessere Besoldung der Universitätsdozenten zu verwenden[43]. Im Auftrag des Kurfürsten schrieb am 23. Juli 1536 Dr. iur. Georg Sabinus, der sich damals in Halle an der Saale aufhielt[44], an den niederländischen Juristen Viglius van Zwichem (Zuichemus, 1507–1577), um ihn für die Viadrina zu gewinnen – doch der Umworbene zog es vor, seine Tätigkeit beim Reichskammergericht fortzusetzen[45]. Der Katholik Georg von Blumenthal (1490–1550), Bischof von Lebus (Märkisch-Oderland) und Ratzeburg (Schleswig-Holstein) und seinerzeit Kanzler der Viadrina[46], drängte den Kurfürsten mehrfach, die Universität zu fördern und zu stützen – für dieses Engagement erhielt er um den 1. Oktober 1536 Lob von dem universal gelehrten Jodocus Willich, der neben Griechisch in der langen Zeit seiner Zugehörigkeit zur Viadrina auch manche anderen Fächer unterrichtet hat (1501–1552)[47].

---

43 Höhle (2002) 440f; 459–466; s. *Kurfürst Joachims von Brandenburg Instruktion auf Nikolaus Metzraden (...)* vom 28. Oktober 1538, in: Nuntiaturberichte, Band 4/2 (1893) 482–484; s. auch Stegmann (2020) 120 Nr. 37, 18. Januar 1536 („Der Landvogt der Uckermark ... inventiert für Kurfürst Joachim II. die Kleinodien des Zisterzienserinnenkonvents Boitzenburg") und 120–122 Nr. 38, 24. März 1536 („Kurfürst Joachim II. quittiert den Empfang von kirchlichen Ausstattungsstücken aus der Marienkirche in Frankfurt (Oder)").

44 Er wird der wichtigste Beiträger zu den *Carmina* sein: Von ihm stammen *c.* 1–4.

45 Zu Viglius' Antwortschreiben s. Höhle (2002) 439f.

46 Dieses Amt hatte er seit 1523 inne; zu Amt und Persönlichkeit s. Höhle (2002) 29–32.

47 Willichs Lob findet sich in der *feriis Michaelis* 1536 datierten Widmung seiner 1538 gedruckten *Physiognomonica Aristotelis Latina facta*: Höhle (2002) 440. 1540 wird Willich den medizinischen Doktorgrad erwerben und in die Medizinische Fakultät aufgenommen werden; s. Höhle (2008) 71f.

Vom 10. Mai 1537 an hielt sich der mit Luther befreundete Philipp Melanchthon auf Einladung des Kurfürsten für einige Tage am Berliner Hof auf, um mit ihm über Wege zu einer Erneuerung der Viadrina zu sprechen[48].

Am 17. April 1538 wurde der aus Treuenbrietzen stammende Lutheraner Johann Weinleb(en) (Weinlaub / Weinlöb / Weinlob), der an der Universität Wittenberg den Magistergrad erworben hatte, vom Kurfürsten zum „Hofrathe und Diener" ernannt[49]; hinfort unterstützte er Joachim II. mit Geschick und immenser Tatkraft bei der behutsamen Einführung der Reformation[50].

In einem an den lutherischen Theologen Justus Jonas (1493–1555) gerichteten Brief vom 14. Mai 1538 schilderte Melanchthon, welchen Eindruck er von den religiösen Verhältnissen in Brandenburg gewonnen hat: *In Marchia piam doctrinam et populus mirifice sitit, et expetit bona pars nobilitatis, et probat Princeps, qui quidem non in-*

---

48 Das berichtet Melanchthon in einem Brief an Veit Dietrich (Vitus Theodorus) vom 24. Mai 1537: Corpus Reformatorum, vol. 3 (1836) Sp. 372–374, Nr. 1577; Melanchthons Briefwechsel T 7, Nr. 1905; s. dazu Bauch (1900) 134; Müller (1906); Delius (1961); Höhle (2002) 396; 439.

49 Stölzel (1888) 164f; Herold (1925) 49.

50 Unter Wolfgang Kettwich (Kettwig; Ketwig; um 1475 in Göttingen geboren), der seit 1529 auf Lebenszeit bestallter brandenburgischer Kanzler war (Lisch [1861] 15), wurde Weinleben 1539 Vizekanzler (Höhle [2002] 399). Der „katholisch gesinnte" Kettwich wurde am 8. März 1540 „Alters halber" als Kanzler entlassen, blieb aber bis zu seinem Lebensende (31. Dezember 1541) kurfürstlicher „Rath und Diener": so Stölzel (1888) 169f; s. auch Heidemann (1889) 227. Bald nach Kettwichs Entlassung wurde Georg von Breitenbach, der von 1525 bis 1539 Ordinarius an der Juristischen Fakultät der Universität Leipzig gewesen war, zu seinem Nachfolger ernannt; von Breitenbach starb bereits Anfang 1541 (Höhle [2002] 441). Sein Nachfolger wurde Johann Weinleben; „aus Rücksicht auf den noch lebenden Kettwich" unterzeichnete er zunächst nur als Vizekanzler (Höhle [2002] 441); Weinleben ist am 10. Februar 1558 gestorben (zu seinem Wirken s. besonders Holtze [1894] 224–233; Herold [1925] 49–53).

erudite iudicat. Ac spem fecit populo, se emendaturum esse Ecclesias. Repugnant autem sacrificuli, quorum habet magnam multitudinem. Nec usquam vidi stolidiores aut peiores[51] („In der *Mark* [*Brandenburg*] lechzt das Volk außerordentlich nach der rechtmäßigen Lehre, der gute Teil des Adels begehrt sie, der Fürst billigt sie, er, der ja nicht ungebildet urteilt. Und beim Volk hat er die Hoffnung geweckt, er werde die Kirchen von Fehlern befreien. Widerstand leisten aber die Priester, von denen die Mark eine große Anzahl hat. Nirgendwo habe ich törichtere und schlechtere gesehen").

Im Sommerhalbjahr 1538 wurde Georg Sabinus als Professor für Poesie und Beredsamkeit an die Viadrina berufen[52]. Unter seinem Namen erschien noch 1538 in Frankfurt die Rede *De utilitate studiorum eloquentiae* („Über den Nutzen der Studien der Beredsamkeit")[53].

Über die seinerzeitige kirchenpolitische Situation gibt ein Schreiben Aufschluss, das der Bischof von Lebus, Georg von Blumenthal, am 1. Januar 1539 an den *Rector*, die *Magistri* und *Doctores*, also das gesamte Lehrpersonal der Viadrina, richtete[54]: Ihm sei zu Ohren gekommen, dass der Dozent Jodocus Willich kürzlich von Frankfurt nach Berlin in der Absicht gereist sei, den Kurfürsten um ei-

---

51 Corpus Reformatorum, vol. 3 (1836) Sp. 521–523, Nr. 1673; Melanchthons Briefwechsel T 8, Nr. 2031.

52 Sabinus, *utriusque iuris doctor*, wurde als erster in die Matrikel des Sommersemesters eingeschrieben; zu Hintergründen seiner Berufung s. Höhle (2002) 479f; Asche (2015) 246f; zur seinerzeitigen personellen Situation der Fakultäten s. Höhle (2015) 474–552; Asche (2015) 248–252.

53 Der Redetext ist ohne ein Epitaphium wieder abgedruckt in: Corpus Reformatorum, vol. 11 (1843) Sp. 364–373. Der Herausgeber, Karl Gottlieb Bretschneider, vertritt die Ansicht, die Rede sei von Melanchthon verfasst worden (so etwa auch Scheible [1995] 20). Wie Höhle (2002) 480 mit Recht zu bedenken gibt, ist Melanchthons Autorschaft freilich „nirgendwo belegt".

54 Die Handschrift befindet sich im Geheimen Staatsarchiv Preußischer Kulturbesitz unter der Signatur I. HA GR, Rep. 51, Nr. 14; abgedruckt ist der Text bei Götze (1878 / 2) 284f und Stegmann (2020) 141f Nr. 52.

nen lutherischen Prediger und um liturgische Veränderungen im Gottesdienst („voranderung gebreuche vnd der ceremonien in der kirchen“) nachzusuchen. Wenn die Universität eine derartige Neuerung betreibe, werde er, Blumenthal, ihr seinen jährlichen Beitrag entziehen. Auch möge der Rektor der Viadrina Jodocus Willich und den Dekan der Artistenfakultät, Caspar Marsilius[55], dazu auffordern, „sich der phrases vnd andere lection in theologia und predigen zuenthaltten“[56]. – Willich durfte weiterhin ohne Einschränkung lehren; Marsilius zog es vor, binnen Jahresfrist eine Pfarrstelle in Cottbus anzunehmen.

In einem Schreiben vom 15. Februar 1539 ersuchten „burgermeister vnd rethe [Räte] beider stette Berlin vnd Colln“ den Kurfürsten um Erlaubnis, am bevorstehenden Osterfest den Gottesdienst mit dem „sacramentt nach christlicher ordenung vnd einsatzunge vnder beiderlei gestaltt“ halten zu lassen; dasselbe Gesuch übermittelten die Räte im Namen der Bürgerschaft[57]. In seiner Antwort[58] verweigerte der Kurfürst „die Erlaubnis und verwies unbestimmt auf eine zu erwartende Neuordnung“[59].

Im Sommer 1539 war die Viadrina verwaist, weil sich die Studenten und die Professoren sämtlicher Fakultäten zurückzogen wegen einer gefährlichen Seuche (*pestis*), die vom 16. Mai bis zum 11. November in Frankfurt grassierte[60].

---

55 Caspar Marsilius stammte aus Liegnitz; 1529 wurde er in der Artistenfakultät Magister; nachdem er das Lizentiat beider Rechte erworben hatte, war er im Sommerhalbjahr 1537 Rektor der Viadrina; zu seiner Person s. Höhle (2002) 106; 190.

56 Zu Einzelheiten s. Bauch (1900) 135f und vor allem Höhle (2002) 429–433.

57 Fidicin, Zweiter Theil (1837) 336f (Nr. 108): „Gesuch der Rathmanne zu Berlin und Cöln an den Churfürsten, wegen Veränderung des Gottesdienstes“; Stegmann (2020) 143f Nr. 54; s. auch Stegmann (2017 / 4) 111.

58 Sein Schreiben ist abgedruckt bei Stegmann (2020) 144f Nr. 55.

59 Stegmann (2017 / 4) 111.

60 S. das *Decanatsbuch der philosophischen Fakultät* (Bauch [1897] 83) und die

Im Herbst 1539 setzte der Kurfürst eine Kommission ein, welche die Aufgabe hatte, eine evangelische Kirchenordnung für Brandenburg auf der Grundlage der Nürnbergischen von 1533 zu erarbeiten. Einen bedeutenden Anteil an der bis zum Frühjahr 1540 dauernden Tätigkeit der Kommission hatten der evangelische Propst für Berlin Georg Buchholzer (ca. 1503–1566)[61] und der evangelische Hofprediger Jacob Stratner / Stradner (gestorben 1550)[62]. Als auswärtige Berater waren etwa noch Fürst Georg III. von Anhalt (1507–1553), Luther und Melanchthon beteiligt.

Am 14. September 1539 wurde von Georg Buchholzer „die erste offizielle evangelische Predigt in der Cöllner Stiftskirche gehalten, womit die Freigabe der evangelischen Verkündigung verbunden gewesen sein dürfte“[63].

Als Melanchthon im Oktober 1539 Berlin besuchte, empfahl er dem brandenburgischen Vizekanzler Weinleben den schottischen Theologen Alexander Alesius (1500–1565) für eine Berufung an die Viadrina, und wird das im Dezember 1539 auch in zwei Schreiben an Weinleben tun[64] – mit Erfolg[65].

Einen bedeutsamen Schritt zur Einführung der Reformation vollzog Joachim II., als er in Berlin am 1. November 1539 an einem evangeli-

---

Frankfurter Matrikel (Friedlaender [1887] 78).

61 Zu Buchholzer s. Laminski (1999).

62 Zu Stratner s. Herold (1925) 53–55.

63 Stegmann (2017 / 1) 64; Stegmann (2020) 151f Nr. 62.

64 Corpus Refornatorum, vol. 3 (1836) Sp. 842–844, Nr. 1882; Melanchthons Briefwechsel T 8, Nr. 2321; Corpus Reformatorum, vol. 3 (1836) Sp. 871, Nr. 1893; Melanchthons Briefwechsel T 9, Nr. 2339 (Reg.: „ca. Anfang 1540“, „möglicherweise noch im Dezember 1539“); s. dazu Höhle (2002) 497–500; Siegmund-Schultze (2005) 87–89.

65 Corpus Reformatorum, vol. 3 (1836) Sp. 925, Nr. 1916 (8. Januar 1540); Melanchthons Briefwechsel T 9, Nr. 2349. – Von Alesius stammt die poetische Vorlesungsankündigung *c.* 5.

schen Abendmahlsgottesdienst in deutscher Liturgiesprache teilnahm, dem ersten in Brandenburg[66].

Zu dieser Abendmahlsfeier hatte der Kurfürst Vertreter verschiedener Stände eingeladen, unter anderen den Stadtpfarrer und den Prediger. Da beide nicht erschienen waren, sandte Joachim II. an den Rat der Stadt zwei Briefe, worin er anordnete, Privatmessen in Kirchen und Klöstern zu unterlassen. Während die beiden Briefe verloren sind, hat sich die Antwort des Rats vom 9. November 1539 erhalten: Er versichert, dass die kurfürstlichen Briefe ihre Adressaten nicht erreicht hätten und dass die Privatmessen inzwischen abgestellt worden seien. Auch habe man mit der Inventarisierung der klösterlichen Kleinodien begonnen[67].

Ende November 1539 war von der Kommission ein erster Entwurf der Brandenburgischen Kirchenordnung erstellt; der Kurfürst ließ ihn von Wittenberger Theologen begutachten: „Martin Luther, Philipp Melanchthon und Johannes Bugenhagen ... waren grundsätzlich mit dem Entwurf einverstanden, benannten aber auch einige Kritikpunkte, die sich vor allem gegen traditionalistische Elemente richtete“[68]. Im Sinne solcher Kritik wurde der Entwurf anschließend überarbeitet.

---

66 S. oben; Stegmann (2017 / 1) 64; Stegmann (2017 / 4) 135.

67 Das Original des Briefs befindet sich im Geheimen Staatsarchiv Preußischer Kulturbesitz unter der Signatur: I. HA GR, Rep. 47, F2; der Text ist abgedruckt in Riedel, Codex diplomaticus Brandenburgensis, Erster Haupttheil, Band 23 (1862) 466f, Nr. CDLX; Stegmann (2020) 164–166 Nr. 69; s. dazu Andriessen (1909) 49–53; Höhle (2002) 433f; Kemmether (2017 / 1) 284f: „Dieser Brief ist besonders wertvoll, da er eines der nicht sehr zahlreichen Dokumente in Brandenburg ist, die unmittelbar aus der Zeit der Einführung der Reformation stammen und noch frei sind von der danach einsetzenden Legendenbildung“.

68 Stegmann (2017 / 3) 3; Näheres bei Stegmann (2017 / 4) 141–144; Luthers Gutachten vom 4. Dezember 1539 ist abgedruckt bei Stegmann (2020) 173–175 Nr. 75, dasjenige Melanchthons vom 5. Dezember 1539 bei Stegmann (2020) 177f Nr. 77.

Am 8. Januar 1540 setzte sich Melanchthon brieflich bei dem brandenburgischen Vizekanzler Weinleben für eine Berufung des juristischen Lizentiaten Caspar Widderstadt (gestorben 1561) an die Viadrina ein[69] – wiederum mit Erfolg: Bereits am 1. Februar 1540 ließ der Kurfürst die Universität wissen, dass Widderstadt als Legent für die zum spätantiken *Corpus iuris* (*civilis*) gehörenden *Institutiones* fungieren solle[70].

„Den Wirdigen vnd Hochgelarten vnsern lieben getrewen Rectori Magistri vnd Doctorn vnserer Vniuersitet zu Franckfurt an der Odder" teilte der Kurfürst am 22. Februar 1540 seinen Entschluss mit, sie vom 29. Februar an visitieren zu lassen, „nachdeme vnsere vniuersitet bey euch ein zeytlang fast in vnordnungk komen vnd gefallen, auch etliche auß euch, so die einnamen gehabt, etwan nit berechnet vnd sonst andere vil mangel bey euch entstanden"[71]. Die vom Kurfürsten eingesetzte Visitationskommission[72] bestand aus dem Vizekanzler Weinleben, dem Kanzler der Viadrina Georg von Blumenthal und dem Lizentiaten der Rechte Johann Heiler von der Universität Wittenberg[73].

Wenige Tage später, am 26. Februar 1540, fertigte der Kurfürst eine Instruktion für die Visitatoren aus[74]: Sie sollen sich berichten lassen, wie

69 Corpus Reformatorum, Band 3 (1836) Sp. 925, Nr. 1916; Melanchthons Briefwechsel T 9, Nr. 2349; Höhle (2002) 532. Zum Charakter des akademischen Titels *licentiatus* s. Bernatzky (1901) 6–9. – Widderstadt hat zu den poetischen Vorlesungsankündigungen *c.* 6 beigesteuert.

70 Höhle (2002) 532. Zum *Corpus iuris* (*civilis*) s. unten Anmerkung 110.

71 Bauch (1900) 157 (Beilage I).

72 Die Visitationskommission war keine ständige Einrichtung, vielmehr wurde sie vom Kurfürsten *ad hoc* bestellt. Die Zahl ihrer Mitglieder betrug in der Regel drei, zuweilen vier, wohl nur selten mehr: Herold (1925) 48.

73 Die Namen der drei kurfürstlichen Visitatoren finden sich in Joachims II. Erlass vom 22. März 1540: Landeshauptarchiv Potsdam, Repositur 86 Nr. 120, Blatt 6f; abgedruckt bei Bauch (1900) 158f (Beilage II), hier 158; zu Weinlebens Leistung in der Kommission s. Herold (1925) 49–53; zu derjenigen Heilers s. Herold (1925) 57f; im Übrigen s. Höhle (2002) 436–452.

74 Die Anordnung („Instruction") ist als Konzept Weinlebens erhalten (Geheimes Staatsarchiv Preußischer Kulturbesitz, Repositur 51 Nr. 15, Blatt

viele öffentliche Vorlesungen in den vier Fakultäten täglich stattfinden; wie viele davon seit alters gestiftet seien und welche dieser gestifteten Vorlesungen von Legenten gehalten würden; welche Besoldung jeder einzelne Legent jährlich beziehe; wie hoch die Einnahmen der Universität insgesamt seien und aus welchen Quellen sie stammten. Ferner solle von denen, die die Einkünfte der Universität verwalten, Rechenschaft abgelegt werden, wofür das eingenommene Geld verwendet worden sei. Auch sei es erforderlich, einen tüchtigen Mann einzustellen, der die Einkünfte der Universität verwalte und die Besoldungen auszahle. Zu den Zielen der Visitation gehörte es also, die Finanzverwaltung der Viadrina in Ordnung zu bringen, den Bedarf an weiteren Vorlesungen zu ermitteln und nach Möglichkeit auch schon dafür geeignete Personen namhaft zu machen. Darüber hinaus oblag der Kommission die Publikation der brandenburgischen Kirchenordnung[75].

Am 8. März 1540 unterrichtete der Kurfürst auf dem brandenburgischen Landtag in Berlin die Landstände über den Stand der Arbeit an der Kirchenordnung; zustimmend äußerten sich Adel, Städte und der evangelische Landesbischof Matthias von Jagow (1490–1544), einzig die katholischen Kleriker protestierten[76], ihre Beschwerde blieb allerdings ohne Erfolg[77].

2–5; Schuchard [2021] 105–107) und wird von Höhle (2002) 441f eingehend besprochen; seine Paraphrasierung gebe ich oben stark verkürzt wieder.

75 Diese Aufgabe nennen die Visitatoren in einem Schreiben an den Kanzler Georg von Blumenthal, das 1540 nach Abschluss der Visitation verfasst wurde: Riedel, Codex diplomaticus Brandenburgensis, Erster Hauptheil, Band 23 (1862) 484f (mit der unzutreffenden Jahresangabe 1541; zur korrekten Datierung s. Herold [1926] 105 Fußnote 3); zum Inhalt des Schreibens s. Höhle (2002) 445f.

76 Stegmann (2020) 204–206 Nr. 86 „März 1540 (?)" („Der Papstkirche treue Prälaten und Geistliche verlangen vom brandenburgischen Kurfürsten Joachim II. die Respektierung ihrer Rechte und Religionsausübung").

77 Die Antwort Joachims II. auf den Protest ist wiedergegeben bei Stegmann (2020) 206f Nr. 87 „Frühjahr 1540 (?)"; s. auch Herold (1925) 22–33.

Nach ihrem Besuch der Viadrina berieten die Visitatoren darüber, was zur „besserung vnd wiederanrichtung" der Universität beitragen könne, und übermittelten dem Kurfürsten ihre Vorschläge; daraufhin sandte Joachim II. der Universität am 22. März 1540 einen weiteren Erlass[78]. Die Vorschläge der Visitationskommission (vom 29. Februar) billige er, die Besoldung der Legenten solle erhöht werden, und namentlich in der theologischen und juristischen Fakultät gelte es, zusätzliche Legenten zu berufen, falls erforderlich, von auswärts. Nun habe er erfahren, dass die Studenten, die Privatlehrer hätten, die öffentlichen Vorlesungen nicht besuchen; im Einvernehmen mit dem Universitätskanzler befehle er daher, dass die Legenten, die Privatunterricht erteilen, ihre Zöglinge täglich in die öffentlichen Vorlesungen begleiten und mit ihnen das Gehörte repetieren. Wenn ein Präzeptor sich weigere, werde er entlassen, damit die Stelle jemandem gegeben werden könne, der sich diesem Befehl füge. – Die öffentlichen Professoren haben an vier Tagen der Woche zu lehren, am Montag, Dienstag, Donnerstag und Freitag. Den Mittwoch und Samstag sollen die Privatunterricht erteilenden Dozenten dazu benutzen, schriftliche Arbeiten ihrer Schüler zu verbessern. An jedem zweiten Samstag sollen Disputationen[79] stattfinden, einmal im Monat Deklamationen[80], gehalten ausschließlich von

78 Abgedruckt bei Bauch (1900) 158f (Beilage II), s. auch oben Anmerkung 73.

79 *Disputationes* sind unter Vorsitz des Dekans in Latein geführte Streitgespräche über ein festgelegtes Thema, bei denen ein Baccalaureus oder ein Magister als Proponent eine These aufstellt, gegen die ein oder zwei Respondenten argumentieren (Näheres zu den Regularien an der Viadrina unten S. 205f). „Ihr letztes Ziel ist Wahrheitsermittlung, doch besteht ihre speziell pädagogische Funktion in der regelhaften Schulung des Intellekts" (Rädle [1997] 378). Form, Funktion und Geschichte dieses wichtigen Mediums universitärer Wissenskultur sind in jüngerer Zeit eingehend untersucht worden; verwiesen sei auf Gindhart / Kundert (2010) (dazu Robert Seidel in H-Soz-u-Kult, October 2010); Traninger (2012) bes. 111–235 und Dingel (2021). Instruktiv ist immer noch Arthur Schopenhauers um 1830 entstandene Schrift (*Eristische Dialektik*). *Die Kunst, recht zu behalten.*

80 *Declamationes* sind lateinische Reden, die auswendig vorgetragen werden, von Professoren oder Magistri oder Baccalaurei; das Publikum besteht aus Magistri, Baccalaurei und Scholaren (Näheres zu den Regularien an der

Baccalaurei und Magistri.

Am 3. April 1540 bestätigte der Kurfürst die vollständige Übereignung der Einkünfte des bei Frankfurt gelegenen Kartäuser-Klosters an die Viadrina, die damit die Besoldung der Legenten verbessern sollte[81].

Noch im April 1540 war die Überarbeitung des Kirchenordnungsentwurfs abgeschlossen. Der Kurfürst hatte einige Abschnitte selbst verfasst, darunter eine ausführliche „Vorrede"; am „Dinstag nach Jubilate", d. h. am 20. April, unterzeichnete er die „Begnadung und befreyhung des Druckers"[82]. Es handelt sich um Hans Weiß, der auf Veranlassung des Kurfürsten eigens von Wittenberg nach Berlin-Cölln übersiedelt war[83].

Auf den kurfürstlichen Erlass vom 22. März 1540 reagierte die Universität mit eigenen Vorschlägen; das Schreiben ist nicht erhalten, Wesentliches lässt sich jedoch einigermaßen aus der Replik des Kurfürsten vom 22. April 1540[84] rekonstruieren. Die Universität bat um Bestätigung dessen, was die Visitatoren (am 29. Februar) in Frankfurt angeordnet hatten. Des Weiteren mögen die Examenssitzungen (*sessiones*) jeden Sonntag gehalten und die Scholaren nach

Viadrina unten S. 205f). 1523 wurde die *declamatio* (zu ihrer antiken Vorgeschichte s. bes. Traninger [2012] 113–120) von Philipp Melanchthon als universitäres Übungsformat eingeführt (Van der Poel [1987] 49; Traninger [2012] 193).

81 Riedel, Codex diplomaticus Brandenburgensis, Erster Hauptttheil, Band 23 (1862) 468f (CDLXII: „Kurfürst Joachim bestätigt die Universität zu Frankfurt und vereignet ihr das Karthäuser-Kloster, am 3. April 1540"); die Urkunde ist auch abgedruckt bei Vosberg (1903) 4f; Schuchard (2021) 108.

82 Gemeint ist die vom Kurfürsten gnädig gewährte Erlaubnis, ein Buch christlichen Inhalts zu drucken.

83 Zur Berliner Druckerei des Hans Weiß s. Schwenke / Voulliéme (1910); Beeskow (1988).

84 Bauch (1900) 159–161 (Beilage III).

einem bestimmten, nicht näher beschriebenen Modus („laut euers schreibens") gefragt und geprüft werden. Magistri und Baccalaurei möge es gestattet sein, jeden Samstag zu deklamieren, den Studenten, jeweils sonntags zu disputieren. Auch äußerte die Universität den Wunsch, dass die Deklamierenden und Disputierenden eine Entlohnung erhalten.

In seiner Antwort vom 22. April 1540 billigte der Kurfürst den Vorschlag der Universität für die Examina. Was die Regelung für die Deklamationen und Disputationen betraf, gab er zu bedenken, ob „vmb weniger vordrisses willen" jeweils ein vierzehntägiger Rhythmus besser sei. Eine Entlohnung für die Ausübenden solle es durchaus geben, allerdings nicht, bevor die Besoldung der Legenten geregelt sei. Die von den Visitatoren verfügte Ordnung werde er erst bestätigen und veröffentlichen, wenn er sich mit dem Universitätskanzler darüber abgestimmt habe.

Zwischen Ende April und Juni 1540 wurde die Brandenburgische Kirchenordnung in Berlin von Hans Weiß gedruckt, „Ende Juni oder Anfang Juli 1540 lagen die ersten gedruckten Exemplare vor und wurden verschickt"[85].

Am 6. Mai 1540 ließ der Kurfürst seine beiden ältesten Söhne, Kurprinz Johann Georg (11.9.1525 – 8.1.1598) und Kurprinz Friedrich (12.12.1530 – 2.10.1552), sowie ihren Vetter, Johann Albrecht I. zu Mecklenburg (23.12.1525 – 12.2.1576), die Viadrina beziehen[86]; Jo-

85 Stegmann (2017 / 3): https://www.hiko-berlin.de/Kirchenordnung-1540 (abgerufen am 31.08.2022) 3. Stegmann bietet auf den Seiten 4–6 eine ausführliche Inhaltsanalyse der Ordnung; s. ferner Stegmann (2017 / 1) und Stegmann (2017 / 4); der Text ist abgedruckt in Stegmann (2020) 787–1084.

86 Riedel, Codex diplomaticus Brandenburgensis, Vierter Haupttheil, Band 1 (1862) 361 (Memorabilia der Stadt Frankfurt a. O. vom Stadtschreiber [Jakobus] Staius: „Ascensionis domini seind F. G. Markgraf Johannes George, Markgraf Friedrich vnd Herzog Johann Albrecht von Meklenburg anhero

hann Georg wird im Sommer 1541, Johann Albrecht im Winter 1541/1542 und Friedrich im Sommer 1542 dort das Rektorat bekleiden[87]. Der Theologe Andreas Musculus (1514–1581), der von 1541 bis zu seinem Tode an der Viadrina lehrte, berichtet in seiner *Oratio de dignitate et necessario usu Academiarum*, die er am 14. Oktober 1573 gehalten hat, es lebten noch viele, die wüssten, dass Johann Georg seinerzeit „an diese väterliche Universität gekommen sei, das Amt des Rektors versehen, in einer großen Menge von Hörern von Staats wegen die ganz hervorragenden Dozenten Willich und Sabinus gehört sowie oft die stark besuchten Versammlungen und Zusammenkünfte durch seine Anwesenheit geehrt und ungemein geschmückt habe“[88].

Die Antrittsvorlesung, die der Theologe Alexander Alesius im Sommersemester 1540 unter dem Titel *De restituendis scholis* gehalten hatte, lag im Juni gedruckt vor[89]. Ein paar Gedanken aus der lateinischen Rede seien (in Übersetzung) herausgehoben: Nach ei-

---

kommen vnd haben alhier studirt. Vnd hat ein Rath den beiden Markgrafen 2 Kredentz verehret, kost einer 67 Fl. 6 gr. Dem Kanzler Weinleben einen silbernen Becher verehrt“); Höhle (2002) 456.

87 Stölzel (1888) 173f. Bei Johann Georg war Jakob Jockisch (Jocissus) Co-Rector, bei Johann Albrecht: Jodocus Willich, bei Friedrich: Caspar Widderstadt.

88 Musculus (1573) D 3: (*Viuunt ... multi, qui nouerunt ipsum* [scil. *Ioannem Georgium*]) *in patriam hanc Academiam venisse, Rectoris Magnifici officium sustinuisse, & in magna auditorum frequentia VVillichium & Sabinum excellentissimos Doctores publicè audiuisse, & celeberrimos saepè conuentus atque congressus, praesentem cohonestasse ornatissimosque reddidisse.*

89 *De restituendis scholis oratio, habita ab Alexandro Alesio Scoto, in celebri Academia Francofordiana ad Oderam. A, MDXL. Mense Iunio, Francofordiae apud Ioannem Hanaw.* Der Text ist wieder abgedruckt in Corpus Reformatorum, vol. 11 (1843) Sp. 487–495 und in Hartfelder (1894) 12–23; Bretschneider und Hartfelder sind der Ansicht, die Rede sei von Melanchthon verfasst worden; zwingende Argumente für diese Zuschreibung gibt es m. E. nicht. Knappe Angaben zum Inhalt der Rede bei Höhle (2002) 499f und Siegmund-Schultze (2005) 90f.

nem Überblick über sein Leben wendet Alesius sich den *scholae* zu, worunter er allgemein institutionalisierte Formen der religiösen Wissensvermittlung versteht. Zunächst rügt er scharf die gegenwärtigen Verhältnisse in der Papstkirche: „Die epikureisch gesinnten Päpste und die für ihren Bauch fürchtenden Mönche schnauben derart, sie würden gerügt werden, dass sie die Zerstörung des Namens Christi und der gesamten Lehre des Evangeliums und die Verwüstung aller Kirchen wünschen. Die Sache selbst spricht es aus, dass sie so gestimmt sind. Denn sie fahren fort, ihre Irrtümer zu verteidigen, Bürgerzwiste in Gang zu setzen, sie häufen Schandtaten auf, vernachlässigen die Kirchen und die Schulen. In einer derartigen Zeit ist es erforderlich, dass gute und fromme Fürsten dafür sorgen, dass die christliche Religion nicht gänzlich untergeht: Daher haben sie ebenso die Pflicht, die Kirchen wiederherzustellen wie die Schulen wiederaufzurichten; niemals war nämlich die wahre Kirche ohne bedeutende Schulen, und eine Wissenschaft kann auf keinen Fall lange bewahrt werden, wenn den Kirchen nicht gelehrte Einrichtungen zugesellt werden“. Es folgt eine ausführliche, bei Adam, Noa und Sem einsetzende Darstellung der Weitergabe religiöser Lehre, unter anderen durch die Propheten und die Apostel. Damit will Alesius zeigen, „dass Gott die Bewahrung der Schulen gefällt und dass die Kirchen nicht blühen können ohne Schulen“; es sei „eine große Vielfalt von Künsten und Wissenschaften nötig“. Da nun einmal Schulen für die Kirchen erforderlich seien, müssten alle Frommen aufs leidenschaftlichste wünschen, dass Gott den Sinn der Fürsten wecke zur Wiederherstellung und reichen Ausstattung der Universitäten, zur Förderung des Studiums der Wissenschaften und der guten Disziplinen. „Da der Fürst und Markgraf [Joachim II.] in dieser Angelegenheit den besten Willen an den Tag gelegt hat, müssen wir dem Staat zu diesem Glück Dank sagen und Gott bitten, dass er sich dem Beginn der überaus ehrenvollen und nützlichen Angelegenheit gewogen zeige“.

Im Sommer 1540 sandte die Viadrina eine Abordnung nach Cölln an der Spree; dies ergibt sich aus dem Schreiben, das der Kurfürst am 19. Juli 1540 an die Universität richtete[90]. Die Abgesandten suchten um eine Bestätigung des Besitzes der Kartäusergüter nach, berichteten über „etliche gelegenheit vnserer vniversitet" und baten um eine „endtliche ordnungk".

Wie aus dem Schreiben des Kurfürsten vom 19. Juli hervorgeht, lehnte er die Festlegung einer endgültigen Ordnung einstweilen ab, weil eine solche Maßnahme „ewer aller beysein" (also das Beisein des Rektors sowie sämtlicher Magistri und Doctores) erfordere, und verschob die Angelegenheit auf das nächste Tätigwerden der Visitationskommission in Frankfurt. Im Übrigen erinnerte der Kurfürst daran, dass er mit den Abgesandten der Viadrina über das Paedagogium[91] verhandelt und dass er Superintendenten[92] eingesetzt habe, welche zu kontrollieren hätten, ob Vorlesungen, Disputationen und Deklamationen seinem Befehl gemäß ausgeführt würden. Sodann den Anlass für sein Schreiben benennend, bezieht sich der Kurfürst auf einen Vorgang, der ihm jetzt zu Ohren gekommen sei: Einige Professoren sollen die rückkehrenden Abgesandten und Superintendenten mit harten Worten angegangen sein und sich beim Kanzlerbischof beschwert haben. Wenn es sich

90 Bauch (1900) 161f (Beilage IV).

91 Es handelt sich um eine Einrichtung, die, zwischen der Partikularschule und der Artistenfakultät wirkend, den jungen Scholaren Grundkenntnisse in der griechischen und lateinischen Sprache sowie in anderen Disziplinen, etwa in der Rhetorik, vermitteln sollte. An der Philipps-Universität zu Marburg bestand eine solche Einrichtung seit ihrer Gründung im Jahr 1527, es gab sie auch bereits an der Universität Wittenberg; s. Pettke (1985) 229f und Asche (2001) 69; 1544 wird es sie auch in Königsberg geben. Wo das Paedagogium in Frankfurt baulich untergebracht war, scheint nicht festzustehen.

92 Die Namen der Superintendenten sind nicht überliefert; Bauch (1900) 139 Fußnote 3 nimmt an, es habe sich um den Mediziner Dr. Christian Schirach (1482 oder 1483 – 1560), Dr. Georg Sabinus und Caspar Widderstadt gehandelt; ebenso äußert sich Herold (1926) 104.

so verhielte, „hetten wir des nicht gefallen“, dass man nämlich „den bischof, den conservatorn, vber vns, den fundatorn, oder vber unsere beuelch [Befehl] ... setzen wollte“. Gegenüber einem solchen Versuch pocht Joachim II. entschieden auf seine Amtsautorität, die ihn, einen Sohn des Stifters, in den Rang eines Gründers erhebe, und fordert die Universität auf, weiterhin gemäß seinen früheren Anordnungen zu verfahren. Die Superintendenten sollen deren Beachtung bis zum Eintreffen der Visitatoren überwachen, und sie, die Visitatoren, würden dann seine definitive Entscheidung hinsichtlich der besseren Besoldung der Legenten, „auch wie es hinfuro stete zu halten“, bekannt geben.

Von Melanchthon in einem Brief vom 16. August 1540 empfohlen[93], wurde Magister Theobald Thamer aus Straßburg als Lehrer des Griechischen an die Viadrina berufen[94]; er ließ sich dort im Wintersemester 1540/41 immatrikulieren.

Am 24. August 1540 traf die Visitationskommission in Frankfurt ein[95], wo sie bis zum 9. September tätig blieb. Außer dem Vizekanzler Johann Weinleben und Johann Heiler gehörte ihr der Generalsuperintendent Jakob Stratner an, nicht mehr hingegen Georg von Blumenthal. Wie der Theologe Christian Wilhelm Spieker (1835), leider ohne Quellenangabe, berichtet, nahmen an den Sitzungen der Kommission je zwei Deputierte der Landstände, des Rates der Stadt Frankfurt und der Bürgerschaft teil[96]. Zwei Aufgaben galt es zu erledigen: zum einen die Visitation der städtischen Pfarrkirchen, zum anderen die Reformierung der Viadrina, eine Aktion, welche die Berufung von Dozenten, die Gegenstände der Lehre und die Fi-

93 Corpus Reformatorum, vol. 3 (1836) Sp. 1070f Nr. 1989; Melanchthons Briefwechsel T 9: 2373.

94 Von Thamer stammt in den Vorlesungsankündigungen *c*. 8.

95 Ihre Arbeit hatte die Kommission Anfang August in Berlin begonnen: Herold (1926) 88.

96 Spieker (1835) 155f; Höhle (2002) 445 Fußnote 318.

nanzverwaltung betraf[97]. Zu den beschlossenen Maßnahmen zählte die Bestellung eines Offizials, der die Einkünfte der Viadrina verwalten und die Gehälter auszahlen sollte[98].

Am 27. August 1540 berief die Kommission Christoph Preuss (Christophorus Pannonius) an die Viadrina auf die Lektur für Poetik[99].

Von der Universität forderten die Visitatoren Auskunft darüber, welchen Lehrplan sie für das kommende Semester (das Wintersemester 1540/41) zu erstellen vorhabe. Gibt es hier einschlägige Zeugnisse? In den Unterlagen des Geheimen Staatsarchivs Preußischer Kulturbesitz findet sich ein handschriftliches Vorlesungsverzeichnis der Artistenfakultät, das die Jahreszahl 1543 trägt[100]; da die Vorlesungen nicht schon morgens um 5 Uhr, sondern erst um 6 Uhr beginnen sollen, wird es um das Wintersemester 1543/44 gehen[101]. Nun hat Gustav Bauch (1900) die Ansicht vertreten, dieses Verzeichnis betreffe in Wahrheit das Jahr 1541 und stelle die Antwort der Artistenfakultät auf eben jene Forderung der Visitatoren dar. Indessen konnte Michael Höhle (2002) zeigen, dass es keinen Grund gibt, die im Manuskript überlieferte Jahreszahl 1543 anzuzweifeln[102]. Das bedeutet: wir wissen nicht, welche Auskunft über

97 Herold (1926) 103.

98 Der erste Amtsinhaber wurde Franz Dobberkow; zu seiner Besoldung und seinen Befugnissen s. Herold (1926) 106.

99 Das Schreiben ist in Riedel, Codex diplomaticus Brandenburgensis, Erster Haupttheil, Band 23 (1862) 473 wiedergegeben. Preuss wurde im Wintersemester 1540/41 immatrikuliert; zu den poetischen Vorlesungsankündigungen hat er *c.* 9a und 9b beigesteuert.

100 GStA Repositur 51, Nr. 2–3. Es gibt zwei Editionen: Georg Wilhelm von Raumer: *Catalogus praelegendorum authorum, item professorum et horarum*, in dem Aufsatz: *Verzeichniß der Vorlesungen der philosophischen Fakultät auf der Universität zu Frankfurt an der Oder vom Jahre 1541* (1835) 298–301 (die im Manuskript stehende Jahreszahl hat von Raumer falsch wiedergegeben); Bauch (1900) 141–143.

101 Höhle (2002) 490.

102 Höhle (2002) 490, besonders Fußnote 595.

ihren Lehrplan die Viadrina der Visitationskommission 1540 erteilt hat. Wohl aber liegt mit dem Vorlesungsverzeichnis der Artistenfakultät für 1543/44 ein wichtiges Zeugnis für die Umsetzung der im Jahr 1541 erfolgten Universitätsreform vor[103].

Am 9. September 1540 konnte die Visitationskommission ihre Arbeit in Frankfurt beenden; das Datum ist durch Angaben in dem Gedicht gesichert, das der *mathematicus* Jakob Jockisch (Iacobus Iociscus, gestorben 1587) zu dem Ensemble von 1541 beigesteuert hat (*c.* 16, 49–64). Von dem seinerzeitigen „Abschied“, also dem Schlussbericht der Kommission, ist ein beträchtlicher Teil erhalten in einer Abschrift, welche der Universitätsnotar Michael Cellin am 24. Juni 1560 unter dem Rektorat des Bartholomaeus Rademann (gestorben 1585) nach einem Exemplar gefertigt hat, das sich im Besitz des Mediziners Christian Schirach befand[104] und dessen Titel lautet: „Vorordnung unnd bestellung, auch besserung der besoldung der uniuersitett des gemeinen studij zw Franckfort an der Ader durch des Churfursten zu Brandenburgk etc. unsers gnäd. hern visitatores sampt etlichen personen aus den faculteten gedachter uniuersitet gesatzt und gestalth. Donnerstags nach Natiuitatis Mariae anno im 42“[105]. Wie Gustav Bauch (1900) erkannt hat[106], ist das Datum [15]42 in [15]40 zu verbessern[107].

103 In diesem Sinne wird der Vorlesungsplan von Höhle (2002) 490–495 ausgewertet; s. ferner Asche (2015) 252f.

104 Unter dem Titel der Abschrift heißt es: *Per me M. Cellin notarium universitatis descriptum anno 1560 sub rectoratu d. Rademanni circiter festum Johannis.* / D. Schyrach *habuit hoc exemplar.* –Der Schluss der Abschrift lautet: *Actum Franckfortt an der Oder, Donnerstags nach Nativitatis Mariae anno im 42. Michael Cellin. Ἀρίστη τῶν ἀρετῶν ἡ δικαιοσύνη.*

105 Landeshauptarchiv Potsdam, Repositur 86 Nr. 1 Blatt 65–76; abgedruckt in: Friedlaender (1895) 213–220; besprochen von Bauch (1900) 144–149; Höhle (2002) 446–452.

106 Bauch (1900) 144; s. auch Herold (1926) 103f; Höhle (2002) 446 Fußnote 323.

107 Im Bistum Lebus, zu dem Frankfurt gehörte, wurde wie im übrigen Deutschland der Feiertag der Geburt Marias am 8. September begangen;

Der „Vorordnung“ zufolge sollen in der Artistenfakultät folgende Autoren und Gegenstände gelehrt werden: *Grammatica Hebraea*; Aristoteles, *Ethica / Politica*; Demosthenes; Euklid; Hesiod; Homer; Caesarius, *Dialectica*; Cicero, *De oratore / Orator / Ad Herennium*[108] / *De officiis / Epistolae / Orationes*; Erasmus, *Copiae*; Melanchthon, *Dialectica / Grammatica Graeca / Grammatica Latina*; Ouidius; [Georg von Peuerbach] *Theoricae planetarum*; Plautus, *selectae comediae*; Tacitus, *De moribus Germanorum* [= *Germania*]; Terenz; Virgil.

In der Theologischen Fakultät sollen täglich drei Vorlesungen gehalten werden (eine vom Ordinarius, eine von einem *Doctor theologiae*, die dritte von einem Frankfurter Pfarrer); Themen sind nicht genannt.

In der Juristischen Fakultät sollen täglich vier Vorlesungen stattfinden: *In decretalibus*[109] oder zuweilen *Ex iure civili* (vom Ordinarius); *In codice*[110]; *In libris Feudorum*[111]; *In institutionibus*[112].

Schließlich sollen in der Medizinischen Fakultät täglich vier (theoretische) Vorlesungen gehalten werden: *In Galeno*; *In Hippocrate*;

---

im Jahr 1540 war dies nach dem julianischen Kalender ein Mittwoch; der Donnerstag nach diesem Festtag ist also der 9. September.

108 S. dazu unten Anmerkung 585.

109 *Decretalia* sind päpstliche Erlasse, die im sogenannten *Corpus iuris canonici* zusammengefasst wurden.

110 Gemeint ist der *Codex Iustinianus*, eine von Kaiser Justinian (um 482–565) veranlasste, zwischen 1528 und 1534 erfolgte Sammlung noch gültiger Kaisergesetze; sie bildet einen von vier Teilen des später so genannten *Corpus iuris* (*civilis*); die anderen Teile sind *Institutiones* (ein juristisches Lehrbuch), *Digesta* (oder *Pandectae*, eine zusammenfassende Darstellung des geltenden Rechts) und *Novellae* (Kaisergesetze, die nach 1534 erlassen worden sind).

111 Es handelt sich um eine langobardische Sammlung des Lehnsrechts, die um 1250 abgeschlossen wurde.

112 S. Anmerkung 110.

In Paulo Aegeneta; *In Auicenna*[113]. Außerdem soll jedes Jahr einmal von einem der vier Legenten „ein *Anathomia* gelesen vnd demonstrirt“ werden.

Es folgen in sieben Abschnitten teils sehr ausführliche Vorschriften: 1. Von den *disputationibus et declamationibus*; 2. Von den ferien *collegii*; 3. Von den *Promotionibus*; 4. Von Statuten und Privilegien der Universitett; 5. Von den *habitacionibus* und den gebeuden *collegii*; 6. Von den Kuchen [Küchen] im *Collegio*; 7. Von dem Keller im *Collegio*.

Wenigstens aus drei Abschnitten seien hier ausgewählte Vorschriften zitiert[114]: Aus 2: „Auch sollen in *collegio* die veiertage in hochgedachtes unsers gnedigsten heren Kirchenordnung ausgedrugkt allein gehalten werden ...“ Aus 3: a) „Weil ... einem jedem frei stehet einen *gradum* dazu er geschigkt, zu bitten, soll einem so *gradum magisterii in artibus* suchen wurde, solcher *gradus*, ob er gleich nicht *baccalaureus* were, nicht versagt, sonder zu gleich in *baccalaureum et magistrum* promovirtt werden“. b) „Also auch wurde einer in *facultate theologica*, *iuridica* oder *medica gradum doctoratus* bitten, der zuvor nicht *Baccalaureus* oder Licentiat were, dem sol auch seiner geschigkligkeit nach alle drey gradt zugleich nicht abgeschlagen, sonder in Doctorn promovirtt ... werdenn“. Aus 7: „Auch sollen sich die glidmassen der vniuersitet allenthalben in der religion hochgedachtes vnsers gnedigsten hern kirchenordnung vorhalten, dowider nicht redenn, noch böse exempel geben“.

Der zweimalige Bezug auf die neue Kirchenordnung gehört zu den Belegen für die enge Verzahnung von kirchlicher und universitärer Reform.

---

113 Zu Galen, Hippokrates, Paulos von Aigina und Avicenna s. unten die Anmerkungen zum *Catalogus Autorum*.

114 Der Abschnitt „Von *den disputationibus et declamationibus*“ wird unten im Anhang zum *Catalogus Autorum* vollständig wiedergegeben.

Die Durchführung der neuen Universitätsordnung zu kontrollieren, war Aufgabe der Superintendenten; zu den bisherigen drei (der Mediziner Christian Schirach, Georg Sabinus, Caspar Widderstadt) kam noch Alexander Alesius aus der Theologischen Fakultät hinzu[115].

Werfen wir zum Schluss des chronologischen Überblicks noch einen Blick darauf, wie sich der *Catalogus Autorum* von 1541 (s. unten S. 114–117) zur „Vorordnung“ von 1540 verhält[116].

Was die Artistenfakultät angeht, so umfasst der *Catalogus* die in der „Vorordnung“ aufgeführten Schriftsteller und Werke; darüber hinaus stellt er die Behandlung einiger Autoren zur Wahl, und zwar: Aratos (ca. 310–245 v. Chr., astronomisches Lehrgedicht *Phainomena*) oder [Pseudo-]Proklos (412–485, *Sphaira*[117]), Euripides (anstelle von Homer), Isokrates (anstelle von Demosthenes), Sophokles (anstelle von Homer); Thomas Linacre / Linacer (um 1460–1524, Schrift zur lateinischen Syntax) oder Priscianus (um 500, Grammatiker), Melanchthon, *De anima.*

Bei den Theologen werden jetzt *libri vtriusque testamenti* („Bücher des Alten und Neuen Testaments“) als Gegenstand genannt.

Bei der Juristischen Fakultät sind die mittelalterlichen *Libri feudorum* durch die spätantiken *Libri digestorum* ersetzt.

Die Angaben für die Medizinische Fakultät sind mit denen der „Vorordnung“ identisch.

115 Friedlaender (1895), Herold (1926) 104.

116 S. dazu Asche (2015) 247f.

117 Die Schrift *Sphaira* stammt nicht von Proklos, wurde ihm aber seit dem späten 15. Jahrhundert zugeschrieben.

Es zeigt sich: Gegenüber der „Vorordnung“ von 1540 weist das Vorlesungsverzeichnis für den Sommer 1541 ein paar Modifikationen auf, die Umsetzung ist also nicht völlig starr erfolgt.

Die Verfasser der Gedichte: Biogramme[118]

Carmina 1–4:
Georg Sabinus (1508–1560)[119]

Einige Namensvarianten: Georg Schuler, Georg Schüler, Georgius Sabinus

Georg Sabinus wurde am 23. April 1508 in Altstadt Brandenburg als Sohn des dortigen Bürgermeisters Balthasar Schüler geboren. Georg studierte von 1523/24 bis 1533 in Wittenberg Jura, wo Melanchthon, Professor für Altgriechisch, ihn mit manchen anderen Studenten in seinem Hause wohnen ließ. In dieser Zeit schrieb Sabinus eine Reihe lateinischer Gedichte, von denen einige in der von dem Melanchthon-Schüler Johannes Reiffenstein d. Ä. (um 1507–1528) 1528 edierten Sammlung *Farrago aliquot epigrammatum, Philippi Melanchthonis, & aliorum quorundam eruditorum* enthalten sind, darunter das (zuweilen Melanchthon zugeschriebene) Epigramm *De Ouidio*[120]. Aus Verehrung zu Ovid nahm Georg 1528 den Namen von dessen Freund Sabinus an[121]. Zusammen mit Melanchthon besuchte er 1529 den Reichstag von Speyer und 1530 den von Augsburg, auf dem im Beisein Kaiser

118 Unentbehrlich für die Erstellung: Höhle (2002); Repertorium academicum Germanicum (RAG), ein Projekt des Historischen Instituts der Universität Bern (https://resource.database.rag-online.org).

119 Zu Leben und Werk s. besonders Kühlmann / Wiegand (2016).

120 S. dazu Döpp (2022).

121 Sabinus ist nur aus zwei Stellen in Ovidischen Werken bekannt: Nach *am.* 2,18,27–34 verfasste er (verlorene) Antwortbriefe auf Ovid *her.* 1; 2; 4; 6; 7 und 15; *ex Ponto* 4,16,15f beklagt der Dichter Sabinus' Tod (14 oder 15 n. Chr.). Wohl um 1470 verfasste ein italienischer Humanist, Angelo Sani di Cure (Angelus de Curibus Sabinis), drei Antwortbriefe: zu her. 1; 2 und 5 (Text, Übersetzung und Erläuterungen: Häuptli [1996] 118–141; 354–374).

Karls V. über die sogenannte *Confessio Augustana* verhandelt wurde; auf dieses Ereignis bezieht sich Sabinus‘ *Elegia de aduentu Caroli V. Caesaris scripta Augustae ad Eobanum Hessum*[122]. 1532 veröffentlichte er das Gedicht *Caesares Germanici,* lobende Darstellungen der Herrscher von Karl dem Großen bis Kaiser Ferdinand I., ein Jahr später einen Panegyricus auf den Feldzug Joachims II. gegen die Türken.

Im September 1533 begann Sabinus eine Studienreise nach Italien, wo Kardinal Girolamo Aleandro (Hieronymus Aleander, 1480–1542) ihn in Venedig nicht nur zum Poeta laureatus krönte, sondern ihm auch die Würde eines Comes palatinus (Pfalzgraf) und eines Eques auratus (Ritter vom güldenen Sporn) verlieh. In Padua lernte er auch den päpstlichen Nuntius und nachmaligen Kardinal Pietro Bembo (1470–1547) kennen; mit ihm wird er bis zu dessen Tode in Verbindung bleiben. Nach zehnmonatiger Abwesenheit kehrte Sabinus 1534 nach Deutschland zurück und verlobte sich mit einer Tochter Melanchthons, der zwölfjährigen Anna. Das elegische Gedicht über die Italienreise *Hodoeporicon itineris Italici* wurde 1535 gedruckt[123]. In demselben Jahr begleitete er Kurfürst Joachim II. zu dessen Vermählung mit Jadwiga Jagiellonka / Hedwig Jagiellonica (1513–1573), einer Tochter König Zygmunts I. (1467–1548), nach Polen. Sabinus‘ Ehe mit Anna wurde am 6. November 1536 geschlossen; bald danach begab er sich zusammen mit Anna für einige Zeit an den Hof des Erzbischofs Albrecht von Mainz (1490–1545)[124]. 1538 kehrte Sabinus nach Wittenberg zurück. Bereits im April 1538 wurde er an der Viadrina in die Matrikel

122 Als *eleg.* 2,2 (78 elegische Distichen) erscheint das Gedicht in Sabinus‘ *Poemata* von 1538. Der Text ist von Wilhelm Kühlmann nach der Ausgabe der Sammlung von 1563 wiedergegeben, übersetzt und erläutert in Kühlmann / Seidel / Wiegand (1997) 504–513; 1246–1255.

123 Zu diesem Gedicht s. Schroeter (1909) 74–80; 130–137; Wiegand (1984) 71–79; 523f.

124 Der jüngere Bruder Joachims I. wurde 1513 Erzbischof von Magdeburg sowie Bischof von Halberstadt und 1514 Erzbischof von Mainz; er war ein Gegenspieler Martin Luthers.

eingetragen[125], und zwar als Dozent der Poesie und Beredsamkeit (*ad Poetas & Oratores Latinos explicandos*)[126]; seine Lehrtätigkeit leitete er ein mit einer Rede *De utilitate studiorum eloquentiae* („Über den Nutzen der Studien der Beredsamkeit")[127]. Im Winter 1539 übernahm Sabinus zum ersten Mal das Rektorat der Viadrina (das zweite Rektorat sollte im Herbst 1556 folgen; s. unten).

Als Christoph Preuss bei seiner Berufung im August 1540 die *lectio poetices* erhielt, wurde es in der Lehre Sabinus' Hauptaufgabe, lateinische Prosaautoren zu behandeln. In dieser Situation wandte er sich an Melanchthon und bat ihn um Prolegomena zu Ciceros *Orator* und um eine Disposition von dessen siebenter *Philippica*[128]. In der Folgezeit wurde die Aufgabenteilung zwischen Preuss und Sabinus insofern nicht streng gehandhabt, als Sabinus auch weiterhin zu römischen Dichtern las.

Auf die bevorstehende Heirat des polnischen Königs Zygmunt II. August (1520–1572) mit Elisabeth von Österreich (1526–1545), einer Tochter Kaiser Ferdinands, veröffentlichte Sabinus im April 1543 ein hexametrisches Gedicht, in dem er auch die Reihe der polnischen Könige darstellte: *De nuptiis inclyti Regis Poloniae Sigismundi Augusti, et Elyssae, Caesaris Ferdinandi filiae, carmen Georgij Sabini, continens praecipuas omnium Polonicorum Regum historias. Ecloga de Gallo ad Ticinum capto, & aliquot elegiae eiusdem Sabini* (Mense Aprili, Anno 1543 Francofordiae ad Oderam).

---

125 Friedlaender (1887) 76: *Georgius Sabinus Brandenburgensis utriusque iuris doctor*; später wurde hinzugefügt: *et poeta insignis, obiit anno 1560 2 Decembris.*

126 Becmanus (1707) 68.

127 Corpus Reformatorum, vol. 11 (1843) Sp. 364–373 Nr. 50.

128 Siehe Sabinus' wohl in der zweiten Septemberhälfte 1540 geschriebenen Brief an Melanchthon in: Corpus Reformatorum, vol. 3 (1836) Sp. 1104 Nr. 2023; Melanchthons Briefwechsel T. 9, Nr. 2513; s. auch Töppen (1884) 53 und Höhle (2002) 481.

Als Albrecht (1490–1568), Markgraf von Brandenburg-Ansbach und erster Herzog im außerhalb des Reichs gelegenen Preußen[129], 1544 in Königsberg die seit längerem geplante Gründung einer neuen Volluniversität, der Academia Regiomontana (später Albertina genannt)[130], energisch voranzubringen unternahm, berief er am 19. März Sabinus als deren ersten Rektor, und zwar auf Lebenszeit. Kurz bevor die Universität am 17. August 1544 eröffnet wurde[131], übersiedelte Sabinus mit seiner Frau und den Töchtern Anna und Sabina[132] an seinen neuen Dienstort. Wohl weil Sabinus die Arbeitslast der Aufbauphase zu groß wurde, legte er nach dreijähriger Amtszeit 1547 das Amt des Rektors nieder, setzte seine Tätigkeit als Professor jedoch fort. 1550 veröffentlichte er in Leipzig *Elegiae argumentis utiles ac variae*, worin am Anfang das Gedicht *Roma capta* steht, das in der Sammlung der *Poemata* 1558 den Titel trägt: *Roma a Caesare Carolo V. capta*; hierin lässt Sabinus Roma „in teilweise wörtlichem Rückgriff auf antike

129 Preußen ist hervorgegangen aus der Umwandlung des Territoriums des Deutschen Ordens in ein Herzogtum, die durch Albrecht, den letzten Deutschordensmeister, vollzogen wurde; seit 1532 war Albrecht mit der kaiserlichen Acht belegt.

130 Am 24. Oktober 1541 hatte Albrecht in Königsberg das Particular ins Leben gerufen, „eine gemeine freye Schule“, die den angehenden Studenten die für ein Universitätsstudium erforderlichen Kenntnisse in Latein, Griechisch, Hebräisch und in „Theologia, Jus, Medicina“ vermitteln sollte; s. die *Fundatio prima vulgo sic dictae particularis Regiomontanae* (in: Grube [1721] 166–171 Nr. 75, hier 167); in dieser Urkunde gab Albrecht der Hoffnung Ausdruck, dass das Particular „eines Tages mit anderen, höheren Privilegien ausgestattet werden möge, um den Rang einer Universität beanspruchen zu können“: Gundermann (2008) 111. Nach der Eröffnung der Universität am 17. August 1544 wurde das Particular Paedagogium genannt; dieses bestand, institutionell und personell stets eng mit der Universität verbunden, bis zum 17. Dezember 1619.

131 Am 20. Juli 1544 hatte Albrecht die Gründung der neuen Universität bekannt machen lassen; s. dazu Gundermann (2008) 112.

132 Von den in Frankfurt geborenen Töchtern blieb Katharina in Wittenberg bei den Großeltern, Magdalena war bereits 1541 verstorben. In Königsberg gebar Anna noch Martha und Albrecht (gestorben 1551).

Muster (v. a. Claudian und Ovid, *Tristien* I 3: Abschied aus Rom) ... über ihre Plünderung durch die Truppen Karls V. im *Sacco di Roma* am 6. 5. 1527 klagen“[133]. In den Folgejahren entwickelte sich nach der 1549 erfolgten Berufung des Theologen Andreas Osiander (1496 oder 1498 – 1552) im Professorenkollegium ein heftiger Streit[134], worüber Sabinus in Konflikt mit dem Herzog geriet. Sabinus bat um seine Entlassung und kehrte 1555 nach Frankfurt zurück als Professor und als Kurfürstlicher Rat. Im Herbst 1556 wurde er ein zweites Mal zum Rektor der Viadrina gewählt[135]. Im Auftrag Joachims II. unternahm er mehrmals eine Reise nach Polen und schließlich eine nach Italien; bei der Rückkehr erkrankte er, gelangte, von Fieber geschwächt, am 14. November 1560 nach Frankfurt und starb am 2. Dezember 1560. Beigesetzt wurde er vor dem Hauptaltar der dortigen Marienkirche.

Eine ausführliche Bibliographie bieten Kühlmann / Wiegand (2016).

Hier seien wenigstens die genauen Titel einiger zu Sabinus‘ Lebzeiten erschienenen Werke angeführt:

--- *Elegia de adventu Caroli V. Caesaris. Additae praeterea Elegiae duae* (Excusum Augustae Vindelicorum apud Alexandrum Weyssenhorn 1530); Inhalt: *Elegia de adventu Caroli V. Caesaris, scripta Augustae ad Eobanum Hessum. – Georg. Sabinus Arnoldo Burenio S. D. – Elegia ad illustrem Principem ac Dominum D. Magnum Ducem Megalburgensem, scripta à Georgio Sabino. – Germania ad Regem Ferdinandum.*
--- *Caesares Germanici descripti a Georgio Sabino Brandeburgensi* ([Vitebergae] 1532)[136]; darin auch: *Carmen de Cometa qui conspectus est Mense Augusto An. M. D. XXXI.*
--- *Georgii Sabini Brandeburgensis Hodoeporicon Itineris Italici* ([Vite-

133 Kühlmann / Wiegand (2016) mit einer Inhaltsanalyse der „episierenden Elegie“ von ca. 470 Versen).

134 S. hierzu Hubatsch (1964) 12f; Scheible (1995) 27 und vor allem Seebaß (1995).

135 Friedlaender (1887) 140.

136 Einige Bemerkungen dazu bei Amann-Bubenik (2013) 45–48.

bergae] 1535).
--- *Georgii Sabini Brandeburgensis poemata. Quorum catalogum sequenti pagina reperies* (Argentorati apud Cratonem Mylium mense Martio, Anno 1538)[137].
--- *Georgii Sabini Brandeburgensis Poemata. Ab Authore recens aucta & recognita* ([Argentorati] 1544).
--- *Georgii Sabini Brandeburgensis, Elegiae argumentis utiles ac variae, et carminibus elegantibus compositae, & nunc primum coniunctim expressae* (Lipsiae in officina Valentini Papae. Anno 1550).
--- *De carminibus ad veterum imitationem artificiose componendis, praecepta bona et utilia collecta a clarissimo viro Georgio Sabino. Enumeratio eorum quae in docendo praecipuè sequenda esse uideantur, Graecè & Latinè exposita à Ioachimo Camerario Pabebergensi* (Lipsiae Valentinus Papa edebat Anno Christi 1551).
--- *Vita Hugonis et Theodorici Marchionum Brandeburgensium descripta a Georgio Sabino. In Academia Regijmontis anno M.D.LII Mense Augusti. De appellatione, situ, moribus, ac populis Marchiae Brandeburgensis. De Brandeburgo metropoli Marchiae* [Königsberg: Hans Lufft 1552].
--- *Fabularum Ovidii interpretatio tradita in Academia Regiomontana a Georgio Sabino* (VVitebergae. Excudebat Petrus Seitz. Anno 1555). – Weitere Ausgaben sind 1556, 1559 und 1572 erschienen.
--- *Georgii Sabini Brandeburgensis Poemata et numero librorum aucta, et emendatius impressa, quam antea fuerunt* (Lipsiae in officina Valentini Papae. Anno 1558).

Carmen 5: Alexander Alesius (1500–1565)[138]

Einige Namensvarianten: Alexander Alan, Alane, Ales, Aless, Allesius, Halesius

137 Zum Inhalt s. Schroeter (1909) 139–147.
138 Bei der Erstellung war besonders hilfreich: Höhle (2002) 497–507.

Alexander Alesius wurde am 23. April 1500 in Edinburgh geboren. 1515 erwarb er an der Artistenfakultät der Universität St. Andrews das Baccalaureat, später auch den Magistergrad, anschließend studierte er Theologie und wurde Augustiner-Chorherr und Canonicus an der dortigen Kathedrale. Nachdem er in einer Synodenrede unmoralisches Verhalten des Klerus angeprangert und sich die Feindschaft des Priors von St. Andrews zugezogen hatte, floh er 1529/30 aus seiner Heimat und gelangte über mehrere Stationen im Herbst 1532 nach Wittenberg, wurde am 19. Oktober 1533 in die Artistenfakultät (d. h. in das *Concilium Facultatis artisticae*) der Leucorea aufgenommen und war im Sommer 1534 deren Dekan. Als die schottischen Bischöfe muttersprachliche Bibelübersetzungen zu verhindern suchten, wandte sich Alesius in zwei Traktaten gegen diesen Beschluss[139]. 1535 wurde er von Melanchthon zweimal nach England zu König Heinrich VIII. gesandt, dem an einer Verbindung zu dem 1531 geschlossenen Schmalkaldener Bund, einem gegen die Religionspolitik Kaiser Karls V. gerichteten Zusammenschluss protestantischer Fürsten, gelegen war. Im Auftrag Heinrichs VIII. lehrte Alesius für kurze Zeit in Cambridge Theologie, wobei er Vorlesungen über die Psalmen hielt[140], und ging dann nach London. Als sich die Bündnispolitik des Königs änderte, floh Alesius 1539 erneut, wiederum nach Wittenberg. Melanchthon empfahl ihn dem brandenburgischen Vizekanzler Weinleben nachdrücklich zur Berufung an die Viadrina: Alesius sei mit der Lehre der Kirchenväter und der Scholastiker vertraut und vermöge sie glänzend auszulegen. Zwar reichten seine Deutschkenntnisse für das Predigen in Deutsch nicht aus, er beherrsche aber vorzüglich das Lateinische, was für den akademischen Unterricht entscheidend sei[141]. Mit seiner Empfehlung hatte Melanchthon Erfolg: Bereits am 8. Ja-

139 *Epistola contra decretum quoddam Episcoporum in scotia, quod prohibet legere novi Testamenti libros lingua vernacula; Responsio ad Cochlaei calumnias.*

140 Zu seinen Vorlesungen im Jahr 1536 s. Wiedermann (1986).

141 Corpus Reformatorum, vol. 3 (1836) Sp. 842–844, Nr. 1882; Sp. 871, Nr. 1893; Melanchthons Briefwechsel T. 8, Nr. 2321; T. 9, Nr. 2339.

nuar 1540 konnte er Weinleben brieflich für die Berufung danken[142]. Alesius begann im Sommer 1540 mit der Lehre. Dem Gegenstand der Vorlesungsankündigung *c.* 5, der Exegese des Paulinischen Römerbriefs, widmete er eine Reihe von Disputationen; auch betonte er in seiner im November 1541 erschienenen *Intimatio lectionis Theologicae* („Ankündigung der theologischen Vorlesung"), der Römerbrief enthalte *absolutam totius scripturae methodum, & grauissimarum controuersiarum, quae hoc tempore in ecclesia agitantur, explicationem* („das vollkommene Verfahren für die Deutung der gesamten Bibel und die Erklärung der ungemein heftigen Auseinandersetzungen, die gegenwärtig in der Kirche geführt werden"), weswegen seine Lektüre für die Studenten überaus nützlich sei[143]. Gedruckt wurde die *Intimatio* als Anhang zu Alesius' *De autore et utilitate psalmorum Oratio* („Rede über den Verfasser und den Nutzen der Psalmen")[144].

Im Herbst 1542 verließ Alesius Frankfurt wegen eines Streits mit dem Juristen Christoph von der Straßen (gestorben 1560)[145], den er bezichtigte, ein Feind des Evangeliums zu sein[146]. Nicht zuletzt durch Vermittlung Melanchthons wurde Alesius 1543 an die Universität Leipzig berufen, an der er fortan tätig blieb. Er war dort sechsmal Dekan der Theologischen Fakultät sowie 1555 und 1561 Rektor. Unter anderem verfasste er noch folgende Schriften: *Expositio prioris Epistolae ad Timotheum* (s. l. 1550) („Erklärung des ersten Briefs an Timotheus"); *In alteram ad Timotheum expositio* (Leipzig [Georg Hantzsch] 1551) („Erklärung zum zweiten Brief an Timotheus") ; *Diligens refutatio errorum, quos sparsit nuper Andreas Osiander in libro, cui titulum fecit: De unico mediatore Christo* (Wittenberg [Johann Lufft] 1552) („Sorg-

142 Corpus Reformatorum, vol. 3 (1836) Sp. 925, Nr. 1916; Melanchthons Briefwechsel T. 9, Nr. 2349.

143 Alesius: *Intimatio lectionis theologicae* (1541); s. Höhle (2002) 500f und unten die Übersetzung zu *c.* 5.

144 Zu ihr s. Höhle (2002) 502f.

145 Zu seiner Person s. Madihn (1779) 247f.

146 Zu den Einzelheiten s. Kawerau (1916) und besonders Höhle (2002) 504–507.

fältige Widerlegung der Irrtümer, die Andreas Osiander kürzlich in dem Buch mit dem Titel: *Über Christus als einzigen Mittler* verbreitet hat"). Alesius starb am 17. März 1565; sein Grabstein befindet sich im Altarraum der Kirche Mölkau im Kirchspiel Leipzig.

Carmen 6:
Kaspar Widderstadt (gestorben 1561)

Einige Namensvarianten: Caspar Widerstadius, Kaspar Widerstadt, Gaspar Wilterstad, Caspar Witerstadius, Gaspar Witterstat, Gaspar Wyderstath

Das Geburtsjahr des aus Offenburg stammenden Kaspar Widderstadt ist nicht überliefert. Die Artistenfakultät der Universität Heidelberg promovierte ihn am 12. April 1522 zum Baccalaureus[147]. Am 1. August 1524 schrieb er sich er an der Wittenberger Universität ein[148] und erwarb dort an der Juristischen Fakultät das Lizenziat. Spätestens seit dem Jahr 1536 lebte er in Frankfurt. Am 8. Januar 1540 empfahl Melanchthon ihn dem brandenburgischen Kanzler für eine juristische Professur an der Viadrina: *Valet ingenio et facundia, laboris patiens est et amans studiorum, ac honestus et constans in susceptis causis*[149] („Er behauptet sich dank Geist und Redegabe, ist Anstrengung gewachsen, ein Liebhaber der Wissenschaften, ehrenhaft und ausdauernd in übernommenen Angelegenheiten"). Am 1. Februar 1540 teilte der Kurfürst der Universität mit, dass er Widderstadt als Legenten der *Institutiones imperiales* berufen habe. Im Sommer 1540 wurde Widderstadt einer der drei Superintendenten. Zur Werbeschrift (Januar 1541) hat er als einziger Angehöriger der Juristischen Fakultät ein Gedicht beigesteuert; es gilt nicht mehr den *Institutiones*, sondern einem

147 Toepke (1884) 530.
148 Foerstemann (1841) 123.
149 Corpus Reformatorum, vol. 3 (1836) Sp. 925, Nr. 1916; Melanchthons Briefwechsel T. 9, Nr. 2349.

Gegenstand aus dem *Codex Iustinianus*. Nachdem der erste Syndicus der Universität, Laurentius Schreck, 1541 verstorben war, erhielt Widderstadt dieses Amt. Im Sommer 1542 war er dem Rektor, Kurprinz Friedrich (1530–1552), als Co-Rector (Prorektor) zur Seite gestellt. Im Sommer 1548 amtete er als Rektor und zugleich als *Consul* (Ratsherr) Frankfurts[150]. Nach Becmanus[151] war Widderstadt bei seinem Tode I. U. D. (Iuris Utriusque Doctor), in welchem Jahr er diesen Grad erworben hat, scheint nicht zu ermitteln. Er starb am 28. Juli 1561 in Frankfurt.

Im Verzeichnis der Drucke des 16. Jahrhunderts (VD 16) sind keine Schriften außer dem Beitrag zur Werbeschrift vermerkt.

Carmen 7:
Jodocus Willich (1501 – 1552)

Einige Namensvarianten: Iodocus Vuillichius, Iodocus Wilichius, Iodocus Willichius, Jobst Wilcke, Jobst Wilke, Jodok Willich

Jodocus Willich, ein ungemein vielseitiger Gelehrter, geradezu ein *Uomo universale*[152], wurde 1501 in Rößel (heute Reszel, Woiwodschaft Ermland-Masuren) geboren. 1516 schrieb er sich er an der Viadrina ein und erwarb dort im Sommer 1517 das Baccalaureat, im Sommer 1522 den Magistergrad[153]; in diesem Jahr erhielt er später an der Universität Erfurt einen Lehrauftrag für Griechisch[154], kehrte aber bereits 1524 an die Viadrina zurück: Hier übernahm er an der Artistenfakul-

---

150 Da er weiterhin Syndicus war, hatte er 1548 also gleichzeitig drei Ämter inne: s. Becmanus (1707) 54.

151 Becmanus (1707) 48: Caspar Witterstadius I. U. D. Syndicus Univ. & Consul Civit.

152 Mühlpfordt (1983) 42.

153 Bauch (1897 / 1907) 58; 70.

154 Schwengler (1988) 89.

tät die Professur für Griechisch[155], in demselben Jahr wurde er in die Fakultät aufgenommen und zum Rektor gewählt[156]. In der Lehre „hat sich Willich nicht auf die schlichte Vermittlung dieser Sprache [scil. des Griechischen] beschränkt, sondern, wie es die mittelalterliche Universität kannte, fast alle Fächer gelehrt: vorzugsweise die drei ‚artes logicae', nämlich Grammatik, Dialektik und Rhetorik, die Willich im Zusammenhang sah, außerdem auch Poetik, die mathematischen Disziplinen und Physik"[157]. Und nicht allein dies: Wie Matthäus Host (1509–1587), sein treuer Schüler und Kollege, in der Biographie des Lehrers erzählt, fand er, als er 1527 sein Studium in Frankfurt begann, Willich bereits intensiv mit den Schriften des Hippokrates und des Galen beschäftigt[158]; schon damals habe er als vorzüglicher Arzt gegolten[159]. 1528 und 1532 war Willich Dekan der Artistenfakultät[160]. Bis zum Erscheinen der Werbeschrift (Januar 1541) wurden elf Werke aus Willichs Feder gedruckt, vornehmlich zu Themen aus dem Bereich der Artistenfakultät[161], aber etwa auch eine *Brevis et familiaris in epi-*

155 Zu den Werken, die Willich seinen Hörern vermittelte, und zu den von ihm benutzten Grammatiken s. Höhle (2002) 101.

156 Friedlaender (1887) 63; Höhle (2002) 100.

157 Höhle (2002) 101 (im Anschluss an Host [1607]).

158 Host (1607) fol. D.

159 Host (1607) fol. D 4: *Nam cum in hanc scholam venirem, quod accidit anno salutiferi partus filij Dei, Iesu Christi, M. D. XXVII, jam tum prae ceteris Medicinae Doctoribus & Professoribus Iodocus excellens & clarus Medicus habebatur* („Denn als ich an diese Universität kam, was im Jahr 1527 der heilbringenden Geburt des Gottessohns, Jesu Christi, geschah – schon damals galt Iodocus im Vergleich zu den übrigen Doktoren und Professoren der Medizin als herausragender und berühmter Arzt"); Höhle (2002) 104.

160 Bauch (1897) 17 No. 45 und 53.

161 Wenigstens einige seien genannt: *Orthographiae institutiones Jodoco VVillichio autore* (Lipsiae cudebat Nicolaus Faber 1530); *Physiognomonica Aristotelis Latina facta. A Iodoco VVillichio Reselliano. Addita est eiusdem interpretis oratio in laudem Physiognomoniae* (Excusum Vitebergae, in officina Nicolai Schirlentz. Anno 1538) (mit Widmung an den Kanzler der Viadrina Georg von Blumental); *Commentaria in Artem poeticam Horatii Authore Iodoco Vuillichio Reselliano* (Argentorati apud Cratonem Mylium

stulam Pauli ad Titum expositio („Kurze und zuverlässige Erklärung zu Paulus‘ Brief an Timotheus“) von 1540[162]. Am 14. Dezember 1540 wurde Willich unter dem Dekan Christian Schirach in *einem* Akt zum Baccalaureus, Lizentiaten und Doktor der Medizin promoviert[163] und wechselte in die Medizinische Fakultät über. Im Winter 1541 war er Prorektor[164]. Am 18. März 1545 konnte er durchsetzen, dass er auch in der Artistenfakultät lehren durfte[165]. Zu den medizinischen Schriften Willichs gehört eine *Ars magirica, hoc est, coquinaria, de cibariis, ferculis opsonijs, alimentis & potibus diuersis parandis, eorumque facultatibus* („Die Wissenschaft der Ernährung, d. h. des Kochens: über Speisen, Zukostgerichte, Nahrungsmittel und über die Zubereitung verschiedener Getränke und deren Anlässe“); das nicht vollendete Werk wurde postum 1563 gedruckt. Es handelt sich nicht um ein Kochbuch in der Art von Henriette Davidis‘ berühmtem *Praktischen Kochbuch* (Erstausgabe 1845), sondern um ein diätetisches Werk, wie bereits die

---

Mense Mart. 1539); *Georgicorum libri quatuor Pub. Virgilij Maronis Commentarijs doctissimis illustrati, per Iodocum VVillichium uirum Graecae & Latinae linguae peritissimum, cum Indice locupletissimo, & de Rusticis rebus & Geographicis. Omnia nunc primum nata & edita* (Basileae, ex officina Barptholomaei VVesthemeri, Anno 1539); *Iodoci VVillichii Reselliani Erotematum Dialectices libri tres* (Argentorati apud Cratonem Mylium An. 1540 Mense Ianuario); *Liber de pronunciatione Rhetorica doctus & elegans, per Iodocum Vuillichium. Adiunximus scholia eiusdem in Vergilij Bucolica, multis locis, quibus antea deprauata erant, restitutis* (Basileae, apud Bartholomaeum VVestheimerum, Mense Augusto, Anno 1540); *Iodoci VVillichii Reselliani, Arithmeticae libri tres* (Argentorati ex officina Cratonis Mylii, Mense Sept. Anno 1540).

162 Höhle (2002) 101–104.

163 Bauch (1906) 71. Die seinerzeit an mehreren Universitäten bestehende Möglichkeit, die drei akademischen Grade gleichzeitig zu erwerben, ist in der „Vorordnung“ (s. die Einleitung) ausdrücklich festgehalten. Willich wird seinerseits als Dekan der medizinischen Fakultät Joachim Zierenberg am 28. September 1545 in dieser Weise promovieren (s. unten zu Zierenberg).

164 Rektor war Johann Albert I. zu Mecklenburg (1525–1576).

165 Host (1607) fol. G; Höhle (2002) 477.

Fortsetzung des Titels ausweist: *Liber Medicis, philologis, & sanitatis tuendae studiosis omnibus apprimè vtilis* („Ein Buch, außerordentlich nützlich für Ärzte, Philologen [!] und alle, die um den Schutz der Gesundheit bemüht sind"). Besonders wichtig ist ferner das postum 1582 gedruckte Werk *Urinarum probationes* („Untersuchungen von Harnen"), mit dem er sich gegen die verbreitete Uromantie wandte und Regeln für eine seriöse Uroskopie aufstellte[166].

Neben seiner Tätigkeit an der Viadrina nahm Willich auch die Aufgabe eines kurfürstlichen Leibarztes wahr[167]; in dieser Funktion begleitete er 1542 Joachim II. beim Feldzug gegen die Türken nach Ungarn[168]. Auch wurde er zuweilen von Joachim II. mit diplomatischen Missionen betraut. So nahm er (als lateinischer *Orator*) im April 1543 an einer Delegation teil, welche die Aufgabe hatte, dem polnischen König Zygmunt II. August im Namen des Kurfürsten zur Hochzeit mit Elisabeth von Österreich zu gratulieren[169]. Von Krakau aus besichtigten die Gesandten die in der Nähe gelegenen Salzbergwerke von Wieliczka und Bochnia. Unmittelbar nach der Reise verfasste Willich einen Bericht: *De salinis Cracouianis obseruatio* („Beobachtungen zu den Krakauer Salzbergwerken"), die erste lateinische Monographie über solche Stätten[170].

Am 12. November 1552 starb Willich, nach einem ungemein arbeitsreichen Leben[171], in Lebus[172].

---

166 Löwenstein (1848) 296. Zur Uroskopie in der Zeit von 1560 bis 1650 s. Stolberg (2007).

167 Außer Willich hatte Joachim II. noch folgende Leibärzte: Christian Schirach, Gregor Jorschigk, Georgius Laurea, Matthias Ludolph, Christoph Pfundstein, Augustin Stehl, Jacob Bergemann, Paul Luther: Kühlmann / Telle (2013) 176.

168 Löwenstein (1873) 6.

169 S. auch oben zu Sabinus.

170 Döpp (2019/2021) 47–49.

171 Anführung zahlreicher Werke: Höhle (2002) 102; 477f; 548f;

172 Schwengler (1988) 95f.

Carmen 8:
Theobald Thamer (1502–1569)

Einige Namensvarianten: Theobaldus Damerus, Theobald Dammer, Theobaldus Dammerus, Theobald Thammer, Theobaldus Thamerus

Zu Anfang des sechzehnten Jahrhunderts, vielleicht 1502, wurde Theobald Thamer in dem elsässischen Ort Oberehnheim (jetzt Obernai) geboren[173]. Den ersten Unterricht erhielt er in Rosheim[174]. Von 1535 an studierte er an der Universität Wittenberg; dort erwarb er am 11. Februar 1539 den Grad des Magister Artium. In einem Brief an den brandenburgischen Vizekanzler Weinleben vom 16. August 1540 schrieb Melanchthon unter anderem: Wie er gehört habe, werde Thamer an der Viadrina Griechisch lehren, er verfüge über einen guten und frommen Charakter (*bonis et piis moribus*); diesen Brief bekam Thamer auf seine Reise zum Kanzler mit[175]. Nach dem 16. Oktober 1540 wurde Thamer an der Artistenfakultät immatrikuliert[176]. Hier wirkte er seither als Griechisch-Dozent. Als Thamer bei einer Disputation die Frage aufwarf, „ob nicht anstelle des im Griechischen ungebräuchlichen ‚hypographum' das Wort ‚Epigraphum' gebraucht werden müßte, um eine Unterschrift zu bezeichnen"[177], kam es zum Streit mit dem Theologen Alexander Alesius.

Am 23. April 1543 wurde Thamer von der Artistenfakultät zum Dekan gewählt; er trat das Amt aber nicht an, da er schon zwei Tage später dem Ruf des Landgrafen Philipp von Hessen auf eine Professur für

173 Zu seinen Lebensdaten s. unter anderem „Thamer, Theobald", in: Hessische Biografie <https://www.lagis-hessen.de/pnd/118621599> (Stand: 5.7.2022).

174 Kraus (1894).

175 Corpus Reformatorum, vol. 3 (1836) Sp. 1070f, Nr. 1989; Melanchthons Briefwechsel T. 9, Nr. 2473.

176 Friedlaender (1887) 85: *magister Theobaldus Thamerus Argentoratensis* (mit der Ergänzung) *et professor*.

177 Höhle (2002) 484.

Theologie an der Universität Marburg folgte; zugleich wurde er dort Prediger an St. Elisabeth. In diesem Jahr veröffentlichte er die Schrift *Paraclesis, id est, adhortatio ad sacratissimae Theologiae studium in Marpurgensi Academia celeberrima iampridem habita* („Aufforderung, d. h. Ermunterung zum Studium der heiligsten Theologie, vor kurzem an der hochberühmten Universität Marburg vorgetragen"). Die Auffassungen, die er dann als Lehrender und Predigender vertrat, wichen ganz erheblich von der Lehre der Reformatoren ab: So äußerte er etwa, die Rechtfertigung beruhe nicht *sola fide,* „allein auf dem Glauben", sondern wesentlich auf den Werken des Menschen. Daraufhin wurde er von seinen Ämtern zunächst beurlaubt und schließlich am 8. August 1549 entlassen. Wenig später, am 10. Dezember 1549, übernahm er die Stelle des zweiten Predigers an der Bartholomäuskirche in Frankfurt am Main, doch schon 1552 wurde er abgesetzt. Im darauffolgenden Jahr begab er sich nach Italien, trat zum Katholizismus über und wurde zum Diakon geweiht. In Siena erwarb er den Doktortitel in Theologie. Von 1557 an wirkte er zunächst als Domprediger in Minden, dann als Canonicus in Mainz. Schließlich wurde er 1566 Professor der Theologie am Gymnasium in Freiburg am Breisgau; in dieser Stadt ist er am 23. Mai 1569 verstorben.

Carmen 9a und 9b:
Christoph Preuss (1515–1590)

Einige Namensvarianten: Christophorus Breyss[178], Christophorus Pannonius, Christophorus Preiß, Christoph Preuß von Springenberg, Christophorus Preyss

Geboren wurde Christoph Preuss am 25. Januar 1515 in Pressburg (heute Bratislava in der Slowakei, seinerzeit im Königreich Ungarn gelegen); er besuchte die Lateinschule im schlesischen Goldberg

---

178 Als „Christophorus Breyss posoniensis" wurde er in Wittenberg inskribiert (Freytag [1903] 92).

(Złotoryja), wo Valentin Trotzendorf (Valentin Friedland, 1490–1556) zu seinen Lehrern gehörte. Im Sommersemester 1536 wurde Preuss in Wittenberg immatrikuliert. Als der 1500 geborene Goldberger Bürgermeister Georg Helmrich 1536 verstarb, bat Trotzendorf seinen in Wittenberg lebenden Freund Georgius Aemilius (Georg Oemler, 1517–1569)[179], dem Toten ein Ensemble von Grabinschriften zu widmen; in dem kleinen Werk, das im Februar 1537 in Wittenberg gedruckt wurde (*Epitaphia viri optimi Georgij Helmerici, Consulis quondam Goltbergensis*), sind außer Aemilius auch noch Preuss und sein Freund Melchior Acontius (Volz, Foltze, 1515–1569) als Beiträger vertreten, Preuss mit einem Gedicht aus 26 und einem weiteren aus sechs elegischen Distichen. Gleich nach der Drucklegung bat Aemilius die beiden Mitverfasser, das Büchlein persönlich Trotzendorf in Goldberg zu überbringen; aus diesem Anlass gab er ihnen ein an Trotzendorf gerichtetes *Propempticon* mit auf den Weg[180]. – Kurz vor der Abreise schlug Simon Lemnius (um 1511–1550, seit 1534 an der Leucorea eingeschrieben) den beiden Freunden in einem launigen Gedicht vor, die letzte Nacht mit ihm zusammen beim Wein zu verbringen: Das Gedicht *De discessu Aemylii et C. Pannonii* fügte er seinen 1538 gedruckten *Epigrammata* ein[181].

179 Am 25. Juni 1517 in Mansfeld geboren, wurde Aemilius im Winter 1532/33 in Wittenberg immatrikuliert und erwarb an der dortigen Artistenfakultät im Januar 1537 den Magistergrad. Bald danach gründete er in Wittenberg eine Privatschule; vom Frühjahr 1540 bis 1553 war er Direktor der Lateinschule in Siegen; am 8. Mai 1554 wurde er in Wittenberg zum Dr. theol. promoviert; s. den grundlegenden Aufsatz von Holzberg (1982), der erstmalig Aemilius' gesamtes Oeuvre vorstellt; s. auch Holzberg (2008).

180 *Propempticon Georgii Aemylii scriptum ad Melchiorem Acontium & Christophorum Pannonium, abeuntes in Sylesiam, Anno MDXXXVII Mense Februario* (Vitebergae 1537 Mense Septembri); in diesem Gedicht beschreibt Aemilius vorausblickend die Reise, die Preuss und Acontius unternehmen sollten; zum Inhalt des Gedichts s. Ellinger (1929) 112–114.

181 Holzberg (1982) 102.

Am 19. September 1538 erwarb Preuss an der Leucorea den Magistergrad. Vielleicht schon Ende 1538, spätestens jedoch 1539 trat Preuss, der Bitte Trotzendorfs folgend, in die Goldberger Lateinschule als Lehrer für Rhetorik ein[182]. Auf Empfehlung Melanchthons beriefen die Visitatoren Preuss am 27. August 1540 an die Viadrina auf eine Lektur für lateinische Poesie (*lectio poetices*)[183]; gleichzeitig wurde Georg Sabinus die Vorlesung über Cicero als Rhetor zugewiesen[184]. Noch bevor Preuss im Sommersemester 1541 als Professor in die Artistenfakultät aufgenommen wurde, verfasste er für die Werbeschrift (Januar 1541) die Ankündigung zweier Vorlesungen über Vergil. Auf den Kanzler Karls V., den aus Burgund stammenden Juristen Nicolas Perrenot de Granvelle, der den Vorsitz auf den Reichstagen in Worms (1540) und Regensburg (1541) führte, ließ Preuss, der zu den Begleitern Melanchthons gehörte[185], 1541 ein Gedicht aus 62 elegischen Distichen erscheinen[186]. Im Sommersemester 1542 war er Dekan der Artistenfakultät.

Als Herzog Albrecht von Preußen, der Gründer der Universität Königsberg, vom Anfang Oktober 1545 bis zum 10. Januar 1546 eine Reise zum Naumburger Fürstentag unternahm[187], war die Viadrina darauf vorbereitet, ihn zu empfangen; der Aufenthalt in Frankfurt musste zwar entfallen, weil der Herzog auf dem raschesten Weg nach Königsberg zurückgelangen wollte[188], doch Preuss hatte am 1. Dezember

182 Bauch (1921) 81.

183 Riedel, Codex diplomaticus Brandenburgensis, Erster Hauptheil, Band 23 (1862) 473.

184 Das berichtet Sabinus in seinem bereits S. 43 erwähnten Brief an Melanchthon wohl aus der zweiten Septemberhälfte 1540: Corpus Reformatorum, vol. 3 (1836) Sp. 1104, Nr. 2023; Melanchthons Briefwechsel T. 9, Nr. 2513.

185 Jöcher, Dritter Theil (1751) Sp. 1766.

186 *Ad illustrem virum Nicolaum a Granvella, elegia Christophori Preiß Pannonij* (Francoforti, Christianus Egenolphus Hadamarius excudebat, Anno 1541).

187 Tschackert (1890) 109 Nr. 1805; 112f Nr. 1821; die Zeugnisse für diese Reise referiert eingehend Gundermann (1965) 179–190.

188 Hubatsch (1960) 274; Höhle (2002) 440.

1545 ein Begrüßungsgedicht in 238 elegischen Distichen fertiggestellt, die *Academiae Francophurdianae gratulatio* („Glückwunsch der Universität Frankfurt"), die er noch im Dezember 1545 drucken ließ[189].

In den Sommersemestern 1548 und 1556 amtierte Preuss wiederum als Dekan der Artistenfakultät, im Sommersemester 1543 und 1553 war er Rektor der Viadrina. Zu Bernhard Holtorps Elegienbuch *De illustri et heroica familia, rebus gestis, ac honoribus Marchionum Brandeburgensium,* das am 1. Januar 1554 in Frankfurt erschien, steuerte Preuss ein Begleitgedicht aus 37 elegischen Distichen bei, das sich an den Widmungsempfänger des Buchs richtete, Sigismund (Siegmund), den fünfzehn Jahre alten Markgrafen von Brandenburg, Erzbischof von Magdeburg und Bischof von Halberstadt (11.12.1538 – 13.9.1566)[190]: *Ad eundem Principem Marchionem Brandeburgensem Sigismundum, Archiepiscopum Magdeburgensem &c.*[191]. In seiner Elegie legt Preuss dem Bischof die Lektüre von Holtorps Schrift nahe (V. 11f) und gibt dem Topos Raum, dass allein die poetische Rühmung die Vergänglichkeit überwinde: *Omnia depereunt aeuo monumenta, caduntque, / Sola sed Aonidum carmina morte carent,* V. 45f[192] ("Sämtliche Denkmäler gehen mit der Zeit unter und fallen, / doch einzig Gedichte der Musen erfahren keinen Tod")[193]. Eine Monographie zu Cicero veröffentlich-

189 *In adventum illustrissimi Principis, ac Domini, Domini Alberti, Marchionis Brandenburgensis, Ducis Prussiae, &c. Academiae Francophurdianae Gratulatio. Authore Christophoro Preyss Pannonio. Additae sunt duae Elegiae de Officijs boni Principis Authore Georgio Aemylio* (Francophurdiae ad Oderam per Nicolaum VVolrab. Anno 1545). – Zur in die Antike zurückreichenden Tradition der *adventus*-Poesie s. Deufert (2011) besonders 147–151.

190 Er war ein Sohn Joachims II. aus dessen (zweiter, am 1. September 1535 geschlossener) Ehe mit Jadwiga Jagiellonka / Hedwig Jagiellonica (1513–1573), einer Tochter des polnischen Königs Zygmunt I.

191 Holtorp: *De illustri et heroica familia* ... D 2^v – D 3^v.

192 Die Formulierung folgt Ovid *am.* 1,15,31f: *Ergo cum silices, cum dens patientis aratri / depereant aeuo, carmina morte carent* („Mag also das Gestein, mag der Zahn des duldsamen Pflugs mit der Zeit untergehen – Gedichte erfahren keinen Tod").

193 Zum Inhalt des Gedichts s. im Übrigen Greiff (2006) 180f.

te Preuss 1555 in Basel (Drucker: Ludovicus Lucius): *M. T. Ciceronis vita, et studiorum, rerumque gestarum historia, ex eius ipsius libris, testimonijsque potissimùm obseruata, atque conscripta*; dem Band ist beigefügt: *Oratio de imitatione Ciceroniana.*

1558 verließ Preuss die Viadrina und trat als Syndicus in den Dienst der Stadt Olmütz (Olomouc) ein[194]; „in diesem Amt wurde er vom Kaiser in den Adelsstand erhoben als Preuss von Springenberg. 1564 wurde er oberster Sekretär und Proto-Notar in Thorn“[195]. Schließlich übernahm er 1579 an der Universität im preußischen Königsberg die Rhetorik-Professur und versah sie zehn Jahre lang[196]; dort war er 1582 Rektor[197]. Er starb am 9. April 1590 in Königsberg[198].

Carmen 10: Christoph Corner (gestorben 1594)

Einige Namensvarianten: Christophorus Cornerus, Christoph Körner, Christophorus Körner, Christoph Korner

Geboren wurde Christoph Corner in Buchen im Odenwald[199] (er pflegte Widmungsvorreden mit dem Zusatz *de Fagis* zu unterzeichnen). 1533 wurde er an der Artistenfakultät der Viadrina immatrikuliert, erwarb am 17. März 1536 das Baccalaureat[200] und im Wintersemester

194 Höhle (2002) 487.

195 Freytag (1903) 92.

196 Jöcher, Dritter Theil (1751) Sp. 1766.

197 Fraknoi (1874) 13–24.

198 Zur Grabinschrift für Preuss und seine am 18. April 1590 verstorbene Ehefrau Euphemia s. Stein (1911/1998) 30.

199 Aus dieser Stadt stammte auch der Gründungsrektor der Viadrina, Konrad Wimpina. Wimpina hat ein Stipendium für Studenten aus Buchen gestiftet (Ehmer [1995] 3).

200 Bauch (1897) 81.

1537/38 den Magistergrad[201]; in das Collegium der Fakultät wurde er 1538 aufgenommen[202]. Zu Ciceros Rede *Pro L. Flacco* sowie zu dessen erstem Brief an Bruder Quintus veröffentlichte er eine Monographie (1547; 1553), in zwei weiteren Büchern behandelte er im Anschluss an Aristoteles Probleme des Syllogismus (1549; 1552). Zu der Ausgabe des Schauspiels *Studentes,* das der Scholar der Viadrina Christoph Stummel (Christophorus Stymmelius, 1525–1588) 1545 verfasst hatte (zuerst gedruckt 1549), steuerte Corner einen *Epilogus* in 105 jambischen Senaren bei (die *Praefatio* stammt von Jodocus Willich)[203]. 1541, 1547 und 1557 war Corner jeweils Dekan, in den Sommersemestern 1544, 1554, 1564, 1572 und 1579 versah er das Rektorat. Nach Sabinus' Tod (1560) wurde er Professor der Rhetorik. Bald nachdem er am 22. Oktober 1573 den theologischen Doktorgrad erworben hatte, übernahm er eine Professur der Theologie[204]. Freilich hatte er bereits 1564 begonnen, Schriften zu theologischen Themen, namentlich exegetische Bibelstudien zu veröffentlichen[205].

Nach dem Tode seines Kollegen Andreas Musculus (29. November 1514 – 29. September 1581) wurde Corner Generalsuperintendent der Mark Brandenburg (*Generalis Marchiae superintendens*).

---

201 Bauch (1897) 82.

202 Bauch (1897) 83.

203 *Studentes, comoedia de uita studiosorum, nunc primum in lucem edita authore M. Christophoro Stummelio F. Eiusdem Carmen de iudicio Paridis. Addita est Praefatio Iodoci VVillichij, & epilogus à M. Christophoro Cornero* (Francoforti ad Viadrum in officina Joannis Eichorn, Anno 1549). – Zu dieser „ersten Studentenkomödie der Weltliteratur" s. Targiel (2001) 23, Wilhelmi (2017, der versehentlich auch den *Epilogus* Willich zuschreibt). – Eine deutsche Übersetzung veröffentlichte Johann Adolph Hermstädt 1772: *Die Studenten. Ein Lustspiel in fünf Aufzügen* (Hersfeld an der Fuld, bei J. A. Hermstädt 1772); diese Übersetzung hat Alexander Fromm seiner vor kurzem erschienenen Übertragung von Stymmelius' Komödie zugrundegelegt: *Studentes. Die Studenten* (Berlin 2021); Willichs *Praefatio* und Corners *Epilogus* sind dort leider weggelassen.

204 Becmanus (1707) 56.

205 Eine Reihe von Schriften stellt Ehmer (1995) vor.

Am 18. März 1594 ist er in Frankfurt gestorben. Die Trauerrede hielt Rektor Matthaeus Cuno[206]. Pancraz Krüger (Pancratius Crugerius) widmete der Erinnerung an Corner ein griechisches Gedicht aus fünfzehn elegischen Distichen[207].

Eine ausführlichere Studie zu Corners Oeuvre fehlt. Wenigstens die Titel seiner lateinischen Schriften seien hier aufgeführt.

--- *Oratio M. T. Ciceronis dicta pro L. Flacco, de pecunijs repetundis, in ius uocato, cum breui dispositione à Christophoro Cornero addita* (Francophordiae ad Oderam, excudebat Nicolaus Vuolrab, Anno 1547).
--- *Epistola prima M. T. Ciceronis ad Q. Fratrem Proconsulem Asiae, de ea prouincia rectè & prudenter administranda, continens παραγγέλματα πολιτικά, Rempublicam gerentibus ualde necessaria: Cum Ecphrasi, à Christophoro Cornero ex Buchen ad Rhetorum morem conscripta. Rerum & uerborum in his memorabilium index* (Basileae, per Io. Oporinum [1553]).
--- *Ratio inueniendi medium tertium in syllogismo Categorico, ab Aristotele tradita, & per Christophorum Cornerum ex Fagis diligenter explicata. Unà cum tractatu ipso περὶ εὐπορίας τῶν προτάσεων ex Aristotele, ad finem adiecto. Addita etiam est Praefatio, de usu huius doctrinae* (Basileae [1549]).
--- *Methodus inueniendi medium terminum, comparandique copiam propositionum in omni genere Syllogismorum, tradita ab Aristotele in secunda parte primi libri ἀναλυτικῶν προτέρων & per Christophorum Cornerum diligenter explicata. Accessit rerum & uerborum memorabilium Index* (Basileae, per Ioannem Oporinum [1556]).

206 *Rectoris Magnifici in Academia Francofurtana Matthaei Cunonis ... Scriptum in Funere ... Christophori Corneri ...* (Frankfurt: Andreas Eichorn 1594); ein Exemplar befindet sich in der Biblioteka Universytecka Wrocław (alle Angaben nach Teitge [2000] 445).

207 Pancratius Crugerius: *Memoriae Christophori Corneri, Theologiae Doctoris, multos per annos in illustri Academia Francofordiana Professoris, & uniuersae Marchiae Superintendentis, Viri longè clarissimi* (Francofordiae, typis Sciurianis. Anno 1594. XI. Cal. Maias). – Einblattdruck.

--- *Psalterium Latinum Davidis Prophetae et Regis cum familiari et pia expositione, ac breui Notatione artificij Rhetorici pertinentis ad rationem inuentionis, dispositionis & elocutionis, scripta à Christopho. Cornero D.* (Lipsiae 1564); die lateinische Version erschien „bis 1588 in insgesamt zehn Ausgaben“; zu diesen „kamen noch drei deutsche Ausgaben. Dies war ... mit insgesamt dreizehn Ausgaben Cornerus‘ erfolgreichstes Werk“ (Ehmer [1995] 4f).
--- *Οἰκονομία et explicatio epistolarum atque euangeliorum, quae singulis Dominicis diebus per totum annum in Christianorum congressibus recitantur & enarrantur* (Francofurti ad Oderam: Ioannes Eichorn 1567; 1585).
--- *De confessione fidei et doctrinae Augustae Vindelicorum Carolo V. Rom. Imperatori praelecta & exhibita, Oratio continens ueram & simplicem narrationem eorum, quae sub illud tempus de illa dicta actaque sunt, scripta & recitata à Christophoro Cornero, cum eius enarrationem publicè exorsurus esset* (Francofordiae ad Oderam in officina Iohannis Eichorni. Anno 1568).
--- *Cantica selecta Veteris Nouique Testamenti cum hymnis et collectis, seu orationibus purioribus, quae in Orthodoxa atque Catholica Ecclesia cantari solent. Addita dispositione & familiari expositione Christophori Corneri D.* (Lipsiae: Ioannes Steinmann 1564); „bis 1597 insgesamt sieben Ausgaben“ (Ehmer [1995] 5).
--- *Symbolum Athanasii, Episcopi Alexandrini, continens confessionem & doctrinam Ecclesiae Catholicae de S. Trinitate, & persona Christi, explicatum utilibus commentarijs* (Francofurti: Ioannes Eichorn 1576).
--- *Oratiuncula de praestantissimo viro et clarissimo iureconsulto, Doctore Andrea Zochio Halensi, qui 19. die Decembris Francofurti Marchiae piè deceßit, post honorificam funeris deductionem & humationem atque sepulturam exuuiarum eius, habita ante aedes ipsius à Christophoro Cornero, Doctore Theologo* (s. l. 1581).
--- *Epistola D. Pauli ad Galatas scripta, eiusque partium et Argumentorum dispositio, cum commentario explicationum in eandem epistolam, pulchro compendio omnia, quae à D. Martino Luthero, viro Dei, in illa olim prolixè dictata & edita sunt, complectente & referente Christopho-*

ro Cornero (Heidelbergae: Excudebat Ioannes Spies 1583).
--- *In epistolam D. Pauli ad Romanos scriptam commentarius* (Heidelbergae: Excudebat Ioannes Spies 1583).
--- *In Haggaei Prophetae conciones quatuor, in quibus ipse exhortatur Iudaeos, ut secundum templum Domino extruant, dispositio rhetorica, & enarratio theologica, Autore Christophoro Cornero, Theologiae Doctore & Professore, & totius Electoratus Brand. Superintendente generali* (Francofurti Andreas Eichorn imprimebat, Anno 1585).
--- *Theses de dubitatione Pontificia, quae pugnat cum fide iustificante.* Respond.: Hieronymus Toxites (Francofurti 1589).

Carmen 11: Joachim Zierenberg (gestorben 1573)[208]

Einige Namensvarianten: Joachim Ciremberger, Joachimus Cirembergius, Joachimus Cirenbergius Dantiscus, Cyrenbergius, Czirenbergius, Czyrenbergius, Tsyrenbergius, Zsirenbergius Gedanus

Joachim Zierenberg stammte aus Danzig, er wurde 1522 an der Viadrina immatrikuliert[209] und erwarb im Winter 1523/24 das Baccalaureat[210]. Über die nächsten zehn Jahre seines Lebens scheint nichts überliefert zu sein. 1533 legte er an der Viadrina das Magisterexamen ab und wurde in das Collegium der Artistenfakultät aufgenommen[211]. Hier lehrte er v. a. auf dem Gebiet der griechischen Sprache. Im Winter 1535 versah er das Rektorat. 1536 war er Dekan der Artistenfakultät[212]. In deren Vorlesungsverzeichnis für den Winter 1543/44[213] kündigte er eine Vorlesung zur *Syntaxis linguae Graecae* des Ioannes Varennius

208 Zu seinem Biogramm s. vor allem Höhle (2002) 106.
209 Friedlaender (1887) 62.
210 Bauch (1897) 74.
211 Bauch (1897) 79.
212 Bauch (1897) 81.
213 Höhle (2002) 490f; s. auch oben S. 35f.

(Johann van der Varen, Jan de Varenne, 1462–1536) an[214]. Am 28. September 1545 wurde Zierenberg durch seinen Lehrer Jodocus Willich in *einem* Akt zum Baccalaureus, Lizenziaten und Doktor der Medizin promoviert[215] und wechselte in die Medizinische Fakultät über, lehrte aber weiterhin auch in der Philosophischen. Im Winter 1545 war er Rektor. Für den Winter 1546/47 zum zweiten Mal zum Dekan der Philosophischen Fakultät gewählt, nahm er noch vor dem Ende der Amtsperiode die Stelle eines Stadtphysicus in Kolberg (Kołobrzeg) an[216]. Wohl nach 1554 wechselte Zierenberg als Physicus nach Thorn (Toruń)[217]. 1573 ist er verstorben.

An einer umfangreichen lateinischen Schrift war Zierenberg beteiligt: *Historia Iesu Christi filii Dei, de vero, unico, et venturo Messia seu Christo, deque eius Incarnatione, ... Latine et Graece, cum scholijs loca obscuriora illustrantibus, Denuo auctus et recognitus per D. Ioachimum Cirenbergium* ... (Regiomonti, per Ioannem Daubmannum, 1571); weitere Beiträger sind Georgius Belitz, Henricus Möller und Lucas

---

214 Varennius' *Syntaxis* erlebte zahlreiche Auflagen; der Erstdruck erfolgte 1532: *Syntaxis linguae Graecae, ea potissimum complectens quae a latinis dissentiunt, autore Ioanne Varennio Mechliniensi* (Louanij ex officina Rutgeri Rescij, Anno M. D. XXXII sexto Idus August. Sumptu eiusdem, ac Bartholomaei Grauij); vor der Werbeschrift erschienen noch zwei Ausgaben: *Syntaxis linguae Graecae, Ioanne Varennio Mechliniensi Autore, unà cum Annotatiunculis paucis ad praecepta Syntaxis Varennianae, per Ioachimum Camerarium. Accesserunt Praeterea de passionibus dictionum ex Tryphone Grammatico: Necnon libellus de Constructione uerborum, ex Opere, quod σχέδιον βασιλικὸν, hoc est, Schedam Regiam uocant, excerptus, non minus utilis quam necessarius* (Basileae 1539); *Linguae Graecae syntaxis absolutuſsima, ea potiſsimum complectens quae à Latinis dissentiunt. Autore Ioanne Varennio* (Coloniae Agrippinae Ioannes Gymnicus excudebat. Anno 1541).

215 Bauch (1906) 71.

216 Bauch (1901) 32.

217 Höhle (2002) 550. Bei Guolphgangus Iustus (Wolfgang Jobst [1554]) heißt es noch: *Ioachimus Cyrenbergius Dantiscanus, nunc Medicinae Doctor, & physicus Colbergensium in Pomerania.*

Schubbaeus; ein Exemplar befindet sich in der Ungarischen Nationalbibliothek (Országos Széchényi Könyvtár).

Des Weiteren sind mehrere deutsche Schriften überliefert, davon zwei aus seiner Kolberger Zeit: a) *Ein Christlicher kurtzer unterricht, allen fromen Christen, zu diesen letzten und sterblichen zeiten, nicht allein in allerley anfechtung und trübsal, Sondern auch in Todts nöten, ganz tröstlich und nützlich zu wissen. Durch D. Joachimum Cirenbergium Dantiscum* (Gedruckt zu Franckfurt an der Oder durch Johan Eichorn 1551). b) *Das dritte Buch Maccabeorum, eine schoene und herrliche Historia, seer troestlich wider alle Tyrannen, Gottesleesterer und verfolger Goettliches worts jtzt erst verdeudtschet. Durch D. Joachim Ciremberger, Physicum der stadt Colberg mit einer Vorrede zur erklerung dieses Buchs* (Wittemberg 1564 Durch Veit Creutzer). Als Physicus in Thorn veröffentlichte er c) *Wider alle Pestilentzische geschwinde und gifftige Fieber. Ein gründtlicher volkömlicher Bericht, raht und hülffe vor Jdermenniglich, Was standts, geschlechts oder alter die sein mit sonderm fleis trewlich an tag gegeben Durch Joachimum Cirenbergium der Ertzney Doctorn und Physicum. Einem Erbarn Raht und Gemeine der Königlichen Stadt Thorn in Preussen zu sonderm nutze und troste geschrieben* (Gedruckt zu Leipzig durch Hans Rhambaw 1564); d) *Von des Warhafftigen einigen Messiae oder Christi, unsers Erloesers und Mitlers, Empfengnis, Geburt, Leiden und Sterben, Aufferstehung, Himelfahrt und Sendung des Heiligen Geists verheissung, Weissagung und zeugnis aus der gantzen Heiligen Schrifft des Alten und Newen Testaments ... zusamen getragen. Mit kurtzer auslegung desselben. Durch D. Joachimum Cirenbergum Dantiscum ...* (Eisleben 1566).

Carmen 12:
Andreas Bochow (1515–1574)

Einige Namensvarianten: Andreas Bocchou, Bochau, Bocho, Buchau, Buchovius

Geboren wurde Andreas Bochow 1515 in Etzin (heute Ortsteil der brandenburgischen Stadt Ketzin/Havel)[218]. Als Andreas Bocho Brandenburgensis ließ er sich im Wintersemester 1533/34 an der Universität Wittenberg inskribieren[219]. Im Wintersemester 1538/39 wechselte er nach Frankfurt[220], wo er im Sommer 1540 an der Artistenfakultät das Magisterium erwarb[221] und 1541 in die Fakultät aufgenommen wurde[222]. Später wirkte er als Hofprediger der in Spandau residierenden Kurfürstin Elisabeth. Von 1556 bis zu seinem Tode war er Pfarrer in Neuruppin; 1564 wurde er dort *Superintendens adiunctus* und 1569 *Superintendens*[223]. Er starb am 1. April 1574 in Neuruppin.

Die Vorlesung über Ciceros *Epistolae familiares,* die er in der Werbeschrift ankündigt, wird er auch im Winter 1543/44 halten[224].

Publikationen Bochows konnte ich nicht ermitteln.

Carmen 13:
Matthäus Host (1509–1587)

Namensvarianten: Mattheus Host, Matthaeus Hosth, Matthaeus Hosthus

Matthäus Host wurde 1509 in Wilmersdorf (1920 als Bezirk nach Groß-Berlin eingemeindet) geboren. 1527 an der Viadrina immatrikuliert, erwarb er 1532 an deren Artistenfakultät das Baccalaureat, am 20. Januar 1535 das Magisterium und wurde anschließend in die

218 Die Angaben zu Geburtsjahr und -ort werden Fischer, Band 2/1 (1941) 105 verdankt, der als Namen „Buchovius (Buchow)“ angibt.

219 Foerstemann (1841) 152.

220 Friedlaender (1887) 78.

221 Bauch (1897) 84.

222 Bauch (1901) 26.

223 Fischer, Band 2/1 (1941) 105; Höhle (2002) 488.

224 Höhle (2002) 488; 491.

Fakultät aufgenommen: Zu seinen Aufgaben gehörte v. a. die Lehre auf dem Gebiet der griechischen Sprache. Von Beginn seines Studiums an verehrte Host Jodocus Willich als seinen *Praeceptor*, wie er in seiner Biographie des Lehrers und späteren Kollegen schreibt (Host [1607] fol. A 3): *Audivi ... & privatim & publice docentem Iodocum ejusque arctiſsima familiaritate perpetuo sum usus annos XXIIII continuos, ab anno XXVII usque ad annum LII, quo haec nostrae Academiae lux, cum magno bonorum maerore & luctu extincta est* („Ich hörte Jodocus ... privat und öffentlich lehren und genoss seine ungemein enge Freundschaft ununterbrochen vierundzwanzig volle Jahre, vom Jahr [15]27 bis zum Jahr [15]52, in dem diese Leuchte unserer Universität unter großer Trauer und Klage der Rechtschaffenen erloschen ist")[225].

Insgesamt sieben Mal war Host Dekan der Artistenfakultät, das erste Mal im Wintersemester 1536/37[226]; das Rektorat hat er dreimal innegehabt: im Winter 1544/45, 1552/53 und 1572/73.

Seine Publikationen weisen ihn namentlich als einen Forscher aus, den man heute als Archäologen bezeichnen würde: Es finden sich etwa Monographien über Wasserkrüge (*hydriae*, 1575), römische Amphoren (*amphorae Romanae*, 1576), Maße (*mensurae*, 1578, 1598), das griechische Getreidemaß (*choenix Graeca*, 1584), Gewichte (*pondera*, 1598) und ganz besonders über römische, griechische und hebräische

225 Zu einem weiteren Selbstzeugnis s. die *Dedicatio* von Tomus II seiner *Opera omnia* (1586; s. dazu unten) fol. A 4: *In hac schola institutus sum sub magno duce et praeceptore clariſs. viro D. Iodoco VVillichio Borusso Reselliano: ... a cuius latere numquam disceſsi, cuiusque castra, dum vixit, annos viginti quinque sectatus sum* („In dieser Universität [scil. in der Viadrina] bin ich unterwiesen worden unter dem bedeutenden Meister und Lehrer, dem hochberühmten Jodocus Willich aus Rößel in Preußen, ... von dessen Seite ich niemals gewichen bin, dessen Bahn ich, solange er lebte, fünfundzwanzig Jahre lang voll Eifer gefolgt bin").

226 Es folgten: Winter 1543/44 sowie die Sommersemester 1549, 1559, 1565, 1573 und 1581 (Höhle [2002] 107 Anmerkung 677).

Münzen (*nummi*, 1570; 1574; 1580; 1598)[227]. Eine dreibändige Gesamtausgabe seiner bisher gedruckten Werke erschien 1586: *Omnium operum Matthaei Hosti tomi III: Quorum primus continet Historiam rei nummariae veteris Romanae, Graecae, Hebraicae & Externae antea editae. – Tomus II: Qui continet III libros de veteribus Mensuris, Ponderibus & Mensuris interuallorum Romanis, Graecis, Hebraicis & Externis. – Tomus III: Qui continet quaedam opuscula variae raraeque eruditionis plena: & ideo lectu dignißima, quorum Catalogus mox subjungitur* (Anno 1586 Francofordiae Marchionum excudebat Andreas Eichorn).

Carmen 14: Bartholomäus Rademann (gestorben 1585)

Einige Namensvarianten: Bartholomaeus Rademan, Barptholomaeus Radmannus, Bartholomäus Radtman, Radtmann

Bartholomäus Rademann[228] aus Frankfurt[229] wurde 1528 an der Viadrina immatrikuliert[230], erwarb an der Artistenfakultät am 18. März 1535 das Baccalaureat, im Winter 1537/38 das Magisterium und wurde 1538 in die Fakultät aufgenommen[231]. Im Winter 1541/42 war er Dekan, im

227 Die genauen bibliographischen Angaben bietet das Verzeichnis der Drucke des 16. Jahrhunderts (VD 16).

228 Er hatte zwei Söhne, Bartholomäus und Christophorus. Christophorus (1553–1612) wurde von seinem Vater 1572 in das Dekanatsbuch der juristischen Fakultät eingeschrieben und am 16. Januar 1577 ebenfalls von seinem Vater zum Doktor beider Rechte promoviert; von 1580 bis mindestens 1592 wirkte er als Professor juris an der Viadrina; um 1594 wurde er Syndicus der Stadt Breslau (Wrocław) und Vizekanzler des Fürstentums Breslau (Kliesch [1961] 167). Bartholomäus war Professor der Hebräischen Sprache an der Viadrina und ab 1599 Professor der Theologie; er starb 1602 an der Pest (Küster [1751] 96).

229 Bauch (1897) 80; 82,

230 Friedlaender (1887) 67.

231 Bauch (1897) 80; 82; 83.

Winter 1548/49 Prorektor[232] und im Winter 1551/52 erneut Dekan[233]. 1552 wurde er unter Hieronymus Schurff (1481–1554) zum Doktor beider Rechte (D. U. I.) promoviert[234]. Zunächst wirkte er einige Zeit als Syndicus der Stadt Kolberg[235], danach wurde an der Juristischen Fakultät der Viadrina zum Professor ernannt. Im Sommer 1560 und 1566 sowie im Winter 1574/75 hatte er das Rektorat, 1572, 1574 und 1576 das juristische Dekanat inne[236]. Nachdem der Jurist Ludolf Schrader aus Braunschweig (1531–1589), der von 1558 bis 1584 an der Viadrina gelehrt hatte, in seine Heimatstadt zurückgekehrt war, erhielt Rademann das juristische Ordinariat. Er starb am 12. April 1585[237].

Schriften haben sich mit einer Ausnahme anscheinend nicht erhalten. Schon George Gottfried Küster (1695–1776) kannte nur eine einzige: *Oratio de pace politica, habita a Bartholomaeo Radtmanno in aede D. Virginis Mariae, cum doctoratus insignia duobus clarissimis & doctissimis viris Christophoro Radtmanno, Decani filio, & Paulo Krügerio Borusso tribuerentur* (Francofordiae: Johannes Eichorn 1577)[238].

Carmen 15: Werner Elerdes

Einige Namensvarianten: Vernherus Elerdesus, Vuernerus Elerdesus, Elerdesus Brunswicensis, Elerdesus Braunsuicensis

---

232 Rektor war Christoph Freiherr Schenk von Landsberg.

233 Bauch (1901) 19; 20.

234 Bauch (1906) 49.

235 Diese Position wird durch Iustus (Jobst [1554] fol. H 8) für das Jahr 1554 bezeugt: *Bartholomaeus Rademannus Francophordensis, nunc Doctor Iuris et Syndicus Colbergensium in Pomerania.*

236 Bauch (1906) 60.

237 S. den Eintrag im Dekanatsbuch der Juristischen Fakultät am Rande (zum Jahr 1576): *Mortuus est clarissimus vir. d. d. Bartholomaeus Radtman, iuridicae facultatis ordinarius, anno 1585 12. Aprilis* (Bauch [1906] 60).

238 Küster (1751) 96. Nach Teitge (2000) 381 (Nr. 685) befindet sich ein Exemplar im Domstiftsarchiv Brandenburg.

Der aus Braunschweig stammende Werner Elerdes wurde 1527 an der Viadrina immatrikuliert, am 20. April 1532 erwarb er an der Artistenfakultät das Baccalaureat und am 14. Oktober 1537 das Magisterium. 1538 in die Artistenfakultät aufgenommen, wirkte er an ihr von diesem Jahr bis 1543 als Professor. Seine Aufgabe war es, außerordentliche (d. h. nur an den Tagen des Privatunterrichts Mittwoch und Samstag stattfindende) Vorlesungen über Thomas Linacre oder Laurentius Valla (1407–1457)[239] zu halten. Elerdes war 1539 Jahresdekan der Fakultät und ist 1541 als Notar (Sekretär) der Universität nachgewiesen[240]. Als es 1541 zwischen der Viadrina und dem Rat der Stadt wegen der „Privilegien der Universität, die eine Befreiung ihrer Angehörigen von manchen bürgerlichen Lasten bedeuteten“[241], zu einem Streit kam, drangen Bürger unerlaubterweise in das Gelände des Collegium maius ein; über diesen Vorgang hat Elerdes in seiner Funktion als Notar einen Bericht verfasst: *De Tumultu et Incursione civium in aream Collegii Anno 1541*[242].

Um 1544 verließ Elerdes die Viadrina; von 1549 bis 1575 amtierte er als Prediger an St. Wilhadi im niedersächsischen Stade[243].

Publikationen von Elerdes konnte ich nicht ermitteln.

---

239 Wahrscheinlich ist Vallas Schrift *Elegantiarum linguae Latinae libri sex* (1449) gemeint; zu ihr s. Ax (2001) und Bezner (2005) 361–365.

240 Höhle (2002) 35 Anmerkung 190.

241 Höhle (2002) 470.

242 Der Bericht befindet sich im Brandenburgischen Landeshauptarchiv Potsdam: Rep. 86 Nr. 10, Bl. 130–134v (Angabe nach Höhle [2002] 470 Fußnote 439).

243 Iustus (Jobst [1554] fol. H 8): *Vuernerus Elerdesus ..., hodie Concionator* [Prediger] *Stadensis*; Meyer (1942) 395; Höhle (2002) 475.

Carmen 16: Jacob Jockisch (gestorben 1586)

Einige Namensvarianten: Jacobellus Hegitmarianus, Jacobus Jociscus, Jacobus Jockisch Lignicensis Sylesius, Jacob Jokisch, Jacobus Jokisci, Jacobus Jokiscus Legnitzensis, Jacobus Jokissus Hegitmatianus

Jacob Jockisch stammte, wie vielfach bezeugt ist, aus Schlesien. Nach Becmanus (1707) 65f ist er am 22. November 1586 mit 89 Jahren gestorben; dann müsste er 1497 geboren sein, was allerdings hinsichtlich seiner Laufbahn „mindestens 10 Jahre zu früh ist“[244]. Als Jacobus Jokissus[245] Lignicensis („aus Liegnitz“ [jetzt Legnica] in Schlesien) wird Jockisch 1528 an der Viadrina eingeschrieben[246]. Allerdings erscheint er etwa in Gustav Bauchs *Das älteste Decanatsbuch der philosophischen Facultät an der Universität zu Frankfurt a. O.* als Jacobus Jokisch Hegitmatianus[247] und in der Werbeschrift (Januar 1541) als Iacobus Iociscus Hegitmatianus. Letztere Bezeichnung ist die latinisierte Form des bei dem Geographen Ptolemaios (2. Jahrhundert n. Chr.) erwähnten griechischen Namens für eine Ortschaft in Großgermanien. Um welchen Ort es sich handelt, ist freilich umstritten. So urteilt beispielsweise Louis de Jaucourt (1766) 96: „Hegetmatia ...: quelle est cette ville? nous n‘en sçavons rien. Quelques-uns cependant assûrent que c‘est Lignitz en Silésie; mais cette décision est insoûtenable ...“. Doch angesichts des Eintrags in der Matrikel der Viadrina darf man annehmen, dass der Ort, wenn es sich nicht um Liegnitz selbst handeln sollte, doch zumindest in der Nähe von Liegnitz gelegen hat oder liegt.

Über Familie und Jugend Jockischs scheint nichts Näheres bekannt zu sein. Erst 1528 begegnet er aus Anlass seiner Inskription in die

244 Melanchthons Briefwechsel, Band 12 (2005) 365.

245 „Jokissus“ ist spätere Korrektur; der Name ist in der Matrikel „über das durchgestrichene Jackus geschrieben“: Friedlaender (1887) 67 Fußnote 1.

246 S. noch Bauch (1897) 17: Jacobus Jociscus (Jockisch) aus Liegnitz; 79: Jacobus Jockisch Lignicensis; 82: Jacobus Jokiscus Legnitzemsis.

247 Bauch (1897) 82.

Artistenfakultät in der Matrikel der Viadrina[248]. Bei seinem Studium schloss er sich besonders an den *mathematicus* Ambrosius Lacher (um 1470–1540) an. Am 26. September 1533 erwarb Jockisch das Baccalaureat, am 20. Januar 1535 das Magisterium und wurde im Sommer desselben Jahres in die Artistenfakultät aufgenommen. Im Winter 1537/38 bekleidete er zum ersten Mal das Dekanat (ferner im Sommer 1546 und im Sommer 1554). Nach dem Tode des Ambrosius Lacher erhielt er die Professur für Mathematik. Im Sommer 1541 war er Prorektor[249], im Sommer 1549 Rektor (ebenso 1561, 1569 und 1578 jeweils im Sommer). Am 25. März 1559 erwarb er den medizinischen Doktorgrad. Als Nachfolger des am 10. September 1560 verstorbenen Christian Schirach wurde Jockisch am 27. März 1561 in die medizinische Fakultät aufgenommen[250]. Er war jetzt *professor ordinarius*, und zwar Inhaber der Galen-Professur. Am 5. April 1561 wurde er zum Dekan der Medizinischen Fakultät gewählt (ebenso 1562, 1563, 1564, 1577, 1580 und 1587 jeweils im Sommer[251]). Am 22. November 1587 ist er in Frankfurt verstorben.

Eine Schrift:
Oratio de dignitate medicinae, habita a clarissimo et ornatissimo uiro Domino D. Iacobo Iokisso Hegitmatiano, cum gradus Doctorum artis Medicae Iacobo Horstio Torgensi in Academia Francofordiana decernerentur ... (Francofordiae ad Oderam excudebat Iohannes Eichorn,

---

248 Friedlaender (1887) 67.

249 Rektor war damals Johann Georg von Brandenburg (1525–1598).

250 Bauch (1906) 72f.

251 Zu der letzten Amtsperiode vermerkt das Dekanatsbuch der medizinischen Fakultät (Bauch [1906] 77): *Anno Domini M. D. L.XXXVII in vigilia Georgij* [22. April] *clarissimus et doctissimus vir dominus Jacobus Jokissus, philosophiae et medicinae doctor et professor, confectus senio, electus tamen in decanum medicinae* („Im Jahre des Herrn 1587 wurde einen Tag vor dem Georgsfest der hochberühmte und überaus gelehrte Herr Jacobus Jokissus, Doktor und Professor der Philosophie und der Medizin, obgleich aufgrund von Altersschwäche stark beeinträchtigt, dennoch zum Dekan der Medizin gewählt“).

Anno 1563).
Die Promotion hatte am 12. Oktober 1560 stattgefunden, Jockisch war damals Dekan der Mediziner[252].

Vorsitz bei zwei Disputationen:

Themata Disputationis De Latitudine Sanitatis, συστάσει & διαστάσει graduum eius cum adiecta tabula ἐκ τῆς τέχνης ἰατρικῆς Galeni: de quibus pro Laurea corona & Licentia consequenda in arte medica respondebit Doctissimus vir Iacobus Horstius Argeliensis, liberalium artium Magister. Praesidente Iacobo Iokisso Hegitmatiano, artium et medicae Doctore, facultatis medicae Decano & Vicecancellario. In loco Magni Gymnasii consueto, VII. Idus Septemb. Anno Christi 1562. Francofordiae ad Oderam.

Jakob Jokisch: *Themata Disputationis De Quaestione An Sit Spiritus Naturalis ... Respond. Caspar Hoffman* 8 Bl. (Staatsbibliothek Berlin)[253].

Carmen 17: Caspar Schulz

Einige Namensvarianten: Caspar Schulcz Lignicensis, Caspar Schulteti, Gaspar Schulteti Silesius, Caspar Schultetus, Caspar Sculteti, Caspar Scultetus

Weder das Geburts- noch das Todesdatum des aus Liegnitz (heute Legnica) stammenden Caspar Schulz sind überliefert. Im Winter 1512/13 wurde er an der Artistenfakultät der Viadrina immatrikuliert; am 24. September 1516 erwarb er das Baccalaureat. Über die nächsten neunzehn Jahre seines Lebens scheint nichts Näheres bekannt zu sein. Am 20. Januar 1535 erwarb er den Grad des Magister Artium[254];

252 Bauch (1906) 73.
253 Teitge (2000) 412.
254 Bauch (1897) 80.

daraufhin wurde er am 17. April desselben Jahres im Range eines Professors in den Rat der Artistenfakultät aufgenommen. In einem Eintrag zum Dekanatsbuch erscheint er für den Sommer 1537 nicht nur als Mag. A., sondern auch als Baccalaureus utriusque iuris[255]. In demselben Semester bekleidete er bei den Artisten das Dekanat (ebenso im Winter 1545/46 und 1559/60), im Sommer 1538 und 1550 war er Rektor der Viadrina. 1547 wurde er zum *licentiatus utriusque iuris* promoviert, blieb aber in der Artistenfakultät. Seit 1559 amtierte er als Quaestor (Leiter der Finanzabteilung) der Universität[256], im Wintersemester 1965/66, als eine „Seuche" herrschte, war er *Vicedecan* der Artisten[257].

Schriften von Caspar Schulz scheinen nicht überliefert zu sein.

Carmen 18:
Bernhard Holtorp (gestorben am 18.9.1558)

Einige Namensvarianten: Bernhard Holtorff, Bernardus Holtdorp, Bernhartus Holtorpius Hagensis, Bernardus Holtorpius Hagensis, Bernhardus Oldorpius

Bernhard Holtorp, in Stadthagen geboren[258], wurde im Sommer 1540

---

255 Bauch (1897) 17 Nr. 63.

256 Bauch (1901) 20 Nr. 108; Bauch (1906) 75 (zum Jahr 1564).

257 Bauch (1901) 21 Nr. 120.

258 In den Titeln seiner Schriften bezeichnet sich Holtorp selbst durchweg als *Hagensis*. Welche Stadt ist damit gemeint? Laut den Indices des *Album Academiae Vitebergensis* (Naetebus [1905] 634) zielt der Name *Hagensis* auf „Hagen, viell. Haag, Stadthagen". Arnoldt (1756) 150 schreibt, Holtorp sei „aus dem Haag bürtig", und nach Van der Aa: Biographisch woordenboek der Nederlanden, Deel 8. Tweede stuk (1867) 1016 ist Holtorp „te ‚s Hage geboren", also in Den Haag. Den Ausschlag für Stadthagen (einen zwischen Münster und Hannover gelegenen Ort) gibt m. E. die älteste Quelle, die Matrikel Rostock zum 30. Dezember 1549 (Hofmeister [1891] 117): *Mgr.*

an der Artistenfakultät der Viadrina immatrikuliert[259]. Als er in diesem Jahr seinen Beitrag zur Werbeschrift verfasste, war er wohl als erfahrener Student, als Baccalaureandus, berechtigt, Privatvorlesungen zu halten, hatte aber noch keinen akademischen Titel erworben. Erst nach dem Erscheinen der Werbeschrift (Jan. 1541), am 16. Juni 1541, wurde er zum Baccalaureus artium promoviert. 1544 folgte er seinem Lehrer Georg Sabinus ins Herzogtum Preußen nach Königsberg und wurde dort zum Winter 1544/45 an der Universität immatrikuliert[260]. Er gewann die Gunst des preußischen Kanzlers Johann von Kreitzen (Kreytzen)[261]; durch dessen Fürsprache erhielt er eine Stelle als Lehrer und *inspector alumnorum* („Aufseher über [studentische] Zöglinge") im Paedagogium, wo ihm diejenigen bedürftigen Studenten anvertraut waren, die von Herzogin Dorothea (1.8.1502 – 11.4.1547) mit Stipendien aus ihrer eigenen Schatulle versorgt wurden; zu seinen Aufgaben gehörte auch der Unterricht in lateinischer Poesie[262]. Es ist

---

Bernardus Holtdorp de Stathagen, est honoratus; dieselbe Ansicht vertritt der Artikel „Bernhard Holtorp" im Repertorium Academicum Germanicum (abgerufen am 7.3.2023).

259 Friedlaender (1887) 84 Nr. 21, nachträglich hinzugefügt wurde der Titel *magister* und folgender Zusatz: *insignis poeta, obiit anno 1558 die 18. Septembris.*

260 Erler (1910) 4 Nr. 285: *Bernhardus Holtorpius.* Die Königsberger Phase wird im Artikel „Bernhard Holtorp" im Repertorium Academicum Germanicum (abgerufen am 7. März 2023) nicht erwähnt.

261 Der 1506 in Domnau (jetzt Domnowo) Geborene war von 1545 bis 1567 Kanzler des Herzogtums Preußen; den Zeitgenossen galt er als preußischer Cicero, namentlich Friedrich Taubmann (1565–1613) rühmte seine Beredsamkeit im Deutschen und Lateinischen (Belege bei Pisanski [1886] 116). Kreitzen starb am 5. Januar 1575 in Königsberg; s. Melanchthons Briefwechsel, Band 12: Personen F – K (2005) 465.

262 Es ist wohl diese Position, die Iselin Gundermann im Auge hat, wenn sie ohne Quellenangabe schreibt: „Nach der Universitätsgründung (1544) galt Dorotheas Unterstützung dem innerpreußischen Schulwesen. Sie schuf aus den Einkünften ihres Leibgedinges für zehn preußische Studenten die Möglichkeit, / kostenlos zu studieren, und besoldete ihnen einen eigenen Lehrer und Aufseher" (Gundermann [1965] 126f).

Holtorp selbst, der die Position als *Inspector* bezeugt: In dem Gedicht *Ad Magnificum Joannem a Creutz, Juris Utriusque Doctorem, Cancellarium Ducis Prussiae, suum Mecoenatem* (bald nach dem 13. Mai 1545 entstanden)[263] heißt es V. 29–34:

Nam decet, ut memori solvam tibi pectore grates,
  Cum mihi non fueris ferre gravatus opem.
Te duce sum nactus pueros, quos sumptibus amplis
  Inclyta Prussiaci Principis uxor alit:
Quos ego, Cecropiae[264] discant ut Palladis artes,
  Hortor, & adsidua sedulitate juvo.

(„Denn es schickt sich, dass ich dir [Johann von Kreitzen] aus die Erinnerung {an deine Wohltat} bewahrendem Herzen Dank abstatte, da du dich nicht geweigert hast, mir Hilfe zu bringen: Unter deiner Leitung habe ich {die Obhut über} die jungen Männer erhalten, welche die berühmte Gemahlin des preußischen Herzogs mit erheblichen Mitteln fördert, junge Männer, die ich ermuntere, die Künste der Pallas Athene zu lernen, und die ich mit beständigem Fleiß unterstütze").

Nachdem Holtorp über zwei Jahre lang als *inspector* gewirkt hatte, verließ er Königsberg bald nach dem Tod Dorotheas[265]; auf die briefliche Bitte des Georg Sabinus hin bewilligte der Herzog dem Scheidenden am 6. August 1547 zehn Gulden[266]. Spätestens im Jahr 1549 kehrte er an die Viadrina zurück und erhielt dort im September 1549 das Magisterium[267]. Doch bereits am 30. Dezember 1549 ließ er sich

263 Es handelt sich um das Widmungsgedicht von Holtorps *Elegia de Obitu Clarissimi Viri Doctoris Stanislai Rapagelani* (s. unten Anmerkung 271). Wieder abgedruckt ist es in: Erleutertes Preußen, t. 4 (Königsberg 1728) 63–65; dort ist auf den Seiten 65–74 die *Elegia* wiedergegeben.

264 Im Abdruck in *Erleutertes Preußen* (1728) steht *Cecorpia.*

265 Henneberger (1595) 178; Töppen (1844) 243f.

266 Tschackert (1890) 165f Nr. 2023.

267 Bauch (1901) 37: *Bernhartus Holtorpius Hagensis*; nachträglicher Zusatz: *insignis poeta.*

an der Universität Rostock einschreiben; dort wurde er 1550 in die Artistenfakultät aufgenommen[268]. Im Winter 1556/57 lehrte er wieder an der Viadrina, wo ihn das *Concilium Facultatis artisticae* als sein Mitglied aufnahm[269]. Er starb am 18. September 1558.

Eine eingehende Studie zu Holtorp, diesem nach dem Urteil der Zeitgenossen „ausgezeichneten Dichter" (*insignis poeta*), wäre sehr erwünscht.

Wenigstens einige Schriften seien angeführt[270]:

Elegia de Obitu Clarissimi Viri Doctoris Stanislai Rapagelani, Professoris Theologiae in Academia Regiimontis[271] *Autore Bernardo Holtorpio* (Johann Weynreich Königsberg 1545. 4°; Johann Weynreich Königsberg 1546. 8°); wieder in: Erleutertes Preußen, t. 4 (Königsberg 1728) 65–74; 142 elegische Distichen. – Das eben genannte Gedicht *Ad Ma-*

---

268 Hofmeister (1891) 117: *Mgr. Bernardus Holtorpius Hagensis, promotus Francofordię, receptus anno [15]50.*

269 Bauch (1901) 46: ... *omnium suffragio ac consensu in Concilium Facultatis artisticae receptus est M. Bernhardus Holtorpius Hagensis.*

270 S. auch Freytag (1904) 62 und vor allem die Liste von Gedichten bei Pisanski (1886) 200.

271 Stanislaus Rapagelanus wurde um 1485 in Polen-Litauen geboren und hieß ursprünglich Stanislovas Rapolionis (er wurde in den Quellen auch Stanislaus Lituanus genannt). Er erwarb an der Universität Krakau das Baccalaureat in scholastischer Theologie, verließ das Land aber, weil er sich wegen seiner reformatorischen Gesinnung unter dem streng katholischen König Zygmunt I. bedroht sah. In Preußen nahm sich Herzog Albrecht seiner an und gab ihm ein Stipendium für ein Studium der evangelischen Theologie in Wittenberg. Dort immatrikulierte er sich am 22. März 1542 und wurde unter Martin Luthers Dekanat am 29. Mai 1544 zum Doktor der Theologie promoviert. Am 11. Juni 1544 erfolgte die Berufung an die Universität Königsberg, wo er, nunmehr unter dem Namen Rapagelanus, mit seinen Psalmenvorlesungen in Latein (in Deutsch war es ihm nicht möglich) großen Erfolg hatte. Bereits am 13. Mai 1545 ist er verstorben; s. vor allem Tschackert, Band 1 (1890), 259–261; 288–293; Scheible (1995) 24.

gnificum Joannem a Creutz stellt die Widmung der Trauerelegie an den preußischen Kanzler Johann von Kreitzen dar.

In funere inclytae principis ac dominae, dominae Dorotheae, coniugis illustrissimi principis Alberti, marchionis Brand. et Prussiae ducis, epicedion. Additae sunt duo elegiae consolatoriae (In Academia Regiimontis. Mense Majo 1547).

Ad reverendissimum et illustrissimum Principem ac Do. D. Guilelmum, Archiepiscopum Rigensem, Marchionem Brandenburgensem Elegia Musarum, Autore Bernardo Holtorpio Hagensi (In acaedemia Regiimontis anno 1547 Mense Augusto excudebat Ioannes Vueinreich). – Markgraf Wilhelm von Brandenburg-Ansbach-Kulmbach (1498 – 1563) war von 1539 bis 1561 Erzbischof von Riga.

De peregrinatione magnifici ac generosi domini Stanislai a Lasco, Equitis aurati, Palatini Siradiensis, Capitanei Lanciciensis, etc. Liber primus. Autore Bernardo Holtorpio Hagensi. In Academia Regij montis. Anno 1548 Mense Septembri (In Academia regii montis excudebat Ioannes VVeinreich. Anno 1548 Mense Septembri). – Stanislaus a Lasco (Stanisław Łaski), im Jahr 1500 geborener polnischer Diplomat, wurde 1534 Burgherr von Przemęt, nach 1542 Woiwode von Sieradz und 1548 Landvogt von Leczyca; er starb 1550[272]. – Holtorps Gedicht umfasst (außer einer Dedikation an Stanislaus a Lasco in 22 elegischen Distichen) 1495 daktylische Hexameter; es beschreibt, wie Hermann Wiegand (1984) darlegt, „die Taten des Titelhelden, nicht nur seine Reisen. *Peregrinatio* ist hier ... verstanden ... als Beschreibung der ‚Lebensreise'"; diese ‚Lebensreise' wird „analog den Irrfahrten des Äneas verherrlicht ... in enger, z. T. wörtlicher Anlehnung an die Aeneis"[273]. –Ganz am Anfang des Buchs steht ein Widmungsgedicht: *In Peregrinationem D. Stanislai a Lasco. Elegia Georgij Sabini*, 38 ele-

272 Laski, Stanislaw, Indexeintrag: Deutsche Biographie, https:// www.deutsche-biographie.de/pnd132317060.html [20.03.2023].

273 Wiegand (1984) 19.

gische Distichen. „Erst die Widmungselegie von Georg Sabinus filtert aus diesem Tatenbericht ein iter“[274]. – Am Schluss des Opus sind noch zwei Elegien abgedruckt: *Epitaphium Serenissimi Regis Poloniae Sigismundi, Autore Bernardo Holtorpio* (9 elegische Distichen); *Aliud eodem autore* (3 elegische Distichen); König Sigismund I. von Polen, geboren am 1. Januar 1467, war am 1. April 1548 verstorben. – Mehr als der *Liber primus* ist nicht erschienen.

De illustri et heroica familia, rebus gestis, ac honoribus Marchionum Brandeburgensium, Liber elegiarum, Autore Bernardo Holtorpio Hagensi (Francoforti Ad Viadrum, excudebat Ioann: Eichorn Anno 1554 Primo die Ianuarij).

Inhalt: *Clarissimi Viri D. Antonii Nigri, Medici Inclitae urbis Brunsuigae, De Bernardo Holtorpio, Epigramma* [griech., 4 elegische Distichen]; *Idem epigramma Latine redditum à doctißimo uiro, Christophoro Cornero, publico Oratoriae artis Professore* [5 elegische Distichen]. --- *Ad reverendissimum et illustrissimum Principem, ac Dominum, D. Sigismundum, Archiepiscopum Magdeburgensem*[275] *..., Elegia gratulatoria, Autore Bernardo Holtorpio Hagensi* [A 2r – D 2r]. --- *Ad eundem Principem Marchionem Brandeburgensem Sigismundum, Archiepiscopum Magdeburgensem &c. Elegia Christophori Preyss Pannonij* [D 2v – D 3v]. --- *Ad illustrissimum et potentissimum Principem, ac Dominum D. Ioachimum II. Sacri Romani Imperij Archicamerarium & Electorem ..., Elegia Bernardi Holtorpij* [D 4r – E 2v, 84 elegische Distichen; V. 115–146 über die Viadrina[276]]. --- *Ad eundem Principem, Elegia* [E 3r – F 2r]. --- *De obitu reverendissimi et illustrissimi Principis, ac Domini, D. Friderici, Archiepiscopi Magdeburgensis, Primatis Germaniae, Administratoris Halberstadiensis, Marchionis Brandenburgensis &c.*[277] *Elegia*

274 Wiegand (1984) 19.

275 Siegmund von Brandenburg (11. Dezember 1538 – 13. September 1566) war von 1553 bis 1566 Erzbischof von Magdeburg und Bischof von Halberstadt; s. auch oben das Biogramm zu Preuss.

276 Zu V. 137–144 s. Greiff (2006) 188.

277 Friedrich von Brandenburg (12. Dezember 1530 – 2. Oktober 1552), ein Sohn Joachims II., wurde 1551 Fürsterzbischof von Magdeburg und 1552

Bernardi Holtorpij Hagensis [F 2v – F 3r][278]. --- *Ad illustrissimum Principem, ac Dominum D. Ioannem, Marchionem Brandeburgensem, Stetinensium, Pomeranorum ... & Rugiae Principem, Elegia Bernardi Holtorpij* [F 3v – F 4v]. --- *Ad ornatissimum Virum, M. Paulum Praetorium, fidelissimum Principis Sigismundi Praeceptorem,*[279] *Elegia Bernardi Holtorpij Hagensis* [3 Seiten].

In libellum M. Guolfgangi Iusti, de Academijs & Scholis Elegia M. Bernardi Holtorpij, Hagensis, in: *Omnium Academiarum, et quarundam illustrium Scholarum totius Europae, Erectiones, Fundationes & Confirmationes ... Authore M. Guolphgango Iusto Francophordiano* (Francoforti ad Viadrum excudebat Ioannes Eichorn 1554). – 21 elegische Distichen.

In libellum Magistri Michaelis Stanhuffij ad studiosam adolescentiam Elegia M. Bernardi Holtorpij Hagensis, in: *Sylvula complectens praecipua meteororum genera, quae apud Aristotelem & alios Philosophos passim reperiuntur, iam recens edita. Authore M. Michaele Stanhuffio VVurtzbergensi. Adiecta est Elegia Clarissimi uiri Bernardi Holtorpij* (VVitebergae apud Vitum Creutzerum Anno 1554) A 2 – A 3, 49 elegische Distichen. – Michael Stanhuf(f), in Würzburg geboren, war Kanoniker und seit 1557 Schulrektor in Schwesig; dort ist er am 7. März 1608 verstorben.

Carmen Bernhardi Holtorpij ad Christophorum Stymmelium D., in: *Comoediae duae. I. Isaac. De immolatione Isaac. II. Studentes. De vita &*

Fürstbischof von Halberstadt.

278 Zu V. 19–26 s. Greiff (2006) 159.

279 Paulus Praetorius (1521 Bernau – 1565 Halle/Saale) war nach dem Studium an der Viadrina als Rektor der Lateinschule in Bernau tätig. Kurfürst Joachim II. zog ihn 1547 als Erzieher für seine Söhne Friedrich und Sigismund an seinen Hof in Berlin. Nachdem Friedrich 1551 Fürsterzbischof von Magdeburg geworden war, stand Praetorius ihm als Berater zur Seite; diese Funktion übte er auch aus, als Siegmund 1553 seinem Bruder im Amt des Erzbischofs folgte.

moribus studiosorum. Quarum prior recens scripta, posteriori iam olim edita, nunc vero recognita & multis in locis correcta est a Christophoro Stymmelio D. Accesserunt et alia eiusdem authoris Poematia (Stetini in officina Andreae Kellneri, Anno 1579) 204f. – Ein dreiteiliges Gebet an Christus in 38 Hendecasyllabi (nicht „23 u. 15 Dist.“, wie Wilhelmi [2017] angibt), ein *carmen gratulatorium*, verfasst und vorgetragen (*Scr. & R.*) am 3. Oktober 1555, als Christoph Stymmelius an der Viadrina der Doktortitel für Theologie verliehen wurde (V. 1–17: Christus möge dem Autor helfen, zum Lobpreis von Stymmelius‘ Poesie angemessen zu dichten; V. 18–23: Christus möge Stymmelius bei der Promotion beistehen; V. 24–38: Christus möge Stymmelius zukünftig bei der Verkündung der rechten Lehre unterstützen).

Catechismi doctrina, elegiacis versibus, in gratiam Puerorum conscripta, & breuiter exposita. Autore Bernardo Holtorpio Hagensi (Francoforti Ad Viadrum, ex officina Ioan. Eichorn, Anno 1556. Mense Februario). – Dedikation: *Ingenuis Pueris, vera pietate, modestia, et generis nobilitate ornatissimis, Iacobo & Ioanni, filijs clarissimi ac nobilissimi viri, D. Ioannis à Minguuicz, generalis Capitanei ditionis Sternebergensis, & Illustrissimi Principis, Ioannis Marchionis Brandenburgensis Consilarij, M. Bernardus Holtorpius Hagensis, S. P. D.*

Nach VD 16 S 9838 hat Holtorp zu
Orationes duae, quarum altera de perpetuitate & Ecclesiae defensione, altera de virtutibus scholastis, recitatae Stettini, in Schola illustri, a Christophoro Stymmelio Epicedium et Elegiae aliquot eiusdem (Francoforti ad Oderam in Officina Ioan. Einhorn Anno 1557)
einen Beitrag geliefert.

Der lateinische Text:
Edictum. Carmina. Catalogus Autorum

Editorisches[280]:

Die Wiedergabe des lateinischen Texts erfolgt nach dem Erstdruck (1541).

Die dortige Zeichensetzung habe ich beibehalten, sie allerdings in der Übersetzung der heute üblichen angepasst.

Beibehalten habe ich ferner: Abkürzungen; die originale Schreibung für Vokale, namentlich für den Diphthong „ae" (als „e") und für die Endungen „-cio" (für „-tio"); die Groß- und Kleinschreibung; die Akzente; das Zeichen „&" für „et"; die Schreibungen von i/j und u/v sowie ij; e-caudata („ę"); ferner die Ligatur „æ" (für „ae").

Aufgelöst habe ich die Tilden und das Kürzel für das enklitische „-que".

Hinzugefügt habe ich im *Edictum* die alphabetische Zählung von Sinnabschnitten, in den Gedichten die Verszählung.

280 Für die folgenden Formulierungen schließe ich mich dankbar an Beichert / Kühlmann / Mathes / Wiegand (2022) 37 an.

**Edictum illustrissimi Principis Electoris Ioachimi. II.
Marchionis Brandenburgensis.
Georgii Sabini & aliorum quorundam Professorum
Carmina de instaurata Academia Francofordiana.
Additus est catalogus Autorum,
qui Francofordiæ ad Oderam præleguntur.
Anno M. D. XLI.**

[A 2 recto]

Ioachimus II. Dei gratia Marchio Brandeburgensis, Sacri Romani Imperij Archicamerarius, Princeps Elector, Stetinensium, Pomeraniæ, Cassubiorum, Vandalorum, & Silesiæ in Crossa Dux, Burggrauius Norinbergensis, ac Rugiæ Princeps, Vniuersis & singulis subditis nostris, Salutem.

a) Cum Academia nostra, quam piæ memoriæ Illustriss. Princeps Romani Imperij Elector, Ioachimus I. Dominus ac parens noster, Francofordiæ ad Oderam condidit, his temporib. labefactata esset, semper animo agitauimus, ex eo die cum tractare gubernacula Reipublicæ cepimus, vt illam instauraremus. Nam omnium, quas in hac administratione curas gerimus, ea non postrema est, vt Scholæ, in quibus futurę Reipub. seminaria fouenda & educanda sunt, constituantur. b) Quare ad propagationem Religionis Christianę omniumque honestarum artium conseruationem, Academiam instaurauimus, Et vt stipendia, quæ Lectorib. decernerentur, essent ampliora, communi totius Patriæ consilio certos reditus[281] Ecclesiasticos in hunc vsum conuertimus. Nam & Lectores conduximus omni genere doctrinæ præcellentes, qui honestis ac liberalibus stipendijs visi sunt digni. c) Quoniam autem complura sacerdotia in ditione nostra sunt collata ijs, qui se bonis literis dediderunt, non ex dignitate solum Academiæ nostræ, verum etiam ex vtilitate ipsorum esse duximus, si omnes Francofordiam

281 *Reditus* ist hier gleichbedeutend mit *redditus, -us.*

vocarentur, vt illic potius darent operam literis, quam [*A 2 verso*] alibi. Compertum enim habemus, plerosque his benefitijs abuti, cum in exteris Academijs versantur. Mandamus igitur omnib. ijs, quib. discendarum literarum causa Magistratus sacerdotia contulerunt, vt primo quoque tempore conferant se Francofordiam, ibique studijs incumbant. d) Erit enim Academiæ Senatus in hoc attentus, ne quis illic eleëmosinis, vel ad ocium[282], vel ad perpotationes, abutatur. Qui vero huic mandato non satisfecerit, is sacerdotio suo debet priuari. e) Quod & vt fiat, edicimus, ne cuipiam in toto principatu nostro persoluantur vllæ, aut pensiones, aut decimæ, nisi habuerit publicum testimonium a Senatu Academiæ Francofordianæ, quo quidem testimonio probet, se illic nauare operam literis, ac sedulo adesse. f) Iam si quis alicui, contra hoc edictum, quicquam contribuerit, dederit, vel numerauerit, cogetur ipsas decimas ac pensiones denuo persoluere ijs, quib. nos sacerdotia contulerimus. Hac de re volumus omnes esse permonitos. g) Postremo edicimus, ne aliunde, Parochi, Concionatores, Ludimagistri aut Scribę, accersantur, nisi Magistratus prius scripserit Francofordiam, ad Primarios Academiæ, quos vocant Superintendentes, atque plane cognouerit, neminem illic esse, qui eiusmodi ministerijs vti, aut possit, aut velit. h) Nam in omnib. municipijs, oppidis, & ciuitatib. nostris, quandocumque conditiones vacabunt, præ cæteris haberi rationem volumus eorum, qui in Academia nostra versantur. Magno & singulari consilio hoc edictum proposuimus. Itaque autoritas eius merito apud vos omnes valebit, quam quidem si non contempseritis, & vestra in nos obedientia constabit, & Academiæ dignitas per vos amplificabitur: Datum X Cal. Feb. Anno M. D, XLI. Coloniæ ad Spream.

282 Zur Schreibung s. Stotz (2009) 28.

[Carmen 1] Georgius Sabinus 1 [A 3 recto]

Ad illustrissimum Principem ac Dominum, D. Ioachimum II. Electorem & Sacri Romani Imperij Archicamerarium, Marchionem Brandeburgensem, Stetinensium, Pomeraniæ, Cassubiorum, Vandalorum, & Silesiæ in Crossa Ducem, Burggrauium Norinbergensem, ac Rugiæ Principem. Elegia Georgij Sabini de instaurata Academia Francofordiana.

Hospes ab exilio reuocatas Odera Musas,
  Instaurare tua gaudet in vrbe choros
Vnde fugata nouem cum Phœbo turba sororum
  Nuper, Barbarie regna tenente, fuit.
Nam modo tempus erat, doctas profitentibus artes
  Nullus habebatur quando Deabus honor,
Ingeniosa rudi sordebant Carmina vulgo,
  Spreta Medusæi numina fontis erant.
Tunc procul excedens hac Delius vrbe recessit,
  Vertit & exilio turba nouena solum[283].
At Patriæ postquam tibi tradita cura regendæ,
  Artibus ingenuis est reuocatus honor.
Barbaries dedit acta fugam, dulcesque Camœnæ
  Auspitijs Princeps huc rediere tuis
Iamque frequentatur schola, quæ deserta iacebat,
  Aonias docta pube colente Deas.
Nec studiosa cohors, Heliconiadesue puellæ,
  Hospitio poterant commodiore frui.

283 In die Fassung des Gedichts, die Sabinus ab 1544 in seine *Poemata* aufnahm (*eleg.* 3, 13), ist hier folgendes Distichon eingefügt: *At res ista tibi magnum Ioachime dolorem / Attulit, Heroi nec toleranda fuit* („Aber dieses Geschehen verursachte, Joachim, dir großen Schmerz und war für einen Helden nicht zu ertragen“).

Summa racemifero vestit iuga collis amictu,
Sub Pieridum colle Lycæa iacent.
Talia nimirum loca sunt gratissima Musis, [A 3 verso]
Quæ viridi cinctus palmite Bacchus amat.
Nec liquidi desunt fontes, qui murmure rauco
Per iuga frondenti consita vite fluunt.
Actus ab vmbrosa per acernos valle canales
Fons ruit, ac dulces eiaculatur aquas,
Inde quod erumpens pulchre fluit vnda, vocauit
Calliroë fontem nomine Nympha suo.
Nec minus hausta sacros hæc efficit vnda Poëtas,
Quam vel Gorgonei fons celebratus equi.
Hanc Eobanus aquam bibit Hessus, & acer eodem
Dicitur Huttenus fonte leuasse sitim.
Fontibus adde lacus, ac stagna virentia musco,
Innumero quorum pisce natantur aquæ.
Labitur obliquis hic flexibus Odera, cuius
Altera Lenæo palmite ripa viret,
Frondibus vmbrosæ prætexitur altera sylvæ,
Vtraque vestitu non ianamœna suo.
Odera, quo nullus piscosior irrigat amnis
Teutona Vandalico rura propinqua solo,
Perspicua sub cuius aqua, vitreoque profundo,
Humida formosæ Naiades antra tenent.
Quid molles referam viridanti gramine campos?
In quibus argutæ dulce queruntur aues.
Hic iuuat æstiuum captare sub arbore frigus,
Igneus Erigones cum canis vrit agros[284].

---

284 In die Fassung des Gedichts, welche Sabinus' *Poemata* ab 1544 bieten, ist hier folgendes Distichon eingefügt: *Et uolucrum dulces audire per auia cantus, / Pulsa quibus mœsti cura doloris abit* („und {gefällt es,} in der Einsamkeit die lieblichen Gesänge der Vögel zu hören, durch welche die von bitterem Schmerz erfüllte Sorge verscheucht wird").

Floribus hic texunt operosæ serta Napææ,
  Hic agitant Satyri leta per arua choros.
Vrbs quoque diues opum, varias huc aduena merces
  Sulcato æratis puppibus amne vehit.
Accedit populi cultus, non qualis ad arcton [A 4 recto]
  Esse, sed Italica qualis in vrbe, solet.
Incola nec similes habitat magalibus ædes,
  Magnificæ ostentant ardua tecta domus
Quarum summa gerunt tales fastigia pinnas,
  Quales magnorum prisca Theatra ducum.
Hectorei vero posuerunt mœnia Franci,
  A quibus vrbs clarum nomen adepta tenet.
Ergo quod hic dulci frondent iuga consita Baccho,
  Lætaque fontanis arua rigantur aquis.
Vrbsque viris opibusque potens, quod rebus abundat
  Omnibus, ac turpi rusticitate caret,
Gratior exulibus, magis optatusque, Camœnis,
  Nullus in arctoo contigit orbe locus.
Friuola quin etiam nisi sunt oracula Phœbi,
  Gymnasium magni nominis istud erit.
Inclyta nam reduces Musæ cum templa subirent,
  In quibus hic artes turba professa docet,
Ipse futurorum non inscius augur Apollo,
  Tales ore dedit vaticinante modos.
Soluite mœstitiam, tristes ac ponite curas,
  Quæ sacra liquistis Phocidos arua Deæ,
Non minus hęc olim clarum loca nomen habebunt,
  Ardua Parnasi[285] quam iuga montis habent.
Innumeros iuuenes terrarum ex omnibus oris
  Alliciet sedes huius amœna loci.
Hæc procul auroræ roseo surgentis ab ortu
  Dulcia visuri Pannones arua petent.

---

285 In der Erstausgabe steht *Parnassi*; dem Verzeichnis der *Errata* auf E 4 recto zufolge ist *parnasi* zu lesen.

Nobilis insignes huc Istula mittet ephœbos,
Huc Rheni properans accola carpet iter.
Balthica[286] permensi venient huc æquora Cimbri, [A 4 verso]
Quique bibunt flaui Saxones Albis aquas.
Denique vix capient studiosos atria cœtus,
Ad mea concursus limina tantus erit.
Hauriet hic varias artes linguasque iuuentus,
Rite colet numen quæ venerata meum.
Aut celebres discet vates æquare canendo,
Quos olim Latium[287], Grætia quosque tulit,
Aut sontes grauibus legum compescere pœnis,
Ciuica pro trepidis armaque ferre reis.
Aut medicaminibus tristes depellere morbos,
Aut vaga siderei noscere signa poli.
Omnibus hæc studijs schola sic florebit, vt olim
Cecropis vrbs studijs floruit aucta meis.
Talia fatidico Latonius edidit ore,
Quæ rata non dubiam sunt habitura fidem.
Scilicet externis procul e regionibus ingens,
Confluit huc doctas turba secuta Deas.
At tu macte tuis virtutibus optime Princeps,
Dulcia qui musis otia agenda facis
Propagasque artes, quibus emollescere mores,
Et fera duriciem ponere corda solent.
Sic melius tota de posteritate mereris,
Aonidum reparas quod Ioachime decus
Alter ab Hesperidum quam si Tirynthius hortis
In patriam referas aurea mala tuam.
Quare magnificis extollent laudibus omnes,
Immensoque tuum nomen in orbe canent.

286 In dieser Form ist die Kustode auf A 4 recto geschrieben; auf A 4 verso steht zu Beginn des Verses 81: *Baltica*.

287 Im Original ist der Name klein geschrieben.

Omnibus à doctis celebrabere, Thuscus vt olim
Mœcenas Atauis regibus ortus eques.
Viue nouenarum columen Ioachime sororum, [B 1 recto]
Vtque diu florens sit Schola nostra, Vale.

[Carmen 2] Georgius Sabinus 2

In Philippicas Ciceronis, & Ouidij
libros Metamorphoseon.

Culta iuuentuti Ciceronis scripta Sabinus
Tempore Brumali iam redeunte legam
Scripta, quibus pugnax Antonius vrbe fugatur,
Cæsaris vlcisci dum parat ipse necem
Qui funesta mouens aduersus bella senatum,
Ciuica Romanos traxit in arma duces.
Dulcia quin etiam Peligni carmina vatis,
Inque nouas formas corpora versa, legam.
Hæc ego iam biduo venturas ante Calendas,
Ordiar auspitijs enucleanda bonis.

[Carmen 3] Georgius Sabinus 3[288]

In Heroidas Ouidij
Georgius Sabinus.

Quisquis nobile Palladis Lycæum
Doctis deditus artibus frequentas
Hic qua Mænaliam fluens ad arcton

288 Dieses Gedicht ist wieder abgedruckt in Sabinus‘ *Hendecasyllabi* innerhalb der *Poemata* von 1558.

Fines Odera Marchiæ pererrat,
Si te Musa sacri iuuat Poëtæ
Quem Nympha genitum creasse iactat
Se Pelignus & educasse Sulmo,
Auditurus Epistolas adesto
Quas Heroidibus Pœta priscis
Inscriptas dedit elegante versu.
Ex his commoda magna litterarum [B 1 verso]
Percepturus es, vberemque fructum.
Verborum nitor, elegansque cultus,
Et mirabilis est in his venustas.
Manant omnia profluente vena,
Largi fluminis instar & redundant.
Nec fastidia, tædiumque gignunt,
Miris afficiunt modis legentem.
Ecquis blandius, aptiusque, possit
Affectus animi mouere Rhetor?
Quam vel Dulichij pudica Regis
Flagrans vxor amore coniugali,
Dum se flebilibus refert querelis
Angi sollicito timore, longas
Noctes fallere pendulaque tela.
Non tantum sed ad elocutionem,
Quin uitæ quoque conferunt ad usum.
Nam rerum varij leguntur illic
Euentus, memorabilesque casus,
Qui nos erudiunt, docentque, quantis
Cæci fluctibus æstuent amantes.
Has quapropter vt audias adhortor
Sulmonensis Epistolas Pœtæ,
Quas, cum puniceis diem quadrigis
Mater lutea Memnonis reducet,
Aspirantibus inchoabo Musis.

[Carmen 4] Georgius Sabinus 4[289]

In Oratorem Ciceronis
Georgius Sabinus

Cvm Phœbus niuibus madensque nimbis [B 2 recto]
Tectum Phillyrij senis subibit,
Lecturus Ciceronis auspicabor
Doctis omnibus vtilem libellum,
Quo cultum docet elegantis autor
Sermonis genus, optimamque formam,
Qualem Cecropiæ probant Athenæ.
Ac tradit numeros Isocratæos,
Est vsus quibus ipse, cum Quirites
Blandis flectere vocibus solebat
Fandi Tullius optimus Magister,
Linguæ gloria Tullius Latinæ.
Hic magno liber vsui est futurus
Non istis modo qui potente lingua
Nostri temporis inter eloquentes
Clarum nomen habere concupiscunt,
Hinc vt verba loqui diserta discant.
Sed doctis quoque cæteris, vt acre
De scriptoribus omnibus legendis
Rectum iudiciumque consequantur.
Quare hunc hortor vt audias libellum,
Doctæ dedita Palladi iuuentus,
Quem qui non didicit, manebit infans,
Expers omnis & eruditionis.

---

289 Dieses Gedicht hat Sabinus später in die *Hendecasyllabi* innerhalb seiner *Poemata* von 1558 aufgenommen.

[Carmen 5] Alexander Alesius

In Epistolam diui Pauli ad Romanos
Alexander Alesius Sacræ Theologiæ professor

Paulus ad Ausoniam quæ misit apostolus vrbem
Aspirante dei numine, scripta, legam
Terrarum dominos quibus erudit ipse Quirites
Cura quibus veræ relligionis erat.
Terreat attonitas[290] vt lex formidine mentes,
æternæque reos nos ea mortis agat.
Erigat vt rursus perterrita pectora Christus,
Liberet æternæ nosque pauore necis,
Vt det gratuito cœlestis gaudia vitæ
Nos sola iustos efficiente fide.
Commendata sit hæc tibi lector Epistola Pauli,
In sacris nullum doctius extat opus.

[Carmen 6] Caspar Widderstadt

In Pandectas Iustiniani Caspar VViderstadius.

Bartoli quanquam studium secutus
Castra Musarum penitus reliqui,
In quibus miles generosus olim
æra[291] merebam,

Carmen hoc lusi tamen impolitum
Gratulaturus reditum Camœnis,

290 In der Ausgabe von 1541 steht *attonitos.*
291 In der Ausgabe von 1541 steht *ære.*

Marchio quas huc reuocauit huius
   Arbiter vrbis.

Phœbe Daphnęa redemite lauro,
Vos & o dulces Clarij sorores,
Spumei quæ nunc Viadri tenetis
   Hospita rura

Opto sit vester reditus secundus,
Huc & vt magno cœunte cœtu
Eruditorum, Schola vestra doctas
   æquet Athenas.

Eligi[292] nullum poterat Lycæum [B 3 recto]
Aptius flauæ studijs Mineruæ,
Quam recens vobis quod in his dicatum
   Contigit oris.

Nam loci mire situs est amœnus,
Hinc patent syluæ, uiridesque saltus,
Ac trahens leni Viadrus pererrat
   Agmine campos.

Erigunt illic liquidas ad vndas
Mollibus sese iuga aprica cliuis,
In quibus palmes grauidis racemis
   Turget & vuis.

Lauta non desunt alimenta doctis,
Sufficit mutos Viadrus natantes,

292 In der Ausgabe von 1541 steht *Elegi* (so lautet auch die Kustode auf B 2 verso), das dem Verzeichnis der *Errata* auf E 4 recto zufolge in *Eligi* zu verbessern ist; im Dresdner Exemplar ist das -e- in V. 16 von Hand mit -i- überschrieben worden.

Aduehit carnes procul huc ferinas
  Sarmata plaustris.

Dulcis & Bacchi bibimus liquorem,
Non in hac tantum regione natum,
Quem sed Hispanis tulit huc ab oris
  Aduena puppis.

Quemque Minois dominata sceptris
Gnosiæ tellus, & opacus vuis,
Qui vago sæuos adit amne Turcas,
  Protulit Ister.

Artium vero studiosa pubes,
Huc ades, quidquid didicisse pulchrum,
Hic nouenarum sacra te docebit
  Turba sororum.

Seu iuuat molles cecinisse versus,
Et Lyræ Orpheæ tetigisse plectrum,
Elegans disces fidibus canoris [B 3 verso]
  Ludere Carmen.

Seu voles rerum cupidus latentes
Mente sublimi didicisse causas,
Orta te sacro Iouis hic docebit
  Vertice Pallas.

ætheris seu te rutilantis ignes
Nosse, stellarum iuuat atque cursus,
Quo meent cursu reuoluta cœli
  Sydera nosces.

Siue fert ægris animus mederi
Corporum morbis, medicas per artes
Ibis, & docti releuabis[293] ægros
Arte Melampi.

Denique æquarum numerosa legum
Iura si cordi tibi sunt iuuentus,
Hic vafras leges etiam vel ipso
Me duce disces.

Ipse Digestum vetus explicabo,
Huncque SI CERTUM, titulum, PETATVR
Prælegam, summo & studio legendi
Munus obibo.

Ergo nunc postquam reduces Camœnę
Hic bonas omnes profitentur artes
Confluens huc te refer ad palestram
Docta iuuentus.

[Carmen 7] Jodocus Willich

In Hippocratis paelectionem [B 4 recto]
Iodocus VVillichius

Artibus ingenuis bene qui simul omnia tradit
Optimus is vehitur laudibus omnigenis.
Artibus ingenuis magis id quadrat, quibus ingens
Autorum ex scriptis est mare veliuolum.
Sic artis medicæ scriptores non vehat vna
Nauis, sic illos vix numerare queas.

---

293 In der Ausgabe von 1541 steht *reuelabis,* was keinen Sinn ergibt; die Korrektur stammt von Michael Fleck, Bad Hersfeld (mündlich).

Æquoris in Libyci Zephirus quot turbat arenas
Littore, quot pisces per freta salsa natant,
Aut quot, cum naues violentus perculit Eurus,
Ionij fluctus littora percutiunt,
Artis tot medicæ passim nunc connumerantur
Authores, quot nec terra tacere potest.
Hos omnes veluti simul vno fasce ligatos
Hippocratis scriptis sedulus inuenies.
Hunc lege siquando simul omnia tradita quæris
Si cupis ex vno discere cuncta viro.
Quicquid enim veteres tradunt, medicique recentes.
His Cous medicis tradidit omne libris.
Docta quod Autolyci manus in medicamine nouit,
Quando lęsisset crura nepotis aper.
Quicquid Phillyrides, Amithaoniusque Melampus,
Delphice quicquid Arabs natus Apollo tuus,
Quicquid habet Muli coniunx tua flaua Agamede
Quæ, quot in hac terra Pharmaca, nouit, erant
Quot memor ingenio Ponti rex, quodque Galenus
Scriptor quod prudens Artemidorus habet
Quicquid in extremis clarus medicamine terris [B 4 verso]
Fundibularius & Rex Balearis habet.
Condidit hæc sapiens vno simul omnia fasce
Artis Apollineæ conditor Hippocrates.
Hinc dictus medicæ manans fons vbere vena,
Hinc multis magno clarus honore fuit.
Maxima Persarum magnus Rex Artaxerxes
Integritatis huic præmia Sostra dedit.
Hunc ego publicitus tradam, quem non tibi totum
In sermone suo lingua Latina dedit.
Quicquid in hoc potuit Caluus præstare Rauennas,
Linquam iudicio Lector amice tuo.
His ego quæ tradam nostra mihi parta Minerua,
Vtere pro libito docta iuuenta tuo.

[Carmen 8] Theobald Thamer

In Ethica Aristotelis Theobaldus
Thamerus Argentinensis.

Argolicæ exponam studiosis Ethica linguæ,
Nicomachi scripsit quæ genitore satus.
His nihil vtilius, nihil his laudatius extat,
Siue voles recte viuere, siue loqui.
Hi, vitanda bonis quæ sint, vel agenda, libelli,
Turpia quæ nobis sint, vel honesta, docent.
Author ad hæc puris est vocibus ipse locutus,
Eius & eloquij vena benigna fluit.
Hinc ergo accedet linguæ quoque maximus illis
Vsus, adhuc Graio quos iuuat ore loqui.
Hos vbi finiero libros, Demosthenis inde
Enarraturus scripta diserta legam.

[Carmen 9 a] Christoph Preuss [C 1 recto]

In Buccolica Virgilii
Christophorus Preyss. Pannonius

Crastinus Eois cum Titan surget ab vndis,
Septima principijs seruiet hora meis.
Tityre, te patulę stratum sub tegmine fagi,
Ordiar Andini nobile vatis opus.

[Carmen 9 b] Christoph Preuss

In Aeneida Virgilii

Vt profugus Phrygijs Aeneas primus ab oris
Promissam fato venerit Italiam,
Quæ tulerit toties terris iactatus, & alto,
Passus & in bellis quanta sit ipse suis,
Primaque quæ fuerint altæ primordia Romæ,
Vnde Latinorum stirps cadat, atque genus,
Omnia quæ memorans æternæ Aeneidos author
Mœonijs numeris arma virumque canit.
Quem quibus, & quantis sic ille coloribus, & qua
Pinxerit ingenij dexteritate sui.
Hæc & quicquid habent duodena volumina vatis,
Quicquid & illius tota poësis habet
Denique qua reliquis excellit laude Poëtis,
Quos Italis, seu quos Teutonis ora tulit,
Omnia fert animus paucis dare condita verbis,
Si modo nos tantum non superabit onus.
Sed superabit onus, nisi Dij pia cœpta secundent,
Proque suo mihi dent commoda vate loqui.
Quod precor vt faciant, mecumque precentur id omnes,
Qui sacra Gorgonei numina fontis amant.
Audiat hæc qui vult, si quis tamen hæc quoque, si quis
Virgilij forsan captus amore volet.

[Carmen 10] Christoph Corner

In Prælectionem Dialectices [C 1 verso]
Christophorus Cornerus

Qui nouenarum studijs sororum
Dediti, clarum colitis Lycæum
Hic, ubi priscis habitata surgunt
    Mœnia Francis.

Mœnia Eoo veniens ab ortu
Quæ vagus rauco Viadrus fluento
Alluit, magno veluti triumpho
    Plaudite læti.

Cynthius Musis comitatus almis,
Et Chorus castæ redijt Mineruæ,
Quam Sophistarum procul hinc fugarat,
    Barbara turba.

Huc ades quisquis studiosus ardes
Docte facundas iuuenis Camœnas,
Hic tibi cingent viridante lauro
    Tempora Musæ.

Te per vmbrosos nemorum recessus
Montis ad sacras Heliconis undas
Præuius ducam Dialecticorum
    Tramite recto.

Nec tibi templum Sophiæ licebit
Ingredi, dulces nec adire Musas,
Ni prius cautę Logices disertas
    Noueris artes.

Artium fontes studiosa quærit,
Limitem certum locat inter ipsas,
Diuidit, finit, docet, atque cæcas
    Discutit vmbras.

[C 2 recto]

Quodlibet scripti genus hæc peragrat,
Rete venatrix studiosa tendit,
Fusa disponit, tenuique sparsa
Colligit arte.

Grandium pondus trutinat, fidemque
Arduis rebus facit ipsa certam,
Disserit, tractat, raciocinatur
Ordine pulchro.

Vinculum quanquam bene sit coactum
Quo vafer fraudes Logicus parauit,
Rumpit, ac soluit, superatque captum
Fortiter hostem.

Organum Græci titulum dedere,
Ac manum doctæ Sophiæ vocarunt,
Vna quod cunctis eadem sit apta
Rebus agendis.

Iussa cœlestis docet hæc Parentis
Versat hæc caussas eadem forenses,
Vtiles ægris medicas Galeni
Tractat & artes.

Docta quapropter Dialecticorum
Hortor incumbas studio iuuentus,
Quo nihil cœli melius dedere
Numina terris.

Sic tibi nexas hederis coronas
Porrigent Phœbi reduces Sorores
Marchio quas hic fouet atque nutrit,
Inclytus heros.

[Carmen 11] Joachim Zierenberg

In prælectionem Græcę Grammatices, & Hesiodi. [C 2 verso]
Ioachimus Cirenbergius.

Prima legam Graiæ quę linguę elementa Melanchthon
Tradit, & Ascræi dulce poema senis.
Vt simul ostendam præcepta, vsumque loquendi,
Vnus adimplebit munus vtrumque labor.
Nemo quidem breuius præcepta Melanchthone tradit
Omnibus ex doctis, nec magis apta docet.
Hesiodus vero proprio sermone locutus
Condidit alternis verba sonora modis,
Inter Apollineos nullusque hoc Vate Poetas
Creditur Argolico purius ore loqui.
Quid referam vitæ mores, quos edocet idem,
Laudat honesta, vetat turpia, iusta probat.
Vtilis est igitur primas discentibus artes
Autor, & a nobis dignus vterque legi.

[Carmen 12] Andreas Bochow

In Epistolas Ciceronis
Andreas Bochus

Liquerat Aonidum cœtu migrante sororum
Pallas, & Actiacus mœnia nostra deus.
Nunc Viadri redijt cum Pallade Phœbus in vrbem,
Instauratque suos Calliopea Choros.
Quare agedum iuuenes, doctas accedite Musas,
Iam neque Castalias spernite vt ante Deas.
Ipse ego cum iussus sim munus obire docendi,
Dux ad Cecropiam Pallada vester ero.

Solis vbi radius quartam signauerit horam, [C 3 recto]
Dulce legam magni cras Ciceronis opus
In quo, missa suos per scripta salutat amicos,
Datque per alternas mutua verba vices.

[Carmen 13] Matthäus Host

In Officia Ciceronis Matthæus
Hostus.

Enarrabo libros, Cicero quibus indidit autor
Nomen ab officijs, ex his studiosa iuuentus
Eloquij disces cultum, præceptaque vitæ.
Quid deceat fortemque virum, iustique tenacem,
Quid cupidum pacis, quid Martia bella gerentem,
Denique quid distent ab honestis turpia rebus,
Hæc didicisse quidem cunctos, sed maxime oportet,
Publica magnarum tractare negotia rerum
Qui cupiunt. Omnes quapropter adhortor ephœbos,
Sedulo vt hos discant libros, quicunque potentis
Principis aspirant, ac magni regis ad aulam.

[Carmen 14] Bartholomäus Rademann

In P. Terentium Bartholomæi
Rademanni Carmen Iamb.

Cras auspicabor & legam Comœdias,
Quas puritate linguæ & elegantia
Poeta præstans edidit Terentius.
Sermonis ex his elegantis formulas,
Et Atticos disces puer sales, ad hæc

Honesta vitæ exempla, nam Comœdiae,
Exempla sunt, quandamque vitæ continent [C 3 verso]
Imaginem, casus docent, & admonent,
Seruos dolosa præditos astutia,
Senes tenaces, adolescentes prodigos,
Omnes solutis & plærumque moribus
Parentis indulgentis esse liberos.
Quapropter ad parandam cum facundiam
Conducat autor, ad moresque plurimum,
Quem diligenter enarrabo sedulus,
Adhortor omnes qui student hic literis,
Illis sit vt præ cæteris autoribus
Terentiana commendata lectio.

[Carmen 15] Werner Elerdes

In Linacrum
Vernherus Elerdesus

Si te docta iuuant Linacri scripta Britanni
  Scripta quibus pure nos docet ille loqui,
Incipiam certis hæc enarrare diebus,
  Otia quo noster tempore ludus agit.
Nec te pœniteat puer hos didicisse libellos,
  Ex quibus eloquij commoda magna feres,
Nanque docent lepidis connectere verba figuris,
  Syntaxes quasuis, difficilesque modos.
Esse quidem, sicut quoque sunt, hæc parua videntur,
  Nemo sed ex doctis, his[294] sine magnus erit.

---

294 In der Ausgabe steht *hic*, das dem Verzeichnis der *Errata* auf E 4 recto zufolge in *his* zu verbessern ist.

[Carmen 16] Jakob Jockisch

In Academiæ Instaurationem Iacobus Rociscus Hegitmatianus Mathematices Professor

Nobilis quondam fuit undiquaque [C 4 recto]
Francofordensis Schola, clara linguis,
Atque doctorum varia virorum
  Clara cohorte.

Namque germanam poterit referre
Indolem matris genuina proles,
Quam bene excultam, bene litteratam,
  Misit amicis.

Hic enim multos puer egit annos
Hessus, Euterpæ gremio leuatus,
Et Poetarum comitata Musis
  Plurima turba.

Hic et Huttenus fuit educatus,
Laureæ Bacca redimitus olim,
Qui canens magnos celebrauit amplo
  Carmine reges.

Ast ubi sensim dolus Antichristi
Visus est, nostros prior ac tenebat
Error, in terras alias refluxit
  Docta iuuentus,

Donec accepit Patrias habenas
Marchiæ Princeps Ioachim Secundus,
Et Sacri cęcas pepulit tenebras
  Lumine verbi.

Nuper in tota regione iussit,
Cœlicum verbum sine labe fuci
Concionari, reparauit idem
Damna palestræ.

Idque perfecit Duce te Ioannes,
Cui Patris virtus, et auita radix,
Pampini nomen dedit, undiquaque [C 4 verso]
Nobile nomen. Joannes Weinlebius

Aulico quamuis es honore magnus,
Consilii clarus sapiente vena,
Clarior multo tamen es futurus
Omne per æuum.

Quod bonas arteis studio sagaci
Promoues, nec non pia dona linguas,
Docta te perget celebrare Musa
Laude perenni.

Aureum nobis redit hinc in orbem
Sæculum, quo non opibus, nec auro
Parcitur, doctis reparantur ampla
Præmia Musis.

Hic dies prosper niueo lapillo,
Ominis fausti memor, est notandus,
Quo Scholæ famam celebrem dedisti
Clare Ioannes.

Annus a nato fuit inde Christo,
Quem tibi certis veterum figuris,
Atque priscorum manus acta gestu
Utraque dicet.

Dextra si paruum digitum reflexum
In volæ glabræ medio reponat, M
Si recuruatum quoque Gamma dextro
Pollice formes. D

Mox & in leua lateri applicetur XL
Indicis pollex, digitis repressis
Cæteris, anni numerum tenebis
Arte notatum.[295]

Prima festinans pede tum ruebat [D 1 recto]
Hora, quæ pransas feriebat aures,
Cum diem nonum[296] referebat orbi
Septimus imber.

Culmen in cœlo medium tenebat
Libra, quæ iunctos medijs vehebat
Partibus, Maiæ, puerum, senemque
Falce metentem.

Fallor? an terræ bona, vineasque,
Rura, agros, præstet tibi nate Maia,
Stella Saturni dominans in alto
Vertice cœli.

---

295 Die in der Erstausgabe auf der Seite C 4 verso angebrachte Kustode „*Mox &*“ führt in die Irre; vermutlich wollte der Setzer ursprünglich mit V. 57 eine neue Seite beginnen lassen, was dann aber im Blick auf die am rechten Rand beigefügte Jahreszahl *MDXL* unterblieben sein könnte.

296 In der Ausgabe von 1541 steht *nouum*, das dem Verzeichnis der *Errata* auf E 4 recto zufolge in *nonum* zu verbessern ist; im Dresdner Exemplar ist die Korrektur in V. 63 handschriftlich vorgenommen worden.

Quodque Saturno modo separatus
Mercuri, iungis Iouis hexagonum,
Hoc pij cultus bona pollicetur
  Rapta in abusum.

Et quod in Libra media feratur,
Aurea virga Deus expeditus,
Indicat nobis fore non iniqua
  Sorte Mathesin.

Hoc enim signo positus Logistas,
Et Geometras dat, & Astrobleptas,
Atque qui circa studia occupati
  Multa laborant,

Idque cum primis vbi prosperata
Iuppiter sese radiatione
Iungit affulgens, vt in hoc videtur
  Schemate cœli.

Integrum pars hæc animum requirit,
Nec sinit curas alias inuri,
Hanc peto larga stipe demeretor, [D 1 verso]
  Inclyte Princeps.

Nam quod in multas variasque parteis,
Noster est anceps animus retortus,
Quærit hinc atque hinc, aliter senectam
  Præ fore stantem.

Interim vero nihil esse ab omni
Parte perfectum poterit, nec vlli
Verticem multis licet impedito
  Scandere summum.

Cum facultates stipe largiore
Cæteras omnes, generose Princeps,
Auxeris, iusto hanc precio beasti
Quæ docet astra.

Sunt enim nostro modo fata sæclo,
Vt cari victus vitio parandi,
Ad bonas arteis precio vocetur
Densa iuuentus.

Quas facultates videt esse largo
Præmio ornatas, ad eas colendas
Prona turmatim rapitur, nec horret
Gnaua laborem.

Sic puto tandem fore quod notatur
Cardinum cœptis, animi quod arcta
Wittebergensis Schola pacta nostræ
Iungere perget.

Nam ferunt quondam simili fuisse
Cardines cœli statione, quando
Nomen afferres Academiarchæ
Clare Melanchthon.

At quid infeste radiante vultu, [D 2 recto]
In domo gaudens propria, seuere
Mars, ab extrema domuum minaris
Carceris umbram?

An, quod aduerso positu locatus,
Phœbe Musarum comes, atque Princeps
Prosperam partem videas, minatur
Martia stella?

Consili Cuspis bene prosperata
Parte fortunæ, truce fascinatur
Marte, quem rurus videt hexagonus
    Augur Apollo.

Nempe quod rectum statuit senatus
Noster, ac faustum fuerat futurum,
Carceris vinclis studet impedire
    Mars ope Phœbi.

Parcito Musis Generose princeps,
Parcito, Musæ quia liberales
Liberos quærunt homines, & arcta
    Vincula temnunt.

Mars in extrema quoque sede versans
Optimum nomen dabit e iuuenta
Acrius culta, vetitaque semper
    Ad mala ferri.

At Dei cultus studijque sedem
Occupat spondens Ericyna sponsas,
Ac nouas nuptas studij Magistris
    Et pietatis.

Hæc ubi mecum recolens reuoluo,
Sphæricę pondus video, reique
Publicæ multus quod ab hac subinde [D 2 verso]
    Nascitur vsus,

In facultatum numero frequenti,
Omne si punctum tulit, & iucunda, &
Vtilis, punctum mihi crede, passim
    Sphærica tollet.

Huius inuentor Libyæ fuisse
Filius fertur retinere cœlum
Scoptulis dictus, referente Musa,
Regius Atlas.

Hancque Miletum coluisse dicunt
Et viros summos, & Anaximandrum
Sphæricæ doctum, sapientiæque
Fulgure clarum.

Cum Syracusas medijs in undis
Hoste Marcellus popularet acri,
Militis ferrum trucis Archimedi
Parcere iussit.

Namque cernebat bonus imperator
Sphæricæ nullum genus artium esse
(Cuius Antistes fuit Archimedes)
Ante ferendum.

Cumque per multos videas fuisse,
Regia quondam quoque stirpe natos,
Ars quibus multum fuit vniuersis
Sphærica cordi.

Cur in hanc summum studium reponas,
Caussa non extat leuis, O iuuenta
Sphæricos orbes animo manuque
Volue reuolue.

[Carmen 17] Kaspar Schulz

In Rhetorica Philippi Melanchthonis [E 1 recto]

Caspar Schultetus.

Prælegam libros, quibus eloquendi
Vtilem clarus docet autor artem,
Bretta quem sacris adamata Musis
  Iactat alumnum.

Quisquis existit rudis huius artis,
Consequi nunquam poterit diserti
Rhetoris nomen, procul exulabit
  Principis aula.

Non aget causas, fora non adibit,
Nam nec impellens animum seueri
Iudicis flectet, populique fando
  Corda mouebit.

Exprimet nullis lachrymas querelis,
Non graui mentes cumulabit ira.
Nullus hanc ergo studiosus ipsam
  Negligat artem.

[Carmen 18] Bernhard Holtorp

Bernardus Holtdorpius Hagensis[297]

Aurea falciferi redierunt sæcula Regis,
  Qualia Pelignus Naso fuisse canit.
Ferrea nam quanquam funestaque bella geruntur.
  Magna tamen præsens commoda tempus habet.

---

297 Das Gedicht weist als einziges der 18 *Carmina* keine Überschrift auf.

Lux modo diuini nobis est reddita verbi,
Omnibus vnde salus indubitata venit,
Vrbibus in cunctis æterni oracula Christi,
Obscurata diu quæ iacuere, vigent.
Vera fides iterum, pietas & vera reuixit,
Quæ velut extrema morte soluta fuit.
Quin etiam doctæ redierunt Palladis artes,
Pieridum toto floret in orbe decus.
Vt reliquas autem taceam, quas Itala tellus,
Quasque tenet passim Teutonis ora Scholas,
Præbuit hospitium Germanicus Odera Musis,
Quale diu Aonides non habuere Deæ.
Hæc schola cum iacuit multos collapsa per annos
Iam tamen extollit rursus in astra caput.
Eximiæ lætos famæ reparauit honores,
Nobile cum magno fœnore nomen habet.
Hic patris æterni verbum cœleste docetur,
Hic Latio, hic Graio discimus ore loqui.
Suntque Professores celebres, ac nomine clari
Publicitus veterum qui monumenta legunt.
Albi tua procul huc Islebius vrbe uocatus,
Verba Dei mira dexteritate docet.
Vtque benigna colit non impiger arua colonus,
Ille Redemptoris non secus arua colit
Fœcundamque suo producit tempore messem,
Hinc verum Agricolæ nomen adeptus habet.
Ore pios, linguaque trahit, velut Ogmius alter,
Ipsius apparet spiritus ore loqui.
Hic patrijs etiam docet exul Alesius oris,
Doctrinam enucleans Paule diserte tuam,
Quem mala perpessum sancto pro nomine Christi
Immanis patria Scottus abegit humo.
Hosce duos sacri profitentes dogmata verbi
Nomen honoratum Pistius inter habet,

Læta triumphantis Christi qui signa secutus, [E 2 recto]
Haud semel exilij maxima damna tulit.
Lauriger enarrat Ciceronis scripta Sabinus
Doctius Apollineæ plectra mouere lyræ,
Mollia qui gracili deducit carmina filo,
Carmina, quæ Naso præferat ipse suis.
Prælegit Hippocratis monumenta Iodocus, & herbis
Languida Pęonijs membra leuare docet.
Tuque Machaonias, Eglinge, fideliter artes
Tradis, ab Adriacis huc reuocatus aquis,
Græcaque Pergamei profiteris scripta Galeni,
Tu sed Auicennæ scripta Crabate legis.
Estque vir hic celebris Syrachius arte medendi,
Quo prius vsa diu Principis aula fuit.
Quid loquar? aut legum memorabo scita professos?
A quibus æqua fori discere Iura licet.
Quid referam eloquij præstantes arte Magistros
Quos longum cunctos enumerare foret.
Vnus at hos inter Theobaldus, & eminet alter,
Nobile cui nomen Pannona terra dedit,
Argolicæ linguæ scriptores ille disertos
Explicat, hic vatum scripta latina docet.
Quisquis es, Aonidum studijs quicunque teneris,
Non opus, Italiæ docta Lycæa petas.
Huc ades, hic studijs florentibus omnia disces
Quæ cupiunt animi discere vota tui.
Hic nec inutiliter sumptus, nec tempora perdes,
Sed repetes patrios doctior inde lares.
Huc ego sum nuper, longinquis missus ab oris
Vt paribus discam nectere verba modis.
Nec venisse procul Viadri me pœnitet vrbem
Sunt vbi præstantes iam tot in vrbe viri.
Hic ego me sacro Parnasi in vertice montis
Aonias inter suspicor esse Deas.

Catalogus autorum qui Francofordiæ ad Oderam prælegunturr.

IN ARTIBUS.

Hae Lectiones, quarum catalogus infra scriptus est, ita decretę sunt Professoribus artium, vt perpetuo in Academia retineantur.

Prælegitur autem semper horis antemeridianis

V

Dialectica Philippi Melanchthonis, aut Cesarij.

VI

In Naturali Philosophia, libri Aristotelis. Et cum his liber Philippi Melanch. de Anima.

In Poetica, Virgilius, aut Ouidius.

Sub eandem horam legitur & Hebraice. [E 3 recto]

VII

Græci autores enarrantur. Ex Oratoribus, Demosthenes, aut Isocrates. Ex Poetis. Homerus, aut Euripides, aut Sophocles. Interdum & Ethica Aristotelis græce enarrari debent.

Sub eandem horam in Pędagogio, latina Grammatica Philippi Melanchthonis.

VIII

In artibus nihil pręlegitur propter Primarium Theologiæ Professorem.

Horis Pomeridianis.

XI
Musica prælegitur in Pędagogio.

XII
Terentius, Interdum Cornelius Tacitus de moribus Germanorum. Interdum & selectæ Comœdiae Plauti.

I
Eadem hora In morali Philosophia, & in Mathematica. In Philosophia morali, aut Ethica, aut Politica Aristotelis, aut officia Ciceronis.
In Mathematica, Euclides, Theoricæ Planetarum, Sphæra Procli, aut Aratus.

II
In Oratoria, Dialogi Ciceronis, aut ad Q. Fratrem de Oratore, aut ad Brutum de claris Oratoribus, [E 3 verso] aut liber de perfecto Oratore. Interdum Orationes Ciceronis.

III
Hesiodus, & Græcę grammatica Philippi Melan.

IIII
Rhetorica Ciceronis ad Herennium, aut Philippi Melanchthonis. aut Erasmi Rote:
libri de duplici copia verborum ac rerum. Item Epistolæ Ciceronis sub eandem horam.
Præter has lectiones, certis diebus enarratur Priscianus, aut Linacer.

IN THEOLOGIA.

Sacrarum literarum quatuor sunt professores, Sed his non [aus *num* zu verbessern] præscriptæ sunt certę Lectiones, quemadmodum professoribus artium, Itaque liberum est ipsis Theologis commutare Lectiones pro arbitrio.

Enarrantur autem libri vtriusque testamenti.

IN IURE.

Quatuor sunt & Legum Professores constituti.
Quorum primus, in Iure legit Canonico.
Secundus, Codicem.
Tertius, Libros Digestorum.
Quartus Institutiones.

[E4 recto]

IN MEDICINA.

Totidem habentur & Doctores Medicinę,
Primus enarrat Galenum.
Secundus Hippocratem.
Tertius Aegenetam.
Quartus Auicennam. His & iniunctum est, vt quotannis exhibeant Anatomiam corporis humani.

DE DISPUTATIONIBUS
& Declamationibus.

Theologi singulis mensibus disputant,
Iurisconsulti & Medici, tertio quoque mense.

Artium professores, Tertia quaque septimana declamant. Singulis vero diebus Saturni, disputant alternis Magistri ac Baccalaurij.

Francofordiæ Ioannes Hanaw
Impressit.
Anno M. D. XLI

Errata
In Litera A. Folio iiij. parnassi, lege parnasi. B. Fol. iij. elegi, lege, eligi. C. Fol. iij. Hic sine magnus erit, lege, his sine. Eodem fol. Academiæ, lege cum dipthongo. D. Fol. j. cum diem nouum, lege, nonum.

Übersetzung (mit Erläuterungen)

Vor der Übersetzung des *Edictum* und der einzelnen *Carmina* steht jeweils eine paraphrasierende Gliederung.

Zuweilen sind einem Gedicht einführende Bemerkungen vorangestellt (*c.* 1; 5; 6; 16).

Die Erläuterungen sind in den Anmerkungen enthalten. In vier Fällen habe ich an die Übersetzung noch eine „Ergänzende Kommentierung“ angefügt (*c.* 7; 9a; 9b; 13).

Mit wenigen, jeweils gekennzeichneten Ausnahmen stammen sämtliche Übersetzungen, auch die in den Anmerkungen, von mir.

Erlass des höchst erlauchten Kurfürsten Joachims II., Markgrafen von Brandenburg.
Gedichte des Georg Sabinus und einiger anderer Professoren über die Wiederaufrichtung der Universität Frankfurt.
Beigegeben ist ein Verzeichnis der Schriftsteller, über die in Frankfurt an der Oder Vorlesungen gehalten werden.
Im Jahr 1541.

a) Seit seinem Regierungsantritt, so versichert Kurfürst Joachim II., sei er nach Kräften bemüht gewesen, die in der letzten Zeit zerrüttete Viadrina wiederaufzurichten.
b) Diesem Vorhaben sei Erfolg beschieden: So habe er die Entlohnungen für die Lektoren unter Heranziehung kirchlicher Einkünfte erhöht und hervorragende Männer für diese Position neu angeworben.
c) Die zahlreichen Studenten, die Benefizien erhalten, sind aufgefordert, in Frankfurt[298] zu studieren.
d) Studenten, die ihre Benefizien zum Müßiggang oder für ein Studium an einer anderen Universität verwendeten, sollen das Stipendium verlieren.
e) Künftig sei für die Auszahlung von Renten und Zinsen eine schriftliche Bestätigung der Universität Frankfurt über ein ordnungsgemäßes Studium erforderlich.
f) Wenn ein Kollator entgegen dieser Anordnung jemandem eine Zuwendung gebe, werde er gezwungen werden, die Zinsen und Renten nochmals an jene zu zahlen, für die der Kurfürst Benefizien vorsehe.
g) Pfarrer, Prediger, Schulmeister oder Schreiber sollen erst dann anderswoher berufen werden, wenn die Universität Frankfurt erkläre, keinen geeigneten Anwärter zu haben.
h) In der gesamten Mark Brandenburg sollen Absolventen der Universität Frankfurt vorrangig berücksichtigt werden.

---

298 Wie bereits in Anmerkung 1 gesagt, ist mit „Frankfurt“ stets Frankfurt an der Oder gemeint; das hessische Frankfurt wird jeweils als „Frankfurt am Main“ bezeichnet.

Übersetzung:

Wir, Joachim II., von Gottes Gnaden Markgraf von Brandenburg, des Heiligen Römischen Reiches Erzkämmerer[299], Kurfürst, Herzog von Stettin, Pommern[300], der Kassuben, Wenden[301] und von Crossen in Schlesien[302], Burggraf von Nürnberg und Fürst von Rügen, entbieten sämtlichen und jedem einzelnen unserer Untertanen unseren Gruß.

---

299 Das Amt des Erzkämmerers war dasjenige Zeremonialamt, das Joachim II. als einem Kurfürsten zukam; die Zeremonialämter symbolisierten „den Dienst am Reich und die höfische Stellung" und gipfelten „in den genau geregelten Symbolhandlungen der Königswahl": Winkler (2022) 134.

300 Am 26. August 1529 schlossen der brandenburgische Kurfürst Joachim I. Nestor (21. Februar 1484 – 11. Juli 1535) und die Pommernherzöge Barnim IX. und Georg I. in Grimnitz einen Vertrag, der einen langjährigen Streit zwischen den Hohenzollern und dem Haus der pommerschen Greifen beendete: Die Hohenzollern verzichteten auf die Lehnshoheit über das Herzogtum Pommern und erkannten dessen Reichsunmittelbarkeit an; den Brandenburger Markgrafen wurde für den Fall, dass das Greifengeschlecht ohne einen männlichen Nachkommen erlöschen sollte, die Erbfolge zugestanden (Riedel, Codex diplomaticus Brandenburgensis, Zweiter Haupttheil, Band 6 [1858] 354–357, Nr. 2524).

301 Mit den *Vandali* sind hier die Wenden gemeint, eine Gleichsetzung, die bis auf das frühe Mittelalter zurückgeht; s. dazu vor allem Steinacher (2004). Aus der ersten Hälfte des 16. Jahrhunderts sei das 1519 in Köln gedruckte Werk *Wandalia* des Albert Krantz (1448–1517) erwähnt. „Die Schrift verdankt ihren Titel einer irrtümlichen Gleichsetzung von Wenden und Wandalen. Anstatt von *Sclavi* zu sprechen, spricht sie von den begrifflich angeblich älteren *Wandali* und behandelt im Kern den vom holsteinischen Oldenburg entlang der Ostseeküste bis nach Preußen reichenden wendischen Bereich" (Andermann [2008] Sp. 1321f).

302 Die Stadt Crossen an der Oder (heute Krosno Odrzańskie) gehörte seit dem 22. November 1537 dauerhaft zum Kurfürstentum Brandenburg: „Die Herzöge Joachim, Johann, Heinrich II. und Georg von Münsterberg und Öls treten ihre Erbrechte an Crossen und Züllichau an Kurfürst Joachim II. von Brandenburg ab; vorbehaltlich der Lehnrechte der Krone Böhmen": Geheimes Staatsarchiv Preußischer Kulturbesitz, Findbuch VII. HA, Urkunden A.07.02.07 Crossen.

a) Da unsere Universität, die des Römischen Reichs erlauchtester Kurfürst ehrwürdigen Angedenkens Joachim I., unser Herr und Vater, in Frankfurt an der Oder gegründet hat[303], in der letzten Zeit ins Wanken geraten war, haben wir seit dem Tage, an dem wir die Ruder des Staats zu führen begannen[304], unser Sinnen stets darauf gerichtet, jene wiederherzustellen. Denn von allen Amtsgeschäften, die wir in dieser Verwaltung ausführen, ist nicht das letzte dies, die Schulen zu schaffen, in denen die Keime des künftigen Staats gehegt und herangezogen werden müssen. b) Deshalb haben wir zur Ausbreitung der christlichen Religion und zur Erhaltung aller edlen Wissenschaften[305] die Universität wiederaufgerichtet, und damit die Entlohnungen [*stipendia*], die den Lektoren zugesprochen werden sollen, höher seien, haben wir nach dem einvernehmlichen Beschluss des ganzen Vaterlandes[306] bestimmte kirchliche Erträge[307] für diesen Zweck verwendet. Denn auch in jeder Art von

303 Kurfürst Joachim I. hatte am 4. Oktober 1505 die Stiftung der Universität bekanntgegeben. Nachdem der Kurfürst und sein Bruder Albrecht (28. Juni 1490 – 24. September 1545), seinerzeit mitregierender Markgraf von Brandenburg (ab 1513 Erzbischof von Magdeburg, ab 1514 Erzbischof und Kurfürst von Mainz), am 22. Februar 1506 für die Universität bestimmte Privilegien festgesetzt hatten und Papst Julius II. am 15. März 1506 der Gründung ein Privileg verliehen hatte, wurde die Viadrina am 26. April 1506 feierlich eröffnet (Riedel, Codex diplomaticus Brandenburgensis Erster Hauptheil, Band 23 [1862] 318f Nr. 375; 325–327 Nr. 380; 331–333 Nr. 382; 333 Nr. 383); s. dazu auch oben S. 9.

304 Die Regierung hat Joachim II. am 11. Juli 1535, dem Todestag seines Vaters, Joachims I., angetreten.

305 Ähnliche Formulierungen finden sich bereits in der Bekanntmachung Joachims I. vom 4. Oktober 1505 (Höhle [2002] 453).

306 Der Kurfürst bezieht sich hier auf die Zustimmung der in Cölln an der Spree versammelten Landstände.

307 Gemeint sind durch Säkularisation gewonnene Einnahmen. Betroffen waren z. B. das Kartäuserkloster (s. Riedel, Codex diplomaticus Brandenburgensis, Erster Hauptheil, Band 23 [1862] 462, 3. April 1540, 468f) und Güter der Frankfurter Kalandsbruderschaft; zu ihr s. Marzahn (1987) 85: Der Name leitet sich vom lateinischen *calendae*, dem ersten Tag des Monats, ab. Die Kalandsbrüder bildeten in Pommern, Sachsen, Westfa-

Gelehrsamkeit hervorragende Lektoren haben wir angeworben, die ehrenvoller und großzügiger Einkünfte würdig erschienen. c) Weil aber in unserem Machtbereich ziemlich viele Benefizien [*sacerdotia*][308] an die, welche sich den edlen Wissenschaften widmeten, vergeben worden sind, glaubten wir, es sei nicht nur der Würde unserer Universität dienlich, sondern auch dem Nutzen der Empfänger selbst, wenn alle nach Frankfurt gerufen würden, damit sie sich eher dort der Wissenschaft widmen als // anderswo. Wir haben nämlich erfahren, dass sehr viele diese Vergünstigungen [*benefitia*] missbrauchen, wenn sie sich an auswärtigen Universitäten aufhalten. Wir befehlen also all denjenigen, denen um der Erlernung der Wissenschaften willen die Ratsherren ihrer Stadt kirchliche Benefizien [*sacerdotia*] zugeteilt haben, sich von Anfang an nach Frankfurt zu begeben und sich dort den Studien zu widmen. d) Es wird nämlich der Senat[309] der Universität darauf achten, dass niemand dort seine Vergünstigungen [*eleemosinae*] zum

len und namentlich in der Mark Brandenburg „Gesellschaften, die sich der Förderung der allgemeinen Frömmigkeit und der Verrichtung von Wohltaten verschrieben hatten. Da sich die Mitglieder stets zum Monatsbeginn trafen, um festzulegen, wer Almosen und wieviel bekäme, ..., nannten sie sich selbst Kalender-Herren oder Kalandsbrüder ... Diese Kalendergesellschaften unterschieden sich von den Mönchsorden dadurch, daß ihre Mitglieder sowohl geistlicher als auch weltlicher Herkunft sein konnten und ihnen Vertreter beiderlei Geschlechts angehören durften." Was die Statuten der Kalandsbruderschaft betrifft, so hat sich etwa die 1526 von Otto Beckmann (geboren ca. 1484; gestorben am 4. Mai 1540 in Warburg) erstellte Fassung der Warburger Sektion erhalten: s. Kipf (2018) Sp. 168.

308 *Sacerdotium*: nach Du Cange *beneficium ecclesiasticum, praebenda sacerdotis* (... *Sacerdotia, quae vulgo Praebendas vocant*), also Pfründe; hier sind von der Stadt oder von Staats wegen gewährte Benefizien kirchlicher Herkunft gemeint.

309 Der Senat der Universität wurde nicht gewählt, sondern war die Versammlung sämtlicher ordentlichen Dozenten; er „wurde vom Rektor nach seinem Ermessen einberufen. Die Befugnisse des Senats bestanden weniger in der Entscheidung als in der Beratung einzelner Angelegenheiten von grundsätzlicher Bedeutung" (von Brünneck [2008] 298).

Müßiggang oder zu Saufgelagen missbraucht. Wer dieser Anordnung nicht Folge leistet, der soll seiner Zuwendung [*sacerdotium*] verlustig gehen. e) Und damit dies geschieht, ordnen wir an, dass in unserem gesamten Fürstentum niemandem Renten [*pensiones*] oder Zinsen [*decimae*] ausgezahlt werden, der nicht ein amtliches Zeugnis vom Senat der Universität Frankfurt hat, durch welches er nachweist, dass er sich dort der Wissenschaft widmet und mit Eifer am Orte weilt. f) Wenn nun einer[310] jemandem gegen diese Anordnung etwas zukommen lässt, gibt, auszahlt, wird er gezwungen werden, eben jene Zinsen [*decimae*] und Renten [*pensiones*] nochmals denen auszuzahlen, für die wir die Zuwendung von Benefizien [*sacerdotia*] bestimmt haben werden. Wir wollen, dass alle in dieser Angelegenheit gewarnt sind. g) Schließlich ordnen wir an, dass nicht anderswoher Pfarrer, Prediger, Schulmeister oder Schreiber geholt werden, wenn nicht der Magistrat zuvor nach Frankfurt an die Ersten der Universität, die man Superintendenten nennt, geschrieben und zweifelsfrei erfahren hat, dass dort niemand sei, der derartige Dienste verrichten könne oder wolle. h) Denn wir wollen, dass in allen unseren Landstädten, Städten und Gemeinden, sobald Stellen unbesetzt sind, vor allen anderen diejenigen berücksichtigt werden, welche sich an unserer Universität aufhalten. Wir haben diese Anordnung nach langer, eingehender Beratung erlassen. Deshalb wird ihr Ansehen zu Recht bei euch allen gelten; wenn ihr es nicht missachtet, wird euer Gehorsam gegen uns bestehen bleiben und der Rang der Universität durch euch erhöht werden. Gegeben am 23. Januar 1541[311] zu Köln an der Spree.

*

310 Nämlich der jeweils mit der Auszahlung der Benefizien Beauftragte, der Kollator.

311 Es ist dies ein Sonntag; s. dazu oben die Anmerkungen 3 und 5.

[Carmen 1][312] Georg Sabinus (Georgius Sabinus)

Das erste Gedicht ist noch keine Vorlesungsankündigung, sondern ein Panegyricus[313] auf den Kurfürsten Joachim II., der am Anfang und Ende apostrophiert wird (V. 2; 11; 14; 99–112). Gepriesen wird er, weil er die im Niedergang begriffene Viadrina wieder aufgerichtet habe (Gedichttitel: *De instaurata Academia Francofordiana*; V. 1–16) und sie in eine noch erfolgreichere, überaus glänzende Zukunft führen werde (V. 99–112). Die Herrscherpanegyrik verknüpft Sabinus mit einem breit entfalteten Enkomion der Stadt Frankfurt und ihrer Umgebung (V. 17–66). In den Lobpreis des Fürsten und das Stadtlob[314] ist noch eine dritte enkomiastische Partie integriert: das dem Musageten Apollon in den Mund gelegte Lob der Universität[315], in

312 Es handelt sich um den Erstdruck der Elegie; sie wurde dann in die Ausgaben von Sabinus' *Poemata* 1544; 1558; 1563; 1588 als *eleg.* 3,13 aufgenommen, erweitert um je ein Distichon nach V. 10 und nach V. 46. Eine Übersetzung der ganzen Elegie (in ihrer erweiterten Gestalt) hat Fürstenhaupt (1849) 24–27 (in elegischen Distichen) verfasst; Teilübersetzungen bieten Amdohr (1894) 149–153 (V. 21–62) sowie Bieder / Gurnik (1899), 52 (V. 1–4; 15–40; 49–58); Amdohrs Übersetzung der Verse 31–38 und 44–58 ist wieder abgedruckt bei Merbach (1916) 232f und Israel / Walther (2002) 49. Amdohr (1894) 149 nimmt an, Sabinus' Elegie sei 1539 entstanden, als die Viadrina, die wegen einer Seuche zeitweilig nach Cottbus verlegt worden war, nach Frankfurt zurückkehrte. Diese Bestimmung des Gedichtanlasses hat im Text keinen Anhalt: Die Rückkehr der Musen verknüpft Sabinus vielmehr ausdrücklich mit dem Beginn von Joachims II. Herrschaft (s. V. 1–16).

313 Zu diesem Terminus s. etwa Drux (2003).

314 Zum Genre des Stadt-(Städte)lobs (*laus urbis*) s. etwa Kugler (2003); speziell zu einigen lateinischen Beispielen aus dem 16. Jahrhundert Thurn (2002).

315 In seiner Analyse zweier Briefe, mit denen der Humanist Jakob Locher Philomusus (1471–1528) 1522 und 1523 für die Universität Ingolstadt warb, konstatiert Walther Ludwig, dass das Universitätslob eine „noch nahezu unerforschte literarische Gattung" sei (Ludwig [2004 / 2] 379; s. auch 399). Als weitere im 16. Jahrhundert entstandene Beispiele für ein Universitätslob führt Ludwig an das *Marpurgensis Encomion Academiae* des Rein-

deren Fakultäten man alle wesentlichen Disziplinen studieren könne (V. 71–94).

Die drei enkomiastischen Partien überblenden Beschreibung realer topographischer und ökonomischer Details mit einer Imaginierung, die durch zahlreiche Rückgriffe auf antike Mythen geprägt ist. Eine herausragende Rolle spielen dabei die Musen; sie werden allegorisch als Göttinnen[316] vorgestellt, die, aus Frankfurt durch einen barbarischen Geist vertrieben, jetzt dank der Politik Joachims II. dorthin zurückgekehrt seien. Ihr Wirken besteht Sabinus zufolge darin, (nicht allein die Dichter zu inspirieren, sondern auch) jedweden nach Erkenntnis Strebenden die Wissenschaften zu lehren (V. 5: *doctas profitentibus artes*; V. 68: *artes turba professa docet*). Die von den Musen gelehrten Wissenschaften nennt Sabinus *doctae artes* (V. 5) oder *artes ingenuae* (V. 12). Traditionell als *artes liberales* bezeichnet, sind dies: das Trivium *grammatica, dialectica* (mit *logica* gleichgesetzt), *rhetorica*, und das Quadrivium *geometria, arithmetica, astronomia, harmonia*; nach dem im Humanismus gültigen Konzept sind gute Kenntnisse in allen diesen Fächern unabdingbare Voraussetzung für den Besuch der drei höheren Fakultäten. Sabinus verwendet den Terminus *artes doctae* (*ingenuae*) geradewegs als Synonym zu *Musae*[317] und folgt damit einem Verständnis, das bei Philipp Melanchthon und seinem Kreis eine eminente, von Walther Ludwig umfassend analysierte Rolle spielte[318].

Doch Sabinus beschränkt das Wirken der Musen nicht auf die Artistenfakultät, sondern lässt es sich auch auf die drei anderen Fakultäten erstrecken; auch wenn dabei die theologische nicht explizit benannt wird, ist sie doch mitgemeint – das wird deutlich, wenn

hardus Lorichius (1536) und die *Oratio de inclyto oppido Witeberga* eines Wittenberger Professors (1573); Weiteres aus späterer Zeit (Ludwig [2004 / 2] 399f).

316 V. 6; 16; 72; 98.

317 Ludwig (2004 / 1) 270.

318 Ludwig (2004 / 1); s. auch Rädle (2001) und Rädle (2018) 565f.

der Musagetes Apollon in seiner Rede nach der Rühmung der wiedergewonnenen Anziehungskraft der artistischen, juristischen und medizinischen Fakultät (V. 85–92) am Schluss prophezeit: *Omnibus haec studijs florebit, vt olim / Cecropis vrbs studijs floruit aucta meis* (V. 93f) und Sabinus am Ende der Elegie verkündet, der Kurfürst werde wegen der Förderung der Viadrina „von allen Gelehrten gefeiert werden“ (*omnibus à doctis celebrabere* (V. 109)[319].

Mit der Heraushebung der Musen und des Musagetes leitet das Gedicht von der Prosa des Edikts zu den poetischen Ankündigungen einzelner Vorlesungen über.

56 elegische Distichen

1–18: Apostrophe an den Kurfürsten Joachim II.: Die Oder freut sich über die Rückkehr der Musen in seine Stadt (Frankfurt), aus der sie durch einen barbarischen Geist vertrieben worden waren (1–10). Unter der Leitung des Kurfürsten genießen die *artes doctae* wieder Ansehen und haben sich erneut viele Studenten an der Viadrina eingeschrieben (11–18).
19–48: Lobpreis der Umgebung Frankfurts: Sie ist ausgezeichnet durch Hügel, an deren Hängen Wein angebaut wird, ferner durch klare Quellen – aus denen einst die Dichter Helius Eobanus Hessus und Ulrich von Hutten getrunken haben; die Oder ist überaus reich an Fischen, die Landschaft von lieblichem Charakter.
49–64: Lobpreis der Stadt Frankfurt: Der Handelsverkehr auf der Oder verschafft der Stadt Reichtum; die prächtigen Gebäude verweisen auf die Gründung durch die Franken, denen die Stadt ihren Namen verdankt. Wein, Quellen, Reichtum an Gütern, Schönheit – all dies macht die Stadt für die Musen außerordentlich anziehend.
65–94: Prophezeiung Apollons, eine *sermocinatio*: Die Stadt werde so berühmt sein wie der Parnass und unzählige junge Leute

319 Ganz ähnlich wie Sabinus wird Caspar Widderstadt in *c.* 6 verfahren (s. dazu unten).

aus fernen Ländern anlocken; als ein Hort der schönen Künste, der Rechtswissenschaft, der Medizin und der (*pars pro toto* für die Disziplinen der Artistenfakultät stehenden) Astronomie werde die Universität die Stadt zu einem zweiten Athen werden lassen.
95–98: Apollons Prophezeiung wird in Erfüllung gehen; schon finden sich aus der Ferne sehr viele Studenten in Frankfurt ein.
99–112: Apostrophe an den Kurfürsten: Aufgrund der Förderung der Wissenschaften und Musen werde er als zweiter Maecenas gefeiert werden.

Übersetzung:

An den erlauchtesten Fürsten und Herrn, den Herrn Joachim II., Kurfürsten und Erzkämmerer des Heiligen Römischen Reiches, Markgrafen von Brandenburg, Herzog von Stettin, Pommern, der Kassuben, Wenden und von Crossen in Schlesien, Burggrafen von Nürnberg und Fürsten von Rügen. Elegie des Georgius Sabinus über die wiederaufgerichtete Universität von Frankfurt

Gastlich freut sich die Oder[320], dass die Musen, aus der Verbannung zurückgerufen, wieder Reigentänze in deiner Stadt veranstalten, aus der die Schar der neun Schwestern[321] zusammen mit Apollon kürzlich vertrieben worden ist, als ein barbarischer Geist die Herrschaft inne hatte[322]. (5) Es war nämlich gerade die Zeit, als den Göt-

---

320 *Odera gaudet*: ein Beispiel für ‚pathetic fallacy', die Zuschreibung menschlicher Gefühle an unbelebte Natur; zu diesem vom englischen Literaturkritiker John Ruskin (1819–1900) in seinem Buch *Modern Painters* (London 1856, vol. 3, part 4) eingeführten Terminus s. etwa Antor (2008).

321 Die neun Schwestern sind die Musen Clio, Melpomene, Terpsichore, Thalia, Euterpe, Erato, Urania, Polymnia und Calliope.

322 Die Vorstellung, dass die Musen und der Musagetes Apollon Frankfurt vor einiger Zeit verlassen hätten, im Zuge der Wiederaufrichtung der Viadrina durch den Kurfürsten jedoch dorthin zurückgekehrt seien, wird noch in V. 13f und 67 aufgenommen und erscheint auch in Gedichten von fünf weiteren Dozenten, nämlich in *c.* 6, 5–8; 13; 69f; *c.* 10, 9–12; 53; *c.* 12, 1–4; *c.* 16,

tinnen, welche die gelehrten Disziplinen lehren, keine Ehre erwiesen wurde, geistreiche Gedichte der ungebildeten Menge gering erschienen, die Gottheiten der Hippukrene[323] verachtet waren. Damals verließ Apollon diese Stadt, zog sich weit zurück, (10) und die Schar der Neun tauschte die Scholle gegen den Verbannungsort. Aber nachdem dir die Sorge für die Regierung des Vaterlands übertragen worden war, wurde die Ehre für die edlen Wissenschaften zurückgebracht. Fortgetrieben, trat die Barbarei die Flucht an, und die lieblichen Musen kehrten unter deiner Leitung, Fürst, hierher zurück. (15) Schon wird die Universität, die verlassen darniederlag, von Vielen aufgesucht, wobei die gelehrige Jugend die böotischen Göttinnen[324] verehrt. Weder die lerneifrige Schar noch die Musen konnten zuvorkommendere Gastfreundschaft genießen. Ein Hügel umkleidet seinen Gipfel mit einem Kranz aus Trauben, (20) ein Hügel, an dessen Fuß der Tempel der Musen liegt. Den Musen ist, kein Wunder, eine solche Stätte höchst willkommen, welche der mit grünem Weinlaub gegürtete Bacchus liebt. Auch fehlt es nicht an klaren Quellen, die unter lautem Rauschen zwischen den mit grünendem Wein bepflanzten Hügeln hindurchfließen. (25) Aus einem schattigen Tal ergießt sich, durch Röhren aus Ahornholz geführt, eine Quelle und lässt das liebliche Nass hervorsprudeln. Weil das hervorbrechende Wasser so schön dahinströmt, deswegen bezeichnete die Nymphe Callirhoe[325] die Quelle mit ihrem Namen. Es bringt ein Trunk aus diesem Wasser heilige Dichter[326]

41–48 und *c.* 18, 11.

323 Gemeint ist die den Musen heilige Quelle im böotischen Gebirge Helikon, die dem antiken Mythos zufolge durch den Hufschlag des geflügelten Pferds Pegasus entstand.

324 Die „böotischen Göttinnen“ sind die Musen (s. Anmerkung 321).

325 Callirhoe ist eine Tochter des Flussgottes Achelous (Ovid *met.* 9,413f); ihr Name bedeutet „die schön Fließende“.

326 Mit der Charakterisierung der Dichter als „heilig“ knüpft Sabinus an Ovid *am.* 3,9,17 an: *at sacri vates et divum cura uocamur* („aber von uns Sehern sagt man, wir seien heilig und Schützlinge der Götter“); s. noch *c.* 3,5, wo Sabinus Ovid einen „heiligen Dichter“ nennt.

hervor (30) gerade so wie die vielberufene Quelle des Pegasus[327]. Dieses Wasser trank Eobanus Hessus[328], und aus derselben Quelle soll der leidenschaftliche Hutten[329] seinen Durst gestillt haben.

---

327 Gemeint ist Hippukrene, die auf dem Helikon durch den Hufschlag des geflügelten Pferds Pegasus entstand (s. Anmerkung 323); *Gorgoneus* heißt das Pferd, weil es aus dem Hals der Medusa, einer der (drei) Gorgonen, entsprungen ist; s. auch unten *c.* 9b, 20 (*Gorgonei ... fontis*). Die Vorstellung von Pegasus als dem Pferd, das die Dichter als Sinnbild der Dichtkunst reiten, ist erst in neuerer Zeit entstanden; s. Hunger (1974) 309.

328 Der überaus produktive neulateinische Dichter Helius Eobanus Hessus (6. Januar 1488 Halgehausen bei Frankenberg – 4. Oktober 1540 Marburg) studierte ab 1514 an der Universität Erfurt, an der er 1509 zum Magister Artium promoviert wurde. Im Frühjahr 1513 schrieb er sich an der Viadrina für ein Jurastudium ein, ging aber bereits zum Wintersemester 1513/14 nach Leipzig und kehrte 1514 nach Erfurt zurück. Seinen Ruhm als Dichter begründete er u. a. mit den *Heroides christianae*, die, während seines Aufenthaltes in Frankfurt entstanden, zuerst 1514 in Leipzig erschienen; hierin lässt er „den Briefschreiberinnen der ‚Epistulae Heroidum' Ovids zweiundzwanzig christliche Frauen aus Bibel, Legende und Geschichte an die Seite treten, die Briefelegien an Christus, Ehemann, Geliebten und Sohn senden. Beginn und Schluss der Sammlung sind männlichen Schreibern vorbehalten; den Anfang macht Gottvater mit einem Brief an Maria, in welchem er ihr die Geburt Christi verkündigt; H. selbst wendet sich am Ende in einem ... Schreiben an die personifizierte Nachwelt": Huber-Rebenich / Lütkemeyer (2008) Sp. 1080.

329 Ulrich von Hutten (21. April 1488 auf Burg Steckelberg in Schlüchtern – 29. August 1523 auf der Ufenau im Zürichsee) schrieb sich nach kurzen Studienaufenthalten in Erfurt, Mainz und Köln im Sommersemester 1506 an der Viadrina ein und studierte an der Artistenfakultät Poetik und Rhetorik. Im Sommer 1506 verfasste er ein Lobgedicht auf die Mark Brandenburg (*In laudem Marchiae carmen*, 20 elegische Distichen; eine Übersetzung von Ernst Münch findet sich nebst dem lateinischen Text in Merbach [1916] 217f). Am 14. September 1506 wurde Hutten Baccalaureus artium und verließ Frankfurt zum Ende des Wintersemesters 1507/08, um zunächst an der Universität Leipzig *Litterae humaniores* zu lehren (Entner [1983] 236f; Rehfeld / Targiel [1988] 52; Jaumann [2008] Sp. 1185f; 1197f). „Während der vier Semester seines Studiums in Frankfurt (Oder) ... festigten Publius Vigilantius Axungia und Rhagius Huttens humanistisches Wissen. Letzte-

Füge den Quellen die Seen hinzu und die von Moos umgrünten Teiche, deren Wasser von unzähligen Fischen durchschwommen werden. (35) Es gleitet hier die Oder in gekrümmten Windungen vorüber, von der eine Uferseite dank dem Weinstock des Bacchus grün ist, die andere durch das Laubwerk des schattigen Waldes gesäumt wird, beide infolge ihrer Bedeckung lieblich, der fischreichste Fluss, der das (40) germanische Land nahe der Scholle der Wenden[330] bewässert und unter dessen durchsichtigem Wasser, in gläserner Tiefe, die schönen Najaden[331] feuchte Grotten bewohnen. Wozu soll ich die in grünem Gras sanft ansteigenden Gefilde erwähnen, in denen zwitschernde Vögel lieblich klagen?[332] (45) Hier macht es Freude, im Sommer die Kühle unter einem Baum aufzusuchen, wenn der feuerschnaubende Hund der Erigone[333] die Felder versengt. Aus Blumen flechten hier fleißige Napeen[334] Kränze; hier führen Satyrn auf lachender Flur Reigentänze auf. Auch ist die

rer las im Wintersemester 1506/07 über Tacitus und gab 1509 bei Melchior Lotter in Leipzig dessen ‚Germania' heraus. Diese und die 1507 in der Oderstadt gedruckten ‚Totengespräche' des Lukian von Samosata beeinflussten Huttens späteres Schaffen in hohem Maße: Durch Tacitus wurde sein Interesse an der nationalen Geschichte geweckt, durch Lukian wurde er auf die literarische Form des Dialogs gelenkt": Vogler (1988) 9. Zu Vigilantius (1512 auf einer Reise nach Italien ermordet) s. Worstbrock (2013 / 1), zu Johannes Rhagius / Aesticampianus (um 1457 Sommerfeld – 1520 Altenburg) s. El Kholi (2013).

330 Zur Gleichsetzung von ‚Vandalen' und Wenden s. oben Anmerkung 301.

331 Najaden sind Nymphen oder Göttinnen der Quellen, Flüsse und Landseen.

332 In den späteren Ausgaben von Sabinus' *Poemata* ist der entsprechende Vers (V. 46) auf die Täler bei dem sizilischen Henna bezogen: *Florida qui certant vallibus Enna tuis* („{die Gefilde}, die mit deinen Tälern, blumenreiches Henna, wetteifern").

333 Erigone heißt im antiken Mythos die Tochter des Atheners Icarius, den Hirten erschlugen und unter einem Baum begruben; die Tochter wurde vom Maira genannten Hund ihres Vaters zu seinem Leichnam geführt und erhängte sich aus Schmerz an jenem Baum; Dionysos versetzte Erigone als Gestirn Virgo, den Hund als Hundsstern an den Himmel.

334 So heißen in der antiken Mythologie Nymphen der Bergtäler.

Stadt reich an Schätzen; hierher schafft der Fremde verschiedenartige Waren, indem er den Fluss mit erzbeschlagenen Schiffen durchpflügt. Es kommt hinzu die Lebensweise des Volks – nicht wie sie gen Norden, sondern wie sie in einer italischen Stadt zu sein pflegt. Die Einwohner leben auch nicht in Häusern, die Nomadenzelten ähneln; die großartigen Gebäude stellen hochragende Dächer zur Schau, deren Giebel ganz oben solche Zinnen tragen wie die altehrwürdigen Paläste bedeutender Herrscher. In der Tat, die Mauern haben trojanische Franken[335] errichtet, von denen die Stadt ihren berühmten Namen erlangt hat und noch trägt. Weil hier also die mit lieblichem Wein bepflanzten Hügel grünen und die fruchtbaren Gefilde von Quellwassern feucht gehalten werden und weil die Stadt, mächtig durch ihre Einwohner und Güter, an allen Dingen Überfluss hat und frei ist von hässlicher Plumpheit, gibt es keinen Ort, der den vertriebenen Musen im Land des Nordens willkommener und erwünschter hätte zuteilwerden können. Ja, wenn die Prophezeiungen Apollons nicht wertlos sind, wird dieser hohen Schule großer Ruhm beschieden sein. Denn als die zurückkehrenden Musen die berühmten Bauten betraten, in denen hier die Schar der Professoren die Wissenschaften lehrt, da ließ Apollon selbst, der um die Zukunft wissende Seher,

---

335 Das Adjektiv *Hectoreus* steht metonymisch für ‚trojanisch' und ‚römisch'. Die These, dass die Franken von den Trojanern abstammen, ist eine seit dem 6. Jahrhundert (Gregor von Tours) zuweilen begegnende und namentlich von dem Benediktinerabt Johannes Trithemius (1462–1516) in seiner Schrift *Compendium sive breviarium primi voluminis chronicarum sive annalium de origine regum et gentis Francorum* (Mainz 1515) aufgenommene und stark erweiterte pseudohistorische Konstruktion; den Autor Hunibaldus, den Trithemius als seine Quelle angibt, hat er erfunden; s. jetzt die monumentale Abhandlung Walther Ludwigs (2023): Ludwig analysiert die fiktive Geschichte im Kontext von Kaiser Maximilians I. Wunsch, erhabene königliche Vorfahren vorweisen zu können (227–271). Vgl. ferner unten *c.* 10,3f. – Abgelehnt wurde die These trojanischer Ahnen etwa von Beatus Rhenanus (1485–1547) in seiner 1531 erschienenen Schrift *Res Germanicae* (s. Muhlack [2013] 701); im Übrigen s. zur Rezeption von Trithemius' Schrift Ludwig (2023) 272–289.

aus seinem weissagenden Mund folgende Worte vernehmen: „Verscheucht die Traurigkeit und legt die betrübenden Sorgen ab, ihr Göttinnen, die ihr die heiligen Gefilde von Phokis[336] verlassen habt! Diese Stätte wird dermaleinst einen nicht weniger berühmten Namen besitzen, als ihn die steile Anhöhe des Parnass-Berges besitzt. (75) Unzählige junge Leute wird die liebliche Stätte dieses Orts aus allen Ländern der Erde anlocken. Dieses anziehende Gefilde zu besuchen, werden aus der Ferne, vom rosenfarbigen Aufgang der beginnenden Morgenröte her, Pannonier[337] anstreben. Die berühmte Weichsel wird ausgezeichnete junge Männer hierherschicken; (80) hierhin wird der Anwohner des Rheins eilig seinen Weg nehmen. Nach dem Durchmessen der Baltischen See[338] werden Cimbern hierherkommen und blonde Sachsen, die das Wasser der Elbe trinken. Schließlich werden die Säle die Zusammenkünfte der Studenten kaum fassen, so gewaltig wird die Zahl der zu meinem Haus Drängenden sein. (85) Verschiedene Disziplinen und Sprachen wird die Jugend hier in sich aufnehmen, die meinen göttlichen Geist gebührend anbeten und verehren wird. Oder sie wird lernen, mit ihrer Sangeskunst den berühmten Dichtern gleichzukommen, die einst Latium und Griechenland hervorgebracht hat, oder Schuldige mit den schweren Strafen der Gesetze in Schranken zu halten (90) und sorgenvollen Angeklagten die Waffen des bürgerlichen Rechts zu bringen oder gefährliche Krankheiten mit Arzneien zu vertreiben oder die umherschweifenden Zeichen des sternentragenden Himmels zu erkennen[339]. Diese Hohe Schule

---

336 In der griechischen Landschaft Phokis liegen der Berg Parnass, der in römischer Poesie als Sitz der Musen und Apollons galt, und die Orakelstätte Delphi, zu der ein berühmter Apollontempel gehörte.

337 *Pannonia* heißt das Land zwischen Ostalpen, Donau und Save.

338 D. h. der Ostsee.

339 In der Reihe der umschriebenen Fakultätsnamen in V. 85–92 fehlt ein ausdrücklicher Hinweis auf die theologische Fakultät, sie ist aber in V. 93 (*omnibus ... studijs*) mitgemeint (s. oben). Zwar hatten die Humanisten keine Scheu, bei der Behandlung biblischer Szenen Mythologie der paganen Antike zu evozieren (s. dazu vor allem Ludwig [1997 / 1], Ludwig [1997 /

wird mit allen Wissenschaften so blühen, wie einst die durch meine Wissenschaften geförderte Stadt des Kekrops[340] geblüht hat". (95) Solches sprach der Sohn der Latona[341] mit weissagendem Munde, das mit unbezweifelbarer Gewissheit in Erfüllung gehen wird. Es strömt nämlich von ferne aus fremden Gegenden eine riesige Schar hier zusammen, die den gelehrten Göttinnen folgt. Doch Heil deinen Tugenden, bester Fürst, (100) der du den Musen ermöglichst, in süßem Frieden ihrer Tätigkeit nachzugehen, und die Wissenschaften förderst, durch welche die Sitten weicher zu werden und fühllose Herzen ihre Härte abzulegen pflegen. So machst du dich, Joachim, weil du die Würde der Musen wiederherstellst, um die gesamte Nachwelt besser verdient, (105) als wenn du, ein zweiter Herkules[342], von den Gärten der Hesperiden goldene Äpfel in deine Heimat brächtest. Daher werden alle deinen Namen mit hochgreifendem Lob rühmen und im unermesslichen Erdkreis erschallen lassen. Von allen Gebildeten wirst du gefeiert werden, wie einst der etruskische Ritter (110) Maecenas, der von Königen abstammte[343]. Führe dein Leben, Joachim, als Stütze der neun Schwestern, auf dass unsere Universität lange blühe! Lebe wohl!

2] 336; Ludwig [2004]; Rädle [2018] 565f), aber hätte Sabinus seine Prophezeiung hier auch unmittelbar auf die theologische Fakultät bezogen, könnte der Eindruck entstehen, als wolle die der paganen Welt der Antike entstammende Gottheit sich über den Gott der Christen stellen.

340 Die Junktur *Cecropis urbs* ist Antonomasie für Athen; dem Mythos gilt Kekrops, in seiner Gestalt halb Mensch, halb Schlange, als der erste König Attikas und als Gründer Athens.

341 *Latonius* ist Antonomasie für Apollon, den Sohn der Lato/Latona, der Tochter des Titanen Coeus und der Phoebe.

342 *Tirynthius*: Als Tirynthier wird Hercules bezeichnet, weil er im Auftrag des Eurystheus, des Königs der Stadt Tiryns (in der Argolis), zwölf schwere Arbeiten vollbringen musste; s. Statius, *Thebais* 4, 146–165.

343 Vgl. Horaz *c.* 1, 1, 1: *Maecenas atauis edite regibus* („Maecenas, der du von königlichen Ahnen abstammst") und *sat.* 1, 6, 1f: ... *Maecenas, Lydorum quidquid Etruscos / incoluit fines, nemo generosior est te* („ ... Maecenas, von allen Lydern, die je das etruskische Gebiet bewohnt haben, ist niemand edlerer Abstammung als du").

[Carmen 2][344] Georg Sabinus (Georgius Sabinus)

Zu den *Philippischen Reden* Ciceros und zu Ovids Büchern der *Metamorphosen*

5 elegische Distichen

1–6: Sabinus kündigt eine zweiteilige Vorlesung an[345]: Zunächst will er die *Philippischen Reden* behandeln, die Cicero (106–43 v. Chr.) zwischen dem 2. 9. 44 und dem 21. 4. 43 v. Chr. gehalten hat. Ganz im Sinne Ciceros führt der Dichter Marcus Antonius (82–30 v. Chr.), einen der beiden Consuln des Jahres 43 v. Chr., als Gegner der Optimaten, der Senatspartei, vor; die Reden[346] kennzeichnet er als *culta,* „in gewähltem Stil geschrieben“[347].

7–8: Der zweite Teil der Vorlesung soll Ovids *Metamorphosen*[348]

344 Das Gedicht ist wieder abgedruckt in Sabinus‘ *Epigrammatum & Hendecasyllabarum libri II* in den späteren Ausgaben der Sammlung seiner *Poemata* (von 1544 an); es ist nicht erst in Sabinus‘ Königsberger Zeit (1544–1555) entstanden, wie Lothar Mundt (2019) XIII meint.

345 Eine solche zwei verschiedenen Themen gewidmete Vorlesung kündigt auch Theobald Thamer mit *c.* 8 an (s. unten).

346 Es handelt sich um vierzehn Reden; die 4. und 6. hielt Cicero vor der Volksversammlung, die übrigen mit Ausnahme der zweiten, einer Art Flugschrift, vor dem Senat. Die Bezeichnung nimmt auf die Reden Bezug, mit denen Demosthenes (384–322 v. Chr.) zwischen 351 und 341 v. Chr. seine Mitbürger dazu aufrief, sich gegen die Bedrohung ihrer Freiheit durch den makedonischen König Philipp II. (reg. 359–336 v. Chr.) zu wehren; zu Einzelheiten s. vor allem Stroh (1982) und Stroh (1983); zum politischen Gehalt der Reden s. Walter (^{2}2021).

347 Der Terminus bezeichnet den „Schmuck“ (*ornatus*) der Rede: Dieser „bezweckt die Schönheit der sprachlichen Äußerung“; „der Schönheits-Anspruch ... bezieht sich sowohl auf die Gedanken (*res*) als auch auf die sprachliche Formulierung (*verba*)“: Lausberg (1963) 61f.

348 Das rund 12 000 katalektische daktylische Hexameter umfassende Werk, in dem Ovid (43 v. Chr. – ca. 18 n. Chr.) etwa 250 Verwandlungssagen erzählt, ist um Christi Geburt entstanden und war 8 n. Chr., als Ovid nach Tomis relegiert wurde, im Wesentlichen fertiggestellt; s. Döpp (1992) 117–

gelten; dieses Werk charakterisiert Sabinus als *dulce*, „in sanfterem Schmuck geschrieben“[349].
9f: Schließlich nennt Sabinus den Zeitpunkt, an dem die Vorlesung beginnen werde.

An Ciceros *Philippischen Reden* und an Ovids epischer Dichtung hebt Sabinus, jeweils mit einem einzigen Wort, eine ästhetische, den Redeschmuck (*ornatus*) betreffende Qualität hervor.

Übersetzung:

Über die gewählt formulierten Schriften Ciceros werde ich, Sabinus, für die Jugend lesen, sobald die Winterzeit zu Ende geht[350], Schriften, durch die der kampflustige Antonius aus der Hauptstadt vertrieben wird, während er selbst sich anschickt, die Ermordung Caesars[351] zu rächen; (5) einen verderbenbringenden Kampf gegen den Senat anzettelnd, verstrickte {Antonius} die führenden Männer Roms in einen Bürgerkrieg. Auch über die anziehenden Gedichte des Pälignischen Dichters[352] werde ich lesen, und zwar über die in neue Formen verwandelten Gestalten[353]. Diese Werke wer-

---

154 und Holzberg (2007), der unter anderem eine instruktive Analyse des 15 Bücher umfassenden Werks bietet.

349 „Der >sanftere Schmuck< will ein anstrengungsloses Erlebnis des Schönen vermitteln .... Er wird als *gratia* ... oder *suavitas* (*iucunditas, dulcitudo, dulcedo* ...) bezeichnet“ (Lausberg [1963] 62).

350 Das Verb *redire* ist hier vielleicht nicht in der Bedeutung „zurückkehren“ gebraucht, sondern im Sinne von „to be brought down or reduced“; s. Oxford Latin Dictionary (1968) 1590, s. v. *redeo* Nr. 14. Wenn diese Bedeutung gemeint ist, geht es vielleicht um die Fortsetzung einer im Wintersemester 1540/1541 begonnenen Vorlesung in privatem Rahmen.

351 15. 3. 44 v. Chr.

352 *Pelignus ... vates* ist Antonomasie (Ethnicum) für Ovid, dessen Geburtsort Sulmo (Ovid *trist.* 4, 10, 3), das heutige Sulmona, im Land der Päligner liegt; s. auch unten *c.* 3, 7 und *c.* 18, 2.

353 Die *Metamorphoses*; Sabinus‘ Formulierung *inque nouas formas corpora versa* nimmt den Anfang von Ovids Gedicht auf: *In noua fert animus muta-*

de ich nunmehr zwei Tage vor den künftigen Kalenden (10) unter günstigen Vorzeichen beginnen genau zu erklären.

[Carmen 3][354] Georg Sabinus (Georgius Sabinus)

Georg Sabinus zu den *Heroides* Ovids

36 phaläkeische Elfsilbler (Hendecasyllabi)

1–10: Wer unter den Studenten den Dichter Ovid schätze, möge die Vorlesung über die *Heroides* hören, Briefe, welche er Heroinen des Mythos „in geschmackvollen Versen“[355] schreiben lasse.
11–25: Aus der Beschäftigung mit den *Heroides* werde der Hörer für die Ausbildung seines rednerischen Stils (*elocutio*[356]) reichen Nutzen ziehen, beispielsweise aus *her.* 1, dem Brief der Penelope an Odysseus/Ulixes.
26–31: Aber auch für seine Lebensführung werde der Student Gewinn haben: wenn er nämlich aus Ovids Gedichtbuch lerne, wie gefährlich allzu leidenschaftliche Liebe sein könne.
32–36: Daher ermuntert Sabinus die Studenten, seine am frühen Morgen stattfindende Vorlesung zu besuchen.

---

tas dicere formas / corpora (*met.* 1, 1–2a).

354 Das Gedicht ist wieder abgedruckt in Sabinus‘ *Epigrammatum & Hendecasyllabarum libri II* seiner Sammlung *Poemata* (1544 u. ö.). Lothar Mundt (2019) XIII meint, das Gedicht gehöre „eindeutig in die Zeit vor oder nach dem Wirken des Sabinus in Königsberg, also nach Frankfurt an der Oder“ – die Alternative „nach dem Wirken … in Königsberg“ besteht allerdings nicht.

355 *Elegante versu* (s. auch V. 13): zu der als *elegantia* bezeichneten Qualität des Redeschmucks (*ornatus*) s. Quintilian *inst. orat.* 6, 3, 20 und Lausberg (1963) 62.

356 Der Begriff erscheint in V. 26.

Übersetzung:

Der du – wer immer du seist – das vornehme Gymnasium der Pallas (Athene)[357] besuchst, den gelehrten Künsten dich widmend, hier wo in Richtung auf Callisto[358] fließend, die Oder ihren Weg durch das Gebiet der Mark {Brandenburg} nimmt, – (5) wenn dir die Muse des heiligen Dichters[359] zusagt, den als Sohn einer Nymphe hervorgebracht und aufgezogen zu haben sich Sulmo im Land der Päligner rühmt[360] – dann sei zur Stelle, um über die Briefe zu hören, welche der Dichter von Heroinen alter Zeit (10) in geschmackvollen Versen geschrieben sein lässt. Aus diesen wirst du dir beträchtliche Vorzüge der Literatur aneignen und reichen Nutzen gewinnen. Glanz der Worte, eleganter Schmuck und eine bewundernswerte Anmut ist diesen Briefen eigen. (15) Es strömt alles aus einer sprudelnden Ader und ergießt sich gerade wie ein breiter

---

357 *Lycaeum* (*Lyceum*, *Lycium*) bezeichnet ursprünglich ein dem Apollon Lykeios heiliges Gymnasium in Athen, in dem Aristoteles lehrte (Cicero, *De oratore* 1, 98; *Academica* 1, 17; Livius 31, 24, 18; Gellius 20, 5, 4); Cicero übertrug den Namen auf das mit einer Bibliothek ausgestattete obere Gymnasium in seinem Tusculanum (Cicero, *De diuinatione* 1, 8; 2, 8). An solche Übertragung knüpft Sabinus an, wenn er die Viadrina hier *Palladis Lycaeum* nennt.

358 *Maenalus* heißt ein Berg in Arkadien; das Adjektiv *Maenalius* steht in der antiken Poesie für „arkadisch". Die Junktur *Maenalia arctos* („arkadische Bärin"), die bereits bei Ovid (*fast.* 2,192) begegnet, bezeichnet das Sternbild der Bärin im Norden; es geht um Callisto, die Tochter des arkadischen Königs Lycaon, die von Juno in eine Bärin verwandelt und von Jupiter als Gestirn Ursa maior an den Himmel versetzt wurde (Ovid *fast.* 2,156f).

359 Sabinus übernimmt hier Ovids Selbstcharakterisierung: Ovid hatte sich *am.* 3,9,17 zu denen gerechnet, die *sacri vates* genannt werden; s. dazu oben Anmerkung 326.

360 Hier spielt Sabinus auf Ovid *trist.* 4,10 an, seine elegische Autobiographie (s. Döpp [1992] 13–23); deren dritter Vers lautet: *Sulmo mihi patria est, gelidis uberrimus undis* („Sulmo ist mein Heimatort, überaus reich an kalten Wassern"); im Blick auf diese Charakterisierung Sulmonas erhebt Sabinus den Dichter zu einem *Nympha genitus*: dem „Sohn einer Nymphe", d. h. einer Quellgottheit.

Fluss. Auch rufen sie keinen Überdruss hervor, keinen Widerwillen, berühren den Leser auf wunderbare Art und Weise. Welcher Lehrer der Redekunst könnte Empfindungen des Gemüts (20) auf gewinnendere und passendere Weise erregen als zum Beispiel die schamhafte Ehefrau des Königs von Ithaka[361], die vor Liebe zum Gatten brennt, während sie in tränenreichen Klagen[362] erzählt, sie werde von heftiger Furcht gequält und betrüge die lange dauernden Nächte (25) mit dem herabhängenden Gewebe?[363] Aber nicht

361 Sabinus hebt die erste Heroide der Sammlung hervor, den Brief der Penelope an ihren auch viele Jahre nach Ende des Trojanischen Krieges noch nicht heimgekehrten Gemahl Odysseus (*Penelope Ulixi*).

362 Vgl. Ovid *her.* 1,8: *quererer.*

363 Vgl. Ovid *her.* 1,9f: *nec mihi quaerenti spatiosam fallere noctem / lassaret viduas pendula tela manus* („und nicht würde mir bei dem Versuch, die lang dauernde Nacht zu betrügen, das herabhängende Gewebe die einsamen Hände ermüden"). Ovids Verse sind angeregt durch Homer, der *Od.* 2,89–110; 19,138–156; 24,129–149 Penelopes nächtliches Auftrennen ihrer Webarbeit als List darstellt, welche die zudringlichen Freier täuschen soll. In diesem Sinn evoziert Ovid die Homerische Schilderung etwa *am.* 3,9,30 (*tarda ... nocturno tela retexta dolo*: „die verzögerte Webarbeit, in nächtlicher List wieder aufgelöst"). In Penelopes Worten *her.* 1,9f – und ganz entsprechend bei Sabinus – liegt der Akzent dagegen nicht auf der Überlistung der Freier, sondern auf etwas anderem: auf der Sehnsucht der Einsamen nach dem heiß geliebten Gatten und auf der liebenden Sorge um ihn. Moderne Interpreten Ovids ignorieren m. E. den Kontext, wenn sie im Blick auf *her.* 1,9f von „Zeitvertreib" sprechen: „Penelope's weaving is still a trick, but one used only to while away the time" (Knox [1995] 91]; „Ihre nächtliche Handarbeit ist nicht mehr als das, was sie sagt: kein Trick, sondern ein Zeitvertreib" (Stroh [2007] 199). Wenn Sabinus die rednerische Kunst der Ovidischen Penelope mittels einer rhetorischen Frage (*Ecquis blandius, aptiusque, possit / Affectus animi mouere Rhetor?*, 19f) rühmt, trifft dies die Art und Weise, wie sich Ovids Heroine durch ihren Brief selbst charakterisiert, eher als die Behauptung, sie sei „gewiss nicht dumm, aber redlich und naiv" (Stroh [2007] 199; s. noch 203: „völlig naiv"; 204: „Naivität") und verliere zuweilen den Faden (Stroh [2007] 197; 199f). – Eine ertragreiche Interpretation von *her.* 1 in kulturwissenschaftlicher Perspektive bietet Ulrike Egelhaaf-Gaiser (2011).

nur für den rednerischen Stil, sondern auch zum Nutzen für die Lebensführung tragen die Briefe bei. Denn man liest darin von wechselvollen Ereignissen des Lebens und denkwürdigen Zufällen, die uns bilden und lehren, durch welch große Leidenschaften verblendete Liebende erregt werden. Deswegen ermuntere ich dich, {über} diese Briefe des Dichters aus Sulmo {meine Vorlesung} anzuhören, die ich, wenn die fahle Mutter Memnons[364] den Tag mit ihrem purpurroten Viergespann zurückbringen wird, unter Förderung der Musen beginnen werde.

[Carmen 4][365] Georg Sabinus (Georgius Sabinus)

Georg Sabinus zu Ciceros *Orator*

24 phaläkeische Elfsilbler (Hendecasyllabi)

1–7: Sabinus kündigt eine Vorlesung über die rhetorische Schrift *Orator* (46 v. Chr.) an, in der Cicero sein Ideal des Redners entwickele.
8–12: Des Weiteren lehre Cicero in seinem Buch jenen Prosarhythmus, welchen er selbst in seinen Reden mit großem Erfolg angewandt habe.
13–20: In der Gegenwart werde die Beschäftigung mit Ciceros Schrift für jeden nach politischem Einfluss und Ruhm strebenden Redner von Nutzen sein, aber auch das literarische Urteil eines jeden Gebildeten schärfen.

364 Eos/Aurora, die Göttin der Morgenröte.

365 Das Gedicht ist wieder abgedruckt in Sabinus' *Epigrammatum & Hendecasyllabarum libri II* seiner Sammlung *Poemata* (1544 u. ö.); ähnlich wie im Fall von *c.* 2 trifft die Ansicht, das Carmen gehöre erst Sabinus' Königsberger Zeit an (Mundt [2019] XIII), nicht zu. Wohl aber veröffentlichte Sabinus 1546 in Königsberg die heute offenbar verschollene Schrift *M. T. Ciceronis ad Brutum orator. G. Sabini praefatio de argumento hujus libri et utilitate.* Anno 1546 mense Maio (In Academia Regiimontis excudebat Ioannes Weinreich); s. Töppen (1844) 5 und Mundt (2019) XIII.

21–24: Die Studenten ermuntert Sabinus, seine Vorlesung zu hören, werde man ohne Kenntnis des *Orator* doch zeitlebens ein Stammelnder bleiben.

Übersetzung:

Wenn Phoebus[366], von Schneeschauern und Wolken triefend, in das Haus[367] des greisen Sohns der Philyra[368] eintreten wird, werde ich beginnen, über Ciceros für alle Gebildeten nützliches Buch zu lesen[369], (5) mit dem der Verfasser die feine Art der geschmackvollen Rede und die beste Form[370] lehrt, wie sie das von Kekrops[371] gegründete Athen billigt. Auch lehrt er die Rhythmik des Isokrates[372],

366 D. h. die Sonne.

367 *Tectum* ist hier astronomischer Terminus für „Haus“; s. dazu Heilen (2015) 736–740.

368 Der *Phillyrius senex* (Matronymikon) ist der Kentaur Chiron, ein Sohn der Nymphe Philyra, die in eine Linde (griech. *philyra*) verwandelt wurde; hier ist das Gestirn *Centaurus* gemeint; dies wiederum wird oft mit *Sagittarius*, dem zodiakalen Schützen, identifiziert (Hinweis von Stephan Heilen); zur Gleichsetzung von *Chiron – sidus Centauri – sidus Sagittarii* s. den Chiron-Artikel von Friedrich Reisch in: Thesaurus Linguae Latinae, Onomasticon, vol. 2 (1910) 399f.

369 Die astronomische Umschreibung des Datums zielt auf den 12. November 1541 (Auskunft von Stephan Heilen). Sabinus weist hier wohl auf den zweiten Teil einer Vorlesung im Wintersemester 1541/1542 hin (um die Zweiteilung einer Vorlesung geht es auch in *Carmen* 2 und 8).

370 Vgl. Cic. *Orator* 1,1: Es gelte zu beurteilen, *quae sit optima species et quasi figura dicendi* („was die beste Gestalt und gewissermaßen das Urbild des Redens sei“), d. h. das Ideal des Redners zu konzipieren; s. dazu Gawlick / Görler (1994) 1037: „Der vollkommene Redner ist ein Ideal im Sinne Platons und daher in der Erfahrung nicht gegeben (7–10), jedenfalls solange philosophische und rhetorische Bildung nebeneinander herlaufen (17)“; sein Ideal bestimme Cicero – wie in *De oratore* (entstanden 55 v. Chr.) – „durch handwerkliches Wissen (43–60. 121–133) und umfassende Bildung (113–120)“.

371 Kekrops erscheint im antiken Mythos als der erste König Attikas, s. Anmerkung 340.

372 Der attische Redner Isokrates (436–338 v. Chr.) gilt als Begründer der Leh-

welche er selbst benutzt hat, als er die römischen Bürger (10) mit gewinnenden Worten umzustimmen pflegte – Cicero, der beste Lehrer des Redens, Cicero, der Ruhm der lateinischen Sprache. Dieses Buch wird von großem Nutzen sein nicht nur denen, die mit kraftvoller Sprache (15) unter den Beredten unserer Zeit einen berühmten Namen zu erhalten begehren, auf dass sie daraus klare Worte zu sprechen lernen, sondern auch den übrigen Gebildeten, auf dass sie über alle zu lesenden Schriftsteller (20) ein scharfsinniges und treffendes Urteil gewinnen. Daher, der gelehrten Pallas ergebene Jugend, ermuntere ich dich, {meine Vorlesung über} dieses Buch zu hören; wer es nicht kennengelernt hat, wird ein lallendes Kind bleiben[373] und frei von jeglicher Bildung.

Ohne die seit der Cicerozeit eingetretenen gewaltigen Veränderungen des Sozialen, Kulturellen und Politischen in den Blick zu nehmen, spricht Sabinus dem *Orator* eine unmittelbare, anhaltende Bedeutung für das Bildungswesen der eigenen Zeit zu. Im Kern verwandte Auffassungen finden sich auch in anderen Gedichten der Werbeschrift, in *c.* 7 (Jodocus Willich) und *c.* 13 (Matthäus Host).

[Carmen 5] Alexander Alesius

Alexander Alesius, Professor der heiligen Theologie, zum Brief des göttlichen Paulus an die Römer

---

re der periodisierten und rhythmisierten Rede; an ihn anknüpfend, entwickelt Cicero in *Orator* 168–236 ein umfassendes Konzept des Prosarhythmus; es ist dies geradezu „der Entwurf zu einer Sprachästhetik" (Gawlick / Görler [1994] 1037).

373 Sabinus' Formulierung lehnt sich an Ciceros Bemerkung an, ohne Kenntnis der Geschichte werde man allezeit ein Kind bleiben (*semper esse puerum*: Cic. *Orator* 120).

Mit dem Römerbrief des Paulus hat sich Alexander Alesius mehrfach in Vorlesungen und in einer ganzen Reihe von Disputationen befasst – er betrachtete den Brief, wie aus seiner anlässlich einer Psalmen-Vorlesung 1541 veröffentlichten *Intimatio lectionis theologicae* hervorgeht, geradezu als theologischen Schlüsseltext nicht nur für Paulus' Zeit, sondern ebenso für die Gegenwart: *Cum ... epistola ad Romanos absolutam totius scripturae methodum et grauissimarum controuersiarum, quae hoc tempore in ecclesia agitantur, explicationem contineat, debet ipsa per se utilitas, quae vere maxima est, inuitare studiosos, ut hanc lectionem libenter audiant*[374] („Da der Brief an die Römer das vollkommene Verfahren zur Deutung der gesamten Bibel und die Erklärung der ungemein heftigen Auseinandersetzungen, die gegenwärtig in der Kirche geführt werden, enthält, müsste eben der Nutzen, welcher wahrhaft der größte ist, die Studenten dazu einladen, diese Vorlesung [scil. über die Psalmen] gerne zu hören"). Eine solche Einschätzung der Relevanz des Paulinischen Römerbriefs ähnelt derjenigen, die Martin Luther am Schluss seiner *Vorrede auff die Epistel Pauli an die Römer* (zuerst 1522) geäußert hat[375]: „Also finden wir in dieser Epistel aufs allerreichlichste, was ein Christen wissen sol, nemlich, was Gesetz, Euangelium, Sünde, Straffe, Gnade, Glaube, Gerechtigkeit, Christus, Gott, gute Werck, Liebe, Hoffnung, Creutz sey".

6 elegische Distichen

1–4: Alesius kündigt eine Vorlesung über Paulus' Römerbrief[376] an.
5–10: Drei Kernaussagen des Briefs hebt Alesius mit jeweils einem elegischen Distichon heraus: Das Gesetz flöße „uns", den Menschen {die wir vor Gott Sünder, Ungerechte seien}, Furcht vor ei-

374 Alexander Alesius: *Intimatio lectionis theologicae*, wiedergegeben im Anhang zu *De autore et utilitate psalmorum Oratio*. Autore Alexandro Alesio (An. 1541 Mense Nouem. Francofordiae ad Oderam. In officina Ioannis Hanaw Mense vt sup. Excusum); s. Höhle (2002) 500f.

375 Zitiert wird nach der Weimarer Ausgabe (1931) 27.

376 Entstanden ist der Brief wohl zu Anfang des Jahres 57 n. Chr. in Korinth.

nem ewigen Tode ein; Christus {der durch seinen Kreuzestod die der Sünde verfallenen Menschen entsühne} befreie die Menschen von jener Furcht, indem er ihnen ewiges Heil verkünde; allein der Glaube {an Christus} mache die Menschen {vor Gott} gerecht.
11–12: Zum Schluss empfiehlt Alesius den Studenten Paulus' Brief als die gelehrteste der heiligen Schriften zur Lektüre.

Übersetzung:

Über die unter der Einwirkung Gottes entstandene Schrift, die der Apostel Paulus an die Hauptstadt Italiens geschickt hat, werde ich lesen, eine Schrift, in welcher er die römischen Bürger, die Herren der Welt, die sich die wahre Religion angelegen sein ließen, darüber belehrt, (5) wie das Gesetz[377] die von Furcht verstörten Gemüter schrecke und diese uns mit der Strafe ewigen Todes umtreibe[378], wie dagegen Christus die aufs heftigste erschütterten Herzen aufrichte und uns von der Furcht vor einem ewig währenden Tode befreie, wie er die Freuden eines himmlischen Lebens ohne Verdienst[379] gewähre, (10) weil uns allein der Glaube gerecht werden lasse[380]. Es sei dir,

377 Gemeint ist wohl das Ganze der im Pentateuch gesammelten Weisungen Gottes.

378 S. etwa *Röm* 1,32.

379 Mit *gratuito* („ohne Entgelt", ohne eigenes Verdienst) nimmt Alesius die Paulinische Junktur χωρὶς ἔργων νόμου, *sine operibus legis* (Einheitsübersetzung: „unabhängig von Werken des Gesetzes") aus Röm 3,28 (s. die folgende Anmerkung) auf.

380 Die Formulierung *sola ... fide* beruht auf Martin Luthers Verständnis von *Röm* 3,28: 1522 hatte Luther in seiner Übersetzung des Neuen Testaments in V. 28 (λογιζόμεθα γὰρ δικαιοῦσθαι πίστει ἄνθρωπον χωρὶς ἔργων νόμου, *arbitramur enim iustificari hominem per fidem sine operibus legis* [Einheitsübersetzung: „Denn wir sind der Überzeugung, daß der Mensch gerecht wird durch Glauben, unabhängig von Werken des Gesetzes"] bei der Wiedergabe von δικαιοῦσθαι πίστει ein „allein" eingefügt: „Wir halten dafür, dass der Mensch gerecht werde ohne des Gesetzes Werke *allein* durch den Glauben". Dazu schreibt er in seinem *Sendbrief vom Dolmetschen* (zuerst 1530, hier zitiert nach der Weimarer Ausgabe [1909] 636f):

Leser, dieser Brief des Paulus empfohlen; unter den heiligen Schriften gibt es kein gelehrteres Werk.

[*Carmen 6*] Caspar Widderstadt (Caspar VViderstadius)

Caspar Widderstadt zu den *Pandekten* Justinians[381]

18 sapphische Strophen

In Widderstadts Gedicht spielen die Musen und der Musagetes eine ähnlich prominente Rolle wie in Sabinus' *c.* 1: Was sie (zusammen mit Pallas Athene / Minerva) lehren, sind nicht allein die Disziplinen der Artistenfakultät, sondern auch die Fächer der anderen, höheren Fakultäten; dies erhellt aus der Strophe V. 13–16 (mit dem Wunsch des Sprechers, die Viadrina möge der vormals in Athen gegründeten Universität gleichkommen) und aus dem Abschnitt V. 41–70, der für die Behauptung, die Musen lehrten an der Viadrina „alles, was zu lernen rühmlich ist" (*quidquid didicisse pulchrum*, V. 41–44) neben Bei-

---

„Also habe ich hie Roma.3. fast wol gewist, das ym Lateinischen und krigischen text das wort ‚solum' nicht stehet, und hetten mich solchs die papisten nicht dürffen leren. War ists. Dise vier buchstaben s o l a stehen nicht drinnen, welche buchstaben die Eselsköpff ansehen, wie die kue ein new thor, Sehen aber nicht, das gleichwol die meinung des text ynn sich hat, und wo mans wil klar und gewaltiglich [F. Herrmann / O. Brenner: gewaltiglich = kräftig, d. i. deutlich] verteutschen, so gehoret es hinein, denn ich habe deutsch, nicht lateinisch noch kriegisch reden wollen, da ich teutsch zu reden ym dolmetzschen furgenomen hatte. Das ist aber die art unser deutschen sprache, wenn sie ein rede begibt, von zweyen dingen, der man eins bekennet, und das ander verneinet, so braucht man des worts ‚solum' (allein) neben dem wort ‚nicht' oder ‚kein'"; s. auch Luthers *Vorrede auff die Epistel S. Pauli an die Römer* (zuerst 1522).

381 Die *Pandectae* (oder *Digesta*) sind zusammen mit den *Novellae*, den *Institutiones* und dem *Codex Iustinianus* Bestandteil des von Kaiser Justinian I. (reg. 527–565) initiierten Gesetzeswerks, das später den Namen *Corpus Iuris Civilis* erhielt.

spielen aus der artistischen Fakultät auch solche aus der juristischen und der medizinischen anführt und mit der Schlussfolgerung endet: *Ergo nunc postquam Camœnę / Hic bonas omnes profitentur artes* ... Es handelt sich also hinsichtlich der Funktion der Musen um dieselbe umfassende Konzeption, die auch bei Sabinus erscheint. Auch dass die Darstellung der Musen eng mit einem Lob der Stadt Frankfurt verknüpft wird (V. 21–40), findet sich bei Sabinus.

1–8: Wiewohl er, so beginnt Widderstadt, um der Beschäftigung mit der Rechtswissenschaft willen das früher geübte Dichten aufgegeben habe, wolle er jetzt seine Freude über die Rückkehr der Musen nach Frankfurt in einem schlichten Poem ausdrücken.
9–16: Zunächst formuliert Widderstadt in einer Apostrophe an Apollon und die Musen den Wunsch, dass die Viadrina die gleiche Anziehungskraft wie die Universität in Athen erlangen werde[382].
17–40: Es folgt ein Lobpreis der Stadt Frankfurt (vor allem im Blick auf Lage, Weinbau, Fischreichtum der Oder und Handelsverkehr)[383].
41–64: In einer Apostrophe an die studentische Jugend betont Widderstadt, dass sie sich an der Viadrina in allen Wissenschaften ausbilden lassen könne; dabei hebt er heraus poetisches Schaffen, Philosophie, Astronomie, Medizin und Jura.
65–68: In seiner juristischen Lehrveranstaltung will Widderstadt *Pandekten* Teil 3, B. 12, Titel 1 erläutern: *De rebus creditis, si certum petetur* (W. schreibt: *petatur*) *et de condictione*: „Von anvertrauten Sachen, falls etwas Bestimmtes gefordert wird, und von der Rückforderung".
69–72: Zum Schluss fordert Widderstadt die akademische Jugend zum Studium an der Viadrina auf.

---

382 Was hier als Wunsch des Sprechenden formuliert ist (*opto*), wird nach Apollons Prophezeiung bei Georg Sabinus eintreten (*c.* 1,93f).

383 In seinem noch breiter entfalteten Lobpreis Frankfurts und seiner Umgebung (*c.* 1,19–64) rühmt Georg Sabinus den Fischreichtum der Oder in V. 39 und den regen Handel in V. 49f.

Übersetzung:

Obwohl ich, der Beschäftigung mit Bartolus[384] nachgehend, das Lager der Musen ganz und gar verlassen habe, in dem ich einst als edelmütiger Soldat meinen Sold verdiente[385],

habe ich gleichwohl in spielerischer Manier dieses schmucklose Gedicht geschaffen, um zu ihrer Rückkehr den Musen Glück zu wünschen, die der Markgraf hierher zurückgerufen hat, der Gebieter über diese Stadt[386].

Apollon, der du mit dem Lorbeer Daphnes[387] bekränzt bist, und ihr, anmutige Schwestern im Dienste Apollons[388], die ihr nun die gastfreundlichen Lande der schäumenden Oder bewohnt,

---

384 Bartolus de Saxoferrato / Bartolo da Sassoferrato (1313/1314 Venatura – 1357 Perugia), ein hoch angesehener Rechtslehrer, der unter anderem einen Kommentar zu den *Digesten* verfasst hat, welcher zahlreiche Auflagen erlebte, zum Beispiel 1536 und 1540; zu seinem Leben und Wirken s. Calasso (1964) und Bellomo (1996).

385 Zu der Vorstellung, dass er als Dichtender „Soldat im Lager der Musen" gewesen sei, ist Widderstadt wohl durch den Anfang von Ovid *am.* 1,9 angeregt worden: *Militat omnis amans, habet sua castra Cupido*. Erhalten hat sich von Widderstadts früher Poesie meines Wissens nichts.

386 Die Vorstellung ‚Rückkehr der geflohenen Musen nach Frankfurt' (s. noch V. 13 und 69f) begegnet auch *c.* 1,1–16; *c.* 10,9–12; 53; *c.* 12,1–4; *c.* 18,11.

387 Daphne war eine schöne Nymphe, in die sich Apollon leidenschaftlich verliebte. Doch Daphne erwiderte sein Begehren nicht, ergriff vielmehr vor ihm die Flucht und wurde, als Apollon ihr nachsetzte, auf ihre Bitte von ihrem Vater, dem Flussgott Peneios, in einen Lorbeerbaum (griechisch: *daphne*) verwandelt (s. Ovid *met.* 1,452–567). Dementsprechend spielte im Apollon- Kult der Lorbeerzweig eine besondere Rolle.

388 *Clarii sorores*, „Schwestern von Klaros", werden die Musen genannt, weil die ionische Stadt Klaros (nahe Kolophon) einen Tempel und ein Orakel Apollons beherbergt, der als Gottheit der Künste und Wissenschaften ihre Schar führt (Musagetes).

ich wünsche, dass eure Rückkehr glücklich sei und dass, da sich ein großer Kreis von Gebildeten hier einfindet, eure Hohe Schule dem gelehrten Athen gleichkomme.

Es konnte keine Universität gewählt werden, die für die Wissenschaften der goldhaarigen Minerva[389] geeigneter wäre, als diejenige, die, euch geweiht, jüngst in diesen Gefilden zustande kam.

Denn die Lage des Ortes ist wunderbar lieblich, von hier dehnen sich Wälder und grüne Täler aus, und mit sanfter Strömung dahingleitend durchquert die Oder die Fluren.

Es erheben sich dort an den klaren Wogen sanft ansteigende, von der Sonne beschienene Hügel, auf denen der Rebstock von üppigen Trauben und Beeren strotzt.

Nicht fehlt es den Gelehrten an köstlichen Lebensmitteln; es bietet die Oder stumme Fische dar. Wildbret schafft aus der Ferne der Pole in Lastkarren hierher.

Auch trinken wir das liebliche Nass des Bacchus, welches nicht allein in dieser Gegend entstanden ist, sondern welches auch von den spanischen Küsten ein ausländisches Schiff hergefahren hat

und welches das vom minoischen Königtum beherrschte Land der Kreterin[390] sowie die von Weinstöcken beschattete Donau, die mit ihrer kurvenreichen Strömung die grausamen Türken angreift[391],

---

389 Das Epitheton *flaua* für Minerva findet sich u. a. bereits Ov. *am.* 1,1,7 und 8; *met.* 2,749; 8,275 und Stat. *Theb.* 3,507 (s. McKeown 2 [1989] 17).

390 Mit *Gnosia* ist Ariadne gemeint, die Tochter des Minos, des sagenhaften Königs von Kreta, der in Knossos residierte, vgl. Properz 1,3,2.

391 Eine Bedrohung durch die Türken spielte in der Literatur des 16. Jahrhunderts eine bedeutende Rolle; s. etwa Özyurt (1972) und Göllner (1978). Der osmanische Sultan Syleyman / Suleiman II. (1494/1495/1496 – 1566, Sultan 1520–1566) unternahm immer wieder Feldzüge gegen Ungarn; 1526

(40) hervorgebracht haben.

Wohlan, auf die Wissenschaften bedachte Jugend, komm hierher: Was immer zu lernen rühmlich ist, das wird dich hier die heilige Schar der neun Schwestern lehren.

(45) Ob es dir nun zusagt, zarte Verse zu dichten und das Plektrum[392] der Orphischen Leier zu berühren – du wirst lernen, mit wohltönenden Saiten ein geschmackvolles Lied spielerisch zu dichten.

Oder wenn du begierig die verborgenen Ursachen (50) der Dinge mit hochstrebendem Geist erfassen willst – die aus dem heiligen Haupt Jupiters entsprungene Pallas (Athene) wird es dich hier lehren.

---

siegte er in der Schlacht bei Mohács, im September 1529 drang er gar bis Wien vor, allein die Stadt konnte den Ansturm abwehren, doch die Bedrohung blieb. Am 10. August 1531 brach der brandenburgische Kurprinz Joachim von Berlin mit 1100 Reitern und 4000 Fußknechten auf, die er dem vor Wien stehenden kaiserlichen Heer zuführte. Als im Frühjahr 1532 Suleiman erneut anrückte, kam es nicht zu einer großen Schlacht, und die türkischen Truppen zogen sich zurück. Bei ihrer Verfolgung tat sich Kurprinz Joachim besonders hervor: In Ungarn errang er mit seinem Trupp einen Sieg über einen abgesonderten Teil des türkischen Heeres und nahm dessen Anführer, Hassan-Bassa, gefangen. Bei seinem Einzug in Berlin am 4. Mai 1532 wurde Joachim mit außerordentlich großem Pomp gefeiert (s. dazu Schwenk [1998]); Georg Sabinus verfasste auf die Rückkehr des Kurprinzen eine panegyrische Elegie (*Descriptio reditus illustrissimi Principis ac Domini, Domini Ioachimi II., Marchionis Brandeburgensis etc. depulsis Turcis, Anno M.D.XXXII.* [Vitebergae Anno 1533] = *Elegiae* 1,7); zur Darstellung der Türken in lateinischer Poesie des 16. Jahrhunderts s. Wiegand (2000 / 2) und Kühlmann (2000). – Am 2. Oktober 1541 wird Sultan Suleiman die ungarische Hauptstadt Ofen-Pest erobern; der Feldzug, den daraufhin Kurfürst Joachim II. gegen die Türken unternimmt, wird mit einem Fiasko enden.

392 Ein aus Elfenbein, Metall oder Holz bestehender Griffel, mit dem man die Saiten des Musikinstruments anschlug.

Sei es dass es dir gefällt, die feurigen Sterne des rötlich schimmernden Luftraums und den Lauf der Gestirne kennenzulernen – du wirst erfahren, auf welcher Bahn die Sterne des Himmels kreisend zurückkehren;

sei es, dass dir der Sinn danach steht, schlimme Krankheiten des Leibes zu heilen – du wirst die ärztlichen Wissenschaften durchmessen und den Kranken mit der Kunst des gelehrten Melampus[393] Erleichterung verschaffen.

Wenn dir, Jugend, schließlich die zahlreichen Rechtsformeln der gerechten Gesetze am Herzen liegen, wirst du hier auch die klugen Gesetze unter meiner persönlichen Führung erlernen.

Ich werde das *Digestum Vetus*[394] erklären und über diesen Titel: *Si certum petatur* lesen und meiner Pflicht zum Halten von Vorlesungen mit höchstem Eifer nachkommen.

Seitdem jetzt die Musen[395] hier alle guten Wissenschaften öffentlich lehren, ströme denn von allen Seiten herbei, gebildete Jugend, und begib dich zur Universität[396]!

---

393 Melampus, der Sohn des Amythaon und der Eidomene, galt der antiken Mythologie als Seher und Kenner von Heilmitteln, s. Apollodor *Bibliothek* 1,96 und 2,27; „Moderne nennen ihn den ‚1. Psychiater'": von Geisau (1969) 1160.

394 Eine spätere Ausgabe ist *Digestum Vetus, seu Pandectarum Iuris Civilis tomus primus, ex Pandectis Florentinis, in lucem emißis, uti fieri potuit, repraesentatus* [...] (Lugduni 1589).

395 Vgl. V. 5 und 13!

396 *Pal(a)estra* ist aus dem Griechischen entlehnter Ausdruck für den Platz und die Schule des Ringkampfes; schon Cicero (*De oratore* 1,98) überträgt das Wort auf die „Schule für die Beredsamkeit" und verwendet es geradezu als Synonym zu *gymnasium*; s. auch oben Anmerkung 7.

[Carmen 7] Jodocus Willich (Iodocus VVilichius)

Jodocus Willich zur Vorlesung über Hippokrates[397]

20 elegische Distichen

1–12: Es gibt unzählige Autoren auf dem Gebiet der Medizin.
13–30: Alles Wissen, das die frühen Ärzte des Altertums (*veteres medici*) lehren, ist in den Schriften des Hippokrates vereint; damit nicht genug: Hippokrates lehrte bereits das Wissen der Ärzte jüngerer Zeit (*medici recentes*).
31–34: Der als Archeget (*conditor*), als Quelle (*fons*) der Medizin Geltende genoss allezeit höchstes Ansehen.
35–40: Diesen Autor, so kündigt Willich an, werde er anhand einer eigenen Übersetzung (ins Lateinische) behandeln.

Willich gehört zu den ersten Professoren einer deutschen Universität, die Schriften des Hippokrates vortragen und erläutern[398].

Übersetzung:

Wer in den edlen Disziplinen[399] auf gute Weise alles zugleich lehrt,

397 Der als der bedeutendste Arzt der Antike geltende Hippokrates wurde ca. 460 v. Chr. auf der Insel Kos geboren und lebte bis ca. 380 v. Chr. Er hat zahlreiche medizinische Schriften verfasst, die in das *Corpus Hippocraticum* eingegangen sind, eine Sammlung, zu der auch spätere Autoren, zum Teil noch aus römischer Zeit, beigetragen haben; die Zusammensetzung des Corpus schwankt zwischen 60 und 75 Schriften; zu Hippokrates' Leben und Werk s. Flashar (2016), der auf den Seiten 257–259 ein Verzeichnis von 72 Schriften des *Corpus Hippocraticum* (mit griechischen, lateinischen und deutschen Titeln) bietet. Seit kurzem werden digitale Methoden zur Zuweisung der Datierung und Autorschaft einzelner Schriften eingesetzt; s. Schubert (2020).

398 Löwenstein (1873) 5; Schwengler (1988) 90; Targiel (1992) 21.

399 Wie sich von V. 5 her ergibt, rechnet Willich auch die Medizin zu den *artes ingenuae*, er beschränkt also den Terminus nicht auf die Disziplinen der

wird als der Beste in Lobreden jeder Art emporgetragen. In noch höherem Maße trifft dies auf diejenigen edlen Disziplinen zu, in denen es aufgrund der Schriften der Autoren ein riesiges von Schiffen befahrenes Meer[400] gibt. (5) Daher dürfte nicht nur *ein* Schiff die Schriftsteller der ärztlichen Disziplin tragen; daher dürftest du sie kaum zählen können. Wie viele Sandkörper der Westwind am Strand des Libyschen Meers aufwirbelt, wie viele Fische durch die salzigen Fluten schwimmen oder wie viele Wogen des Ionischen Meers, wenn ein heftiger Ost die Schiffe erschüttert hat, (10) die Ufer treffen, so viele Autoren der Arzneikunst lassen sich jetzt ringsumher aufzählen, die alle die Menschheit nicht mit Schweigen übergehen kann. Diese wirst du, wenn du eifrig bist, sämtlich gleichsam zu einem Bündel vereint, in den Schriften des Hippokrates finden. (15) Ihn lies, wenn du einmal alles vereint vorgetragen suchst, wenn du alles von einem einzigen Mann zu lernen wünschst[401]. Denn was immer die frühen Ärzte und die neuerer Zeit

---

Artistenfakultät, sondern versteht ihn gewissermaßen als Äquivalent zu *studium uniuersale*; eine solche Zuordnung der Medizin ist durch antike Stellungnahmen vorbereitet; s. dazu Schulze (2005) 175–179: „*Die Medizin im Verbund mit den ‚Artes liberales'*".

400 Die Junktur *mare ueliuolum* begegnet bereits bei Verg. *Aen.* 1,224 und Ovid. *Pont.* 4,16,21.

401 Ein ähnlich enthusiastisches Urteil über Hippokrates findet sich einige Jahre zuvor bereits bei dem Arzt und Philologen Janus Cornarius (Hagenbut, Haynpol, Haynpul, 1500 Zwickau – 1558 Jena), der nicht zuletzt durch Ausgaben und Übersetzungen medizinischer Schriften hervorgetreten ist (s. vor allem Clemen [1912] und Rütten [1993] 39–45). In der Rede *In divi Hippocratis laudem praefatio ante eiusdem prognostica habita*, die er 1528 in Basel gehalten hat, heißt es im Schlussabschnitt: *Ego sanè persuasi mihi, unum esse Hippocratem, cuius scripta certa, uera, ac sancta à medicis amplecti, ac reuerenter coli deceat, quum nihil maiori commodo, aut ampliori iucunditate umquam attigerim, à quo primum me huic studio concredidi, nec etiam in ullo autore spero suauius mihi fore consenescere* („Ich bin durchaus überzeugt, dass Hippokrates einzigartig ist, dessen unzweifelhafte, wahre und heilige Schriften zu durchdenken und ehrfurchtsvoll zu hegen, den Ärzten wohl ansteht, habe ich doch niemals etwas mit größerem Gewinn

lehren, alles das hat der Mann von Kos in diesen heilkundlichen Büchern vorgetragen: Was die geschulte Hand des Autolykos in der Heilkunde verstand, als der Eber den Schenkel seines Enkels verletzt hatte[402]; was immer Chiron[403] und Melampus, der Sohn des Amythaon[404], was dein Sohn Arabus[405], Apollon von Delphi[406], was, Mulios, deine Gattin, die blonde Agamede beherrscht[407], die weiß, wie viele Heilkräuter es auf dieser Welt gab; wie viele der mit gutem Gedächtnis begabte König von Pontos[408] und was der Schriftsteller Galen[409] und was der kluge Artemidor[410] kennt;

---

und mit mehr Ergötzen berührt, von dem aus ich mich dieser wissenschaftlichen Beschäftigung anvertraut habe, und ich hoffe, dass es für mich auch bei keinem anderen Schriftsteller angenehmer sein wird, gemeinsam mit ihm zu altern“); s. dazu Rütten (1993) 39f.

402 Odysseus; s. *Od.* 19, 386–466.

403 Der Kentaur Chiron, nach dem antiken Mythos Sohn der Nymphe Philyra und des Kronos, lehrte Asklepios, einen Sohn Apollons, und Achill die Kenntnis pflanzlicher Heilmittel (*Ilias* 4,218–210; 11,830–832) und galt als Ahnherr der Medizin (Schnalke [2005] 192f; Flashar [2016] 15–16; 208).

404 Zu Melampus s. oben Anmerkung 393.

405 Nach Plinius *nat. hist.* 7,56 (57), 196 schreiben manche Autoren Arabus, einem Sohn des Apollon und der Babylonis, die Erfindung der Arzneikunde zu.

406 Apollon war Heil- und Sühnegott (außerdem Gott des Ackerbaus, der Hirten, des Orakels sowie der Künste und Wissenschaften).

407 *Ilias* 11, 740f.

408 Gemeint ist Mithridates VI. Eupator (ca. 132–63 v. Chr.), der sich nach Plinius *nat. hist.* 29,8,24 mit der Gewinnung eines Theriaks befasst hat; das *Mithridatium antidotum* („Gegengift des Mithridates“) soll aus 54 Bestandteilen zusammengesetzt gewesen sein (zu dieser und anderen Belegen s. König / Hopp [1991] 216f; auch Winkle [^{3}2005] 910; 1436).

409 Galen aus Pergamon (129 – nach 210; s. Nutton [1998]) praktizierte zunächst in seiner Heimatstadt als Gladiatorenarzt, später war er in Rom am Hofe des Kaisers Marc Aurel (reg. 161–180) tätig. In seinen zahlreichen Schriften hat Galen nahezu alle Gebiete der Medizin behandelt; Näheres zu ihm s. unten Anmerkung 589 zum *Catalogus Autorum.*

410 Es gibt zwei Träger des Namens: Artemidor von Daldis, dessen Lebenszeit für die erste Hälfte des 2. Jahrhunderts n. Chr. anzusetzen ist, hat *Onei-*

was in den äußersten Ländern der durch seine Heilmittel berühmte Schleuderer und Herrscher der Balearen[411] kennt – zusammengefügt hat dies alles in einem Bündel (30) der weise Begründer der Apollinischen Kunst, Hippokrates. Daher wurde er als die mit reicher Ader strömende Quelle der Arzneikunde bezeichnet; daher stand der Berühmte bei vielen in hohem Ansehen. Artaxerxes[412], der große König der Perser, bot ihm größte Belohnungen an für die Rettung der Gesundheit[413]. (35) Diesen {Autor} werde ich öffentlich behandeln, den dir die lateinische Sprache in der ihr eigenen Weise des Ausdrucks zur Gänze noch nicht dargeboten hat. Alles was in ihr Calvus aus Ravenna[414] zu leisten vermochte, überlasse

---

rokritikon, ein Buch über Traumdeutungen, geschrieben, das vielfach auf medizinische Phänomene eingeht und 1539 ediert worden ist (van Hooff [2005]). Ein Artemidor Kapiton (ebenfalls erste Hälfte des 2. Jahrhunderts n. Chr.) hat von den hippokratischen Schriften eine (nicht erhaltene) Ausgabe besorgt, welche Galen (129 – nach 210) benutzt hat (Leven [2005]; Flashar [2016] 230f; 276). Angesichts der Thematisierung von Hippokrates' Bedeutung ist hier wohl Artemidor Kapiton gemeint.

411 Die Einwohner der Balearen (Menorca und Mallorca) waren als Schleuderer berühmt; s. z. B. Livius 28,37,4. Wer der Herrscher ist, den Willich hier meint, konnte ich nicht ermitteln.

412 Der Perserkönig Artaxerxes I. regierte von 464 bis 425 v. Chr.

413 *Sostra* ist Nominativ Plural zum griechischen Wort σῶστρον (*sostron*), Lohn für die Erhaltung des Lebens. Willich zielt hier auf den fiktiven, lange nach Hippokrates entstandenen Briefwechsel zwischen dem Arzt und Beauftragten des Perserkönigs, den sogenannten Hippokrates-Roman: Wenn Hippokrates den Persern bei dem Kampf gegen eine ihr Heer heimsuchende Pestepidemie helfe, werde er zum Lohn reichlich Gold und Silber erhalten. Hippokrates lehnt die ärztliche Unterstützung der ‚Barbaren' ab (Brief 1–9); s. dazu Flashar (2016) 196f; 273.

414 Willich bezieht sich hier auf folgendes Werk: *Hippocratis Coi medicorum omnium longe Principis, octoginta Volumina, quibus maxima ex parte, annorum circiter duo millia Latina caruit lingua, Graeci uero, Arabes. & Prisci nostri Medici, plurimis tamen utilibus praetermissis, scripta sua illustrarunt, nunc tandem per M. Fabium Caluum Rhauennatem uirum undecunque doctissimum latinitate donata, Clementi VII. Pont. Max. dicata, ac nunc primum in lucem aedita, quo nihil humano generi salubrius fieri*

ich, lieber Leser, deinem Urteil. Von dem, was ich als meine eigene geistige Leistung hervorgebracht habe und lehre, (40) mache du, gebildete Jugend, nach Belieben Gebrauch!

Ergänzende Kommentierung:

Hippokrates erhält in dieser Vorlesungsankündigung ein frappierendes Lob: Er sei nicht nur mit den Einsichten der Vorgänger (in Epos und Mythologie) vertraut gewesen, sondern habe – als Einzelner, wie es V. 16 ausdrücklich heißt, – auch die Erkenntnisse Späterer, der Ärzte jüngerer Zeit (*medici recentes*), gleichsam vorweggenommen. Das gelte sogar für die Lehre Galens (V. 25f). Die Vorstellung, dass die medizinische Wissenschaft im Gang der Zeiten einen erheblichen Zuwachs und substantiellen Fortschritt in Theorie und Praxis erzielen könne[415], scheint hier fernzuliegen. Was hingegen wohl zum Ausdruck kommen soll: dass die Medizin nach Hippokrates bis in die Gegenwart ohne intensive Rezeption seiner Lehre undenkbar wäre. Hippokrates' Oeuvre sei eben die Quelle, die ergiebige, reichlich strömende Quelle (*fons uber*), aus der sich die medizinische Wissenschaft aller Zeiten speise. Auch auf Willich trifft zu, was Bernd Effe in einem Aufsatz über Melanchthon festgestellt hat: Melanchthon hege die „Überzeugung des Humanisten von der gerade auch inhaltlichen Verbindlichkeit und Unübertrefflichkeit der griechischen Literatur ... Der Bildungswert dieser Literatur beruht u. a. darauf, daß ihre Lehren, Aussagen und Handlungsweisen unmittelbare Relevanz und Gültigkeit für die Gegenwart besitzen“[416].

---

potuit (Romae per Franciscum Minutium Caluum 1525); zum Leben des Marcus Fabius Calvus (ca. 1440–1527) s. Gualdo (1993).

415 Zum Beispiel durch Sektionen des menschlichen Körpers – ein Verfahren, das Hippokrates nicht kannte.

416 Effe (1998) 54f; nach dem obigen Zitat legt Effe das aus heutiger Sicht Problematische einer solchen Überzeugung dar.

[Carmen 8] Theobald Thamer (Theobaldus Thamerus)

Theobald Thamer aus Straßburg zu ethischen Schriften des Aristoteles[417]

1–10 Thamer kündigt an, in seiner Vorlesung ethische Schriften des Aristoteles zu erläutern, die den Leser über die rechte Lebensführung belehrten und zugleich ein Muster für griechischen Stil darstellten.
11–12: Nach der Behandlung der Aristoteles-Schrift möchte Thamer Reden des Demosthenes[418] erklären.

Übersetzung:

Darlegen werde ich den Studenten die in griechischer Sprache geschriebene Ethik, welche der Sohn des Nicomachus verfasst hat.

---

417 Unter dem Namen des griechischen Philosophen Aristoteles (384–322 v. Chr.), eines Sohnes des Arztes Nikomachos, sind drei Schriften zur Ethik überliefert, die gewöhnlich mit folgenden Titeln zitiert werden: *Ethika Eudemeia* (*Ethica Eudemica*; *Eudemische Ethik, EE*), *Ethika megala* (*Magna Moralia*; *Große Ethik, MM*) und *Ethika Nikomacheia* (*Ethica Nicomachea*; *Nikomachische Ethik, EN*). Von diesen ist die *Nikomachische* (ca. 335–323 v. Chr. entstanden) in der Neuzeit zuerst (noch vor 1469) gedruckt worden und war wohl die seinerzeit bekannteste (zu den Daten s. Elders [1988] 261). Dieses Werk ist m. E. hier gemeint: Dass der Autor in V. 2 mit dem Patronymicum *Nicomachi genitore satus* bezeichnet wird, könnte ein versteckter Hinweis sein. Im Übrigen wird der Name Nikomachos nicht nur für den Vater, sondern auch für einen Sohn des Philosophen überliefert. Was die Titel von *EE* und *EN* betrifft, so „bleibt ungewiss, ob Nikomachos (der Vater oder der Sohn des A[ristoteles] oder eine andere Person dieses Namens) und Eudemos (der Kyprier, nach dem der Dialog Eudemos seinen Namen trägt, oder der Peripatetiker aus Rhodos) als Adressaten, Herausgeber oder Redaktoren der hinterlassenen Manuskripte anzusehen sind“ (Flashar [1983] 242); eine konzise Werkbeschreibung bietet Flashar (1983) 242–248.

418 Demosthenes (384–322 v. Chr.) gilt als größter athenischer Redner; s. auch oben Anmerkung 346 zu *c.* 2.

Nützlicheres als diese gibt es nicht, nichts Lobenswerteres als diese, ob du nun recht zu leben oder zu reden wünschen wirst. (5) Diese Bücher lehren, was die Guten meiden oder tun müssen, was für uns schimpflich ist oder ehrenvoll. Der Verfasser hat darüber in klaren Worten gesprochen, und die Ader seiner Beredsamkeit fließt reichlich. Daher wird sich auch bei denen der größte Nutzen für die Redegabe einstellen, (10) denen es bis auf den heutigen Tag gefällt, in griechischer Sprache zu reden. Sobald ich diese Bücher zu Ende behandelt habe, werde ich dann über wohlgefügte Schriften des Demosthenes lesen und sie interpretieren.

[Carmen 9a] Christoph Preuss (Christophorus Preyss)

Christoph Preuss aus Pannonien zu den *Bucolica* Vergils[419]

2 elegische Distichen

1–4: Den Anfangsvers der ersten Ekloge Vergils leicht variierend, kündigt Preuss seine Vorlesung über des Dichters Bukolik an.

---

419 P. Vergilius Maro (70–19 v. Chr.) veröffentlichte 39 v. Chr. die *Bucolica* (die später auch *eclogae* genannt wurden), zehn dialogische Hirtengedichte in Anlehnung an den Griechen Theokrit (erste Hälfte des 3. Jahrhunderts v. Chr.). Seinem Gönner Maecenas widmete Vergil 29 v. Chr. die *Georgica*, ein Lehrgedicht in vier Büchern über Ackerbau, Viehzucht und Bienenhaltung. Von 29 v. Chr. bis zu seinem Tode arbeitete er an dem Epos *Aeneis* (zwölf Bücher); alle drei Werke sind in katalektischen daktylischen Hexametern verfasst. Durch die Jahrhunderte wurde Vergils Oeuvre aufs intensivste rezipiert, in Latein und in den Volkssprachen; verwiesen sei auf Polleichtner / Binder / Laird (2010); einzelne Beispiele in neulateinischer Literatur berührt Korenjak (2016) 43f (und 261); 66f (und 262); 79 (und 265); 166–168 (und 274).

Übersetzung:

Wenn sich der Sonnengott am Tag nach Ostern[420] aus den Wogen im Osten erheben wird[421], wird die siebente Stunde meinem Beginnen zu Gebote stehen. Tityrus, der du unter dem Laubdach der ausladenden Buche hingestreckt bist – {dann} werde ich {meine Vorlesung zum} edlen Werk des Dichters aus Andes[422] beginnen.

Ergänzende Kommentierung:

In der Einteilung der Dichtungsarten, die Diomedes (4. Jahrhundert n. Chr.) in seiner wirkungsmächtigen *Ars Grammatica* vornimmt, gehören Gedichte wie Vergils erste Ekloge zum *genus dramaticon vel mimeticon*, in dem nur die dramatischen Personen reden, „ohne Zwischenrede des Dichters“ (*sine poetae interlocutione*)[423]. Der erste Vers der Ekloge ist Teil der Gesprächseröffnung durch den Hirten Meliboeus: *Tityre, tu patulae recubans sub tegmine fagi* (… *meditaris* …). Diesen Vers hat Vergil am Ende seiner Selbstvorstellung (Sphragis) in den *Georgica* (4,559–566), auf sein bisheriges Schaffen zurückblickend, umgebildet in eine Apostrophe an den Hirten Tityrus: *Tityre, <u>te</u> patulae cecini sub tegmine fagi*; hier evoziert der Dichter die Vorstellung, dass er seine Eklogen in der Natur, an einem lieblichen Ort, gedichtet habe. Die Apostrophe an den Hirten als Figur des Vergilischen Poems behält Preuss bei, lässt es aber wieder den Hirten sein, der den Baumschatten genießt. Während Vergil seine Bukolik in der Sphragis als vom Mut der Jugend geprägtes Spiel charakterisiert (V.

---

420 Im Jahr 1541 fiel das Osterfest auf den 17. April; s. auch unten *c.* 12,10 und 14,1; zu der hier intendierten Bedeutung von *crastinus* / *cras* s. Grotefend (1971) 18f.

421 Die Formulierung der Zeitangabe greift sehr hoch, sie erinnert an Homer *Od.* 5,1f und die Vergilische Nachbildung *Georg.* 1,446b/447 (*ubi pallida surget / Tithoni croceum linquens Aurora cubile*), wovon V. 447 in *Aen.* 4,585 und 9,460 wiederkehrt; dazu s. auch Macrob. *Sat.* 6,1,31.

422 Andes nahe bei Mantua ist der Geburtsort Vergils.

423 Diomedes, in: Keil, vol. 1 (1857) p. 482; s. Curtius (1967) 438.

565), bezeichnet Preuss das frühe Werk als *nobile opus.*

[Carmen 9b] Christoph Preuss (Christophorus Preyss)

Zur *Aeneis* Vergils

11 elegische Distichen

1–8: In indirekten Fragesätzen fasst Preuss den Inhalt von Vergils *Aeneis* zusammen, wobei er eine ganze Reihe von Formulierungen aus den ersten sieben Versen des Epos wörtlich übernimmt[424].
9–16: Sodann kündigt Preuss an, darstellen zu wollen, auf welche Weise Vergil den Titelhelden der *Aeneis* porträtiert, welches der wesentliche Gehalt der zwölf Bücher des Epos und seiner übrigen Poesie ist und wodurch Vergil die übrigen Dichter Italiens und Deutschlands überragt.
17–22: Zum Schluss erklärt Preuss, die Aufgabe, die er sich gestellt habe, sei nicht zu bewältigen ohne Beistand der Götter. Um ihre Unterstützung bittet er und ruft alle Jünger der Musen dazu auf, sich dieser Bitte anzuschließen. Auch möge der Hörer sich durch die Schwierigkeit des Gegenstands nicht beirren lassen.

Übersetzung:

Wie Aeneas als erster, von der phrygischen Küste fliehend, zu dem durch Götterspruch verheißenen Italien gelangte, was er, so oft zu Lande und zu Wasser umhergetrieben, ertragen und welch Schlimmes er in seinen Kriegen erlitten hat (5) und welches die ersten An-

424 *Arma uirumque cano, Troiae qui primus ab oris / Italiam fato profugus Lauiniaque uenit / litora, multum ille et terris iactatus et alto / ui superum saeuae memorem Iunonis ob iram, / multa quoque et bello passus, dum conderet urbem / inferretque deos Latio, genus unde Latinum / Albanique patres atque alta moenia Romae.*

fänge des hochragenden Rom gewesen sind, weshalb der Stamm und das Geschlecht der Latiner unterliegt, dies alles erwähnt der Verfasser der unvergänglichen *Aeneis* und besingt in Homerischen Rhythmen die Waffen und den Mann. Mit welchen und mit wie kräftigen Farben und mit welcher Gewandtheit seiner Begabung {der Dichter} ihn derart gezeichnet hat[425], dies und alles, was die zwölf Bücher des Dichters enthalten, sowie alles, was seine gesamte Poesie umfasst, schließlich das Lob, durch das er unter den übrigen Dichtern hervorragt, die das italische und die das deutsche[426] Land hervorgebracht hat, all dies beabsichtige ich, mit wenigen Worten darzustellen, wenn mich nur eine solch große Last nicht überwinden wird. Aber die Last wird {mich} überwinden, wenn nicht die Götter[427] mein ehrfurchtsvolles Beginnen begünstigen und es mir gewähren, für ihren Dichter das Angemessene zu sagen. Dass sie das tun, darum bitte ich, und dass alle mit mir darum bitten, welche die heiligen Wesen der Hippukrene[428] lieben. Hören möge diese Vorlesung, wer es möchte, sei es dass er gleichwohl[429] auch[430] diese {hören will}, sei es dass er, vielleicht von Liebe zu Vergil ergriffen, es wünschen wird.

---

425 Zur Formulierung vgl. Cic. *Att.* 2,21,4: *(hunc) omnibus a me pictum et politum artis coloribus.*

426 Das Adjektiv *Teutonis* scheint für die Antike nicht belegt zu sein, die *Teutonicus* verwendete; vielleicht hat Preuss die Form *Teutonis* in Analogie zu dem Adjektiv *Italis* („italisch") gebildet, das gut bezeugt ist: Verg. *Aen.* 11,657; Martial 11,53; Silius Italicus 7,429; Statius *silv.* 1,2,274.

427 Wie bei vielen (freilich nicht allen) Humanisten fungieren bei Preuss die der paganen Welt entstammenden Götter als Allegorien (s. etwa Ludwig [1997 / 1] 10), hier repräsentieren sie – zu denken ist etwa an Apollon und Hermes – vornehmlich das angemessene Reden, den rechten Logos.

428 *Gorgonei ... fontis:* Gemeint ist die Quelle Hippukrene am Helikon, die der Sage nach durch einen Hufschlag des geflügelten, aus dem Hals der Gorgo Medusa entsprungenen Pegasus entstanden ist (s. auch Anmerkungen 323 und 327); eine ähnliche Junktur begegnet bereits bei Properz 3,3,32 (*Gorgoneo ... lacu*). Die „heiligen Wesen der Hippukrene" sind die Musen.

429 Nämlich trotz der in V. 17–20 beschriebenen Schwierigkeit der Aufgabe.

430 Gemeint ist wohl: ‚außer meiner Vorlesung zur Vergilischen Bukolik'.

Ergänzende Kommentierung:

Das Gedicht bezeugt die tiefe Verehrung des Humanisten für die *Aeneis* und das übrige Werk Vergils, dem unter den Dichtern Italiens und Deutschlands der höchste Rang zukomme. Wenn Preuss die *Aeneis* als *aeterna* („ewig bestehend, unvergänglich") bezeichnet, so knüpft er an antike Vorstellungen von der Unzerstörbarkeit des poetischen Werks an: Beispielsweise verkündet Horaz am Ende der ersten drei Bücher seiner Oden, er habe ein Denkmal (*monumentum*) errichtet, „das kein gefräßiger Regen, kein rasender Sturm zu vernichten vermag oder die unzählbare Reihe von Jahren und die Flucht der Zeiten" (*quod non imber edax, non aquilo impotens / possit diruere aut innumerabilis / annorum series et fuga temporum)* (*c.* 3,30,3–5); Ovid ist sich am Ende der *Metamorphosen* gewiss, dass sein Werk „weder der Zorn Jupiters noch Feuer noch das Schwert noch das nagende Alter wird zerstören können" ([*opus*] *quod nec Iouis ira nec ignis / nec poterit ferrum nec edax abolere uetustas, met.* 15, 871f), und Vergil selbst prophezeit in seinem Makarismos auf die jungen Kämpfer Nisus und Euryalus, dass „euch, wenn nur etwas meine Dichtung vermag, kein Tag jemals aus dem Gedächtnis der Nachwelt löschen wird" (*Fortunati ambo, si quid mea carmina possunt, / nulla dies umquam memori uos eximet aeuo, Aen.* 9,446f).

Die Verse 9–16 geben umrisshaft Aufschluss darüber, was der humanistische Autor in seiner Poesievorlesung bieten möchte; es sind drei Dinge: eine Analyse von Vergils Porträt des Titelhelden, die Darlegung des Gehalts des Epos und des ganzen Oeuvres sowie die Gründe für dessen höchsten Rang. Die Vorstellung, dass ein Dichter Maler ist (*pingit*), geht letztlich auf ein Dictum des Simonides (um 500 v. Chr.) zurück[431].

---

431 S. dazu Sprigath (2004).

[Carmen 10] Christoph Corner (Christophorus Cornerus)

Christoph Corner zur Vorlesung über Dialektik (Logik)[432]

14 sapphische Strophen

1–12: Die bereits immatrikulierten Studenten der artistischen Fakultät fordert Corner in einer Apostrophe auf, angesichts der Rückkehr Apollons und der Musen nach Frankfurt Beifall zu klatschen.
13–24: In einer weiteren Apostrophe wendet sich Corner an den Studienanfänger: Unter seiner Führung werde er zum Musenberg, dem Helikon, gelangen, wenn er zuvor die Kunst der Logik kennengelernt habe.
25–48: Sodann legt Corner die Bedeutung und die Leistungen der Logik dar: Sie sei für alle wissenschaftlichen Disziplinen ein unentbehrliches Werkzeug – für Theologie, Jurisprudenz und Medizin (d. h. für die drei höheren Fakultäten).
49–56: Zum Schluss ermuntert Corner, wiederum in einer Apostrophe, die Studenten dazu, sich zuvörderst dem Studium der Logik zu widmen – dann würden sie von den Musen, die der Kurfürst fördere, mit Erfolg belohnt werden.

---

432 Das Wort *dialectice* meint ursprünglich die Kunst der Unterredung, die der Klärung der Begriffe dient (zu den antiken Anfängen s. A. Müller [1972] Sp. 167–175); als solche bietet sie „die Möglichkeit einer dialogischen Gegenstandserkundung mit dem Ergebnis einer durch ständiges Nachfragen schließlich festgestellten Wahrheit“ (Keller [2008] 43). Demgegenüber „lässt sich die Logik als System der allgemeinen Aussagen begreifen, die unwiderlegbar (axiomatisch) als Wahrheit gelten“ (Keller [2008] 43). Von Cassiodor (*inst.* 2,17) an wird die *dialectica* etwa bis zum Ende des 16. Jahrhunderts durchweg mit der *logica* gleichgesetzt (Oeing-Hanhoff [1972] Sp. 175–178; instruktiv auch Schopenhauer [1830] 5–19 in der „Eristische Dialektik“ überschriebenen Einleitung). Dass auch Corner *dialectice* als Synonym zu *logice* verwendet, zeigen V. 19–24 und 41–44 seines Gedichts.

Übersetzung:

Die ihr, den Wissenschaften der neun Schwestern[433] hingegeben, die berühmte Hohe Schule besucht hier, wo sich die von den alten Franken[434] bewohnte Stadt erhebt,

die Stadt, welche die unstete Oder, vom Osten kommend, bespült mit brausender Strömung, klatscht wie zu einem großen Triumph voll Freude Beifall!

Apollon in Begleitung der holden Musen ist zurückgekehrt und der Chor der keuschen Minerva, welche der ungebildete Haufe der Sophisten[435] von hier weit in die Flucht geschlagen hatte[436].

---

433 Die neun Schwestern sind die Musen (Clio, Euterpe, Thalia, Melpomene, Terpsichore, Erato, Polymnia, Urania, Kalliope); es geht also um die Disziplinen der artistischen Fakultät.

434 Zur Vorstellung von den „alten Franken" s. auch oben *c.* 1,57f; „ueber die fabelhafte Urgeschichte von Frankfurt a. d. Oder" handelt Rasmus (1885).

435 Corner verwendet das Wort *sophista* stark abwertend, etwa im Sinne des Aristoteles, der als Sophisten jemanden bezeichnet, „der mit scheinbarer, nicht mit wirklicher Weisheit Geschäfte betreibt" (*Sophist. Elench.* 1, 165 a 22f); vgl. bereits Platon, *Soph.* 225 c-e. Bei Corner gilt die Bezeichnung *sophista* den Theologen der Papstkirche, deren Lehre er als Trugweisheit kennzeichnet, nicht zuletzt weil sie der Bereicherung (durch Ablasshandel und Simonie) den Boden bereite. Hier folgt er Martin Luther, der in seiner Schrift *An die Radherrn aller stedte deutsches lands* (1524) mehrfach gegen die Sophisten wettert: Deren ohne die erforderlichen Kenntnisse der Alten Sprachen verfassten Schriften seien nichts als „des teuffels dreck" (die Stellen bei Brodersen [2023] 52/53; 58/59; 60/61; 66/67; 76/77; 80/81). In der Sophistik seiner Tage, „die mit Spitzfindigkeiten versucht, die Wahrheit zu verdrehen, zu verzerren oder ihr auszuweichen" sieht auch Melanchthon seinen Hauptgegner in seinem „Kampf für Wahrheit und Wahrhaftigkeit; seinem Hass verleiht er Ausdruck in der *Oratio de sophistica*. Wittenberg, Josef Klug, 1541" (Mundhenk [2011] 255 Fußnote 14).

436 Die Vorstellung ‚Rückkehr der geflohenen Musen nach Frankfurt' (s. noch V. 53) begegnet auch *c.* 1,1–16; *c.* 6,5–8; 13; 69f; *c.* 12,1–4; *c.* 18,11.

Komm hierher, wer immer du, gelehriger junger Mann, voll Eifer entbrannt bist für die beredten Musen! (15) Hier werden dir die Musen mit grünendem Lorbeer die Schläfen bekränzen.

Dich werde ich durch die schattenreiche Einsamkeit der Haine zu den heiligen Wassern des Helikonberges, vorausgehend, führen auf dem rechten Pfad (20) der logischen Erörterungen.

Auch wird es dir nicht gestattet sein, den Tempel der Weisheit zu betreten oder dich den lieblichen Musen zu nähern, wenn du nicht zuvor zuverlässig die deutlich formulierenden Disziplinen der Logik kennen gelernt hast.

(25) Die Quellen der Wissenschaften sucht sie mit Eifer zu erkunden, setzt zwischen ihnen eine feste Grenze, sie teilt ein, definiert[437], lehrt und beseitigt die blindmachende Dunkelheit[438].

Jede beliebige Gattung von Schriftwerk durchwandert die Logik; (30) eine eifrige Jägerin, spannt sie das Netz aus, Weitläufiges ordnet sie und vereinigt Zerstreutes[439] mit feiner Kunst.

Das Gewicht großer Dinge wägt sie und verleiht überaus schwierigen Dingen feste Gewissheit, (35) erörtert, behandelt, zieht Schlüsse in vortrefflicher Ordnung.

Die Fesseln, mit welchen der spitzfindige Philosoph Trugschlüsse schafft – mögen sie auch gut zusammengefügt sein –, zerbricht und löst sie auf, sie überwindet den Gegner (40) kraftvoll und nimmt ihn gefangen.

---

437 Zu V. 26f vgl. Platon, *Soph.* 253 c 6–254 b 6.

438 Zur Vorstellung der Dunkelheit im Bereich des Wissens s. Platon, *Soph.* 254 a 4–6.

439 Vgl. Platon, *Phaidros* 265 d-e.

Die Griechen gaben ihr den Titel „Organon“[440] und nannten sie die Dienerin der gelehrten Weisheit, weil sie als ein und dieselbe für alle zu verrichtenden Dinge passend ist.

(45) Sie lehrt die Anordnungen des himmlischen Vaters zu verstehen, lenkt ebenso die öffentlichen Prozesse und überdenkt die für die Kranken nützliche Heilkunst Galens[441].

Deswegen, gebildete Jugend, ermuntere ich dich, (50) das Studium der Logik zu betreiben, des Besten, das die göttlichen Wesen des Himmels der Welt geschenkt haben.

So werden dir aus Efeu gewundene Kränze[442] darreichen die zurückgekehrten Schwestern Apollons[443], (55) die der Markgraf hier fördert und hegt, der ruhmreiche Heros.

[Carmen 11] Joachim Zierenberg (Ioachimus Cirenbergius)

Joachim Zierenberg zur Vorlesung über griechische Grammatik und Hesiod

---

440 Als *Organon* („Werkzeug“) wurde in spätantiken Kommentaren die Gruppe von sechs Schriften des Aristoteles zur Logik (*Categoriae*/Kategorien; *De interpretatione*/Hermeneutik; *Topica*/Topik; *Analytica priora*/Erste Analytiken; *Analytica posteriora*/Zweite Analytiken; *Sophistici elenchi*/Sophistische Widerlegungen) bezeichnet: Flashar (1983) 236.

441 In dieser Strophe bezieht sich Corner nacheinander auf Theologie, Jurisprudenz und Medizin.

442 Der Efeu war in der Antike verbunden mit dem Kult des Bacchus, zu dessen Begleiterinnen die Musen gehörten; bei Vergil erscheint Efeu als Attribut des Dichters: In *ecl.* 7,25 werden die Hirten aufgefordert, den wachsenden Dichter mit Efeu zu schmücken; *ecl.* 8,12–13 möchte der Dichter seinen Efeu mit den Siegeslorbeeren des Feldherrn (Asinius Pollio) verbunden sehen (s. Peil [2012]).

443 Vgl. oben Sabinus *c.* 1,1f.

7 elegische Distichen

1–4: Zierenberg kündigt an, Melanchthons *Grammatica Graeca* im Zusammenhang mit Hesiods Dichtung zu behandeln.
5–6: Melanchthons Lehrbuch ist unübertroffen.
7–12: Hesiod ragt unter den griechischen Dichtern hervor durch die Reinheit seiner Diktion; er entwickelt nützliche moralische Prinzipien.
13–14: Beide Autoren sind für den Studenten der Artistischen Fakultät geeignet.

Übersetzung:

Lesen werde ich über die ersten Elemente der griechischen Sprache, welche Melanchthon lehrt[444], und über die anziehende Dichtung des Alten von Askra[445]. Damit ich die Vorschriften und den Nutzen des Redens zugleich zeigen kann, wird die eine Arbeit beide Aufgaben erfüllen[446]. (5) Unstreitig vermittelt niemand von allen

444 *Grammaticae Graecae institutiones integrae, à Philippo Melancht. conscriptae, atque pluribus in locis auctae* (Coloniae apud Eucharium Ceruicornum 1525; die Erstauflage erschien 1518 in Hagenau); behandelt werden von Melanchthon nur die Laut- und die Formenlehre, nicht die Syntax; s. dazu Förstel (1997).

445 In Askra, einem Ort in Böotien, wurde um 700 v. Chr. Hesiod geboren. Die Junktur *Ascraeus senex* begegnet bereits in Melanchthons poetischer Ankündigung seiner Hesiodvorlesung (in phaläkeischen Elfsilblern: Corpus Reformatorum, vol. 10 [1842], Sp. 482; dazu s. Glei [1998] 146f; 164): *Ascraei senis optimi poetae*; es handelt sich um eine Imitation von Vergil *ecl.* 6,70: *Ascraeo ... seni.* Bei Zierenberg könnte *senex* auf die archaische Epoche zielen, aber auch auf die Altersweisheit des Dichters.

446 Zu den Kennzeichen von Melanchthons *Grammatica Graeca* gehört die ausgiebige Erläuterung zahlreicher Abschnitte aus der Dichtung (s. dazu Förstel [1997] 55f); so erläutert er etwa aus Hesiods *Theogonie* die Verse 36–79 (im Corpus Reformatorum, vol. 20 [1854] auf den Spalten 72–82, wo auf eine lateinische Übersetzung der Verse ein *Examen* zu einzelnen griechischen Ausdrücken folgt); nächst Homer ist Hesiod der von Melanch-

Gelehrten die Vorschriften bündiger als Melanchthon, lehrt niemand geeignetere. Hesiod aber, in eigener Mundart[447] sprechend, fügte wohlklingende Worte auf wechselnde Weisen zusammen, und keiner unter den Apollinischen Poeten, (10) so meint man, spricht mit griechischem[448] Mund reiner als dieser Dichter. Wozu soll ich die Sitten der Lebensführung aufführen, die er ebenfalls lehrt: Er lobt das Ehrenvolle, verbietet das Schändliche, das Rechte billigt er[449]. Er ist also für diejenigen, welche die ersten Disziplinen studieren, ein nützlicher Schriftsteller, und beide verdienen es, von mir behandelt zu werden.

[Carmen 12] Andreas Bochow (Andreas Bochus)

Andreas Bochow zu den Briefen Ciceros

6 elegische Distichen

1–4: Die Musen und Apollon, die Frankfurt verlassen hatten, sind

---

thon am meisten berücksichtigte Autor (Förstel [1997] 56). Ganz entsprechend kündigt Melanchthon gegen Ende seiner Wittenberger Antrittsrede von 1518 im Blick auf das Griechische an: *Statim ... ab initio difficultatem rei Grammaticae optimorum authorum lectione temperabo, ut quod illic regula, hic exempla doceant* („Gleich von Anfang an ... werde ich die Schwierigkeit der Grammatik durch die Lektüre der besten Schriftsteller mildern, damit das, was dort die Regel lehrt, hier Beispiele lehren", *De corrigendis adolescentiae studiis*, in: Corpus Reformatorum, vol. 11 [1843] Sp. 25; s. Leonhardt [1997] 27). Es ist offensichtlich, dass sich Zierenberg bei seiner Vorlesung von Melanchthons Verfahren und Programm hat leiten lassen.

447 Gemeint ist der im Wesentlichen ionische Dialekt.

448 *Argolico ... ore*: *Argolicus*, das Adjektiv zu *Argolis*, einer Landschaft im Osten der Peloponnes, ist hier nicht auf den dort gesprochenen Dialekt bezogen, sondern steht, wie schon des Öfteren bei antiken Dichtern, für ‚griechisch'.

449 In V. 11–12 spielt Zierenberg auf die Mahnung zu redlicher Arbeit in Hesiods Dichtung *Werke* (*Erga*) an.

in die Stadt zurückgekehrt.
5–6: In einer Apostrophe ermuntert Bochow die jungen Männer, sich den Musen (und damit der Artistischen Fakultät) zuzuwenden.
7–12: Bochow will den Hörern die anziehenden Briefe Ciceros an Freunde nahebringen.

Übersetzung:

Es hatten, als die Gemeinschaft der böotischen Schwestern[450] auswanderte, Athene und der Gott von Aktium[451] unsere Stadt verlassen. Nun ist zusammen mit Athene Apollon in die Oderstadt zurückgekehrt, und Kalliope veranstaltet wieder ihre Tänze[452]. (5) Auf denn, ihr jungen Männer, schließt euch den Musen an und verachtet nicht wie zuvor die kastalischen Göttinnen! Was mich angeht, werde ich, da mir geboten wurde, die Aufgabe des Lehrens zu übernehmen, euch Führer auf dem Weg zur athenischen Pallas sein. Sobald der Strahl der Sonne die vierte Stunde bezeichnet, (10) werde ich am Tag nach Ostern[453] über des großen Cicero anziehendes Werk lesen, in dem er mit gesendeten Schriften seine Freunde grüßt und im gegenseitigen Austausch Worte wechselt[454].

---

450 Gemeint sind die Musen; s. oben *c.* 1,16 und die Anmerkungen 323 und 327.

451 Mit *Actiacus … deus* ist Apollon bezeichnet; vgl. Ovid *met.* 13,715: *Actiaco … Apolline.* Aktium ist eine Halbinsel am Golf von Ambrakia, auf der sich ein sehr alter Tempel des Apollon befand; nachdem Octavianus dort am 2. September 31 v. Chr. mit seiner Flotte über Antonius und Kleopatra gesiegt hatte, ließ er den Tempel erweitern.

452 Die Vorstellung ‚Rückkehr der geflohenen Musen nach Frankfurt‘ begegnet auch *c.* 1,1–16; *c.* 6, 5–8; 13; 69f; *c.* 10,9–12; 53; *c.* 18,11.

453 D. h. am 18. April 1541; s. auch *c.* 9a, 1 und *c.* 14,1.

454 Bochow hat wohl vor allem die Briefsammlung *Ad familiares* im Auge.

[Carmen 13][455] Matthäus Host (Matthaeus Hostus)

Matthäus Host zu Ciceros *Officia*

11 daktylische Hexameter

1–3: In einer Apostrophe an die Studenten betont Host, dass Kenntnis von Ciceros *De officiis* sowohl für die Ausbildung des Redestils als auch für die Lebensführung wichtig sei.
4–9a: Die von Cicero behandelten ethischen Grundsätze müssen sich alle Menschen lernend aneignen, ganz besonders aber die künftigen Staatslenker.
9b-11: Dementsprechend ermuntert Host die Studenten, die eine Stellung an Fürstenhof anstreben, zu eifrigem Studium der Ciceronischen Schrift.

Übersetzung:

Erläutern werde ich die Bücher, denen ihr Verfasser Cicero den Titel *De officiis* („Über die Pflichten") gab[456]; aus diesen wirst du, wissbegierige Jugend, Pflege des rednerischen Stils lernen und Vorschriften

455 Vgl. Melanchthons Gedicht: *In Officia Ciceronis,* 1524 entstanden, sieben elegische Distichen; s. dazu Kühlmann (1997) 350–353; 1153 und Glei (2001) 198f.

456 Ciceros Werk *De officiis,* die letzte seiner philosophischen Schriften, ist im Herbst 44 v. Chr. entstanden. Zwar will Cicero nach eigener Aussage Sokratiker und Platoniker sein (*off.* 1,2), aber bei der Frage des rechten Handelns, bei der Erörterung des Wesens von *officium,* folge er vor allem den Stoikern (*off.* 1,6). Als „eine Zusammenfassung der moralischen *loci communes* ... fand – nicht nur in Deutschland – Ciceros Pflichtenlehre von der Renaissance bis weit ins 18. Jahrhundert ... gleichbleibende Aufmerksamkeit" (Kühlmann [1997] 1153); zu dem bedeutenden, 1563 erschienenen Kommentar des Melanchthon-Schülers Hieronymus Wolf (1516–1580) s. Ludwig (2020).

für die Lebensführung[457]. Was sich für einen tüchtigen Mann ziemt[458] und für einen am Rechten festhaltenden, (5) was für einen friedliebenden, was für einen, der im Zeichen des Mars Krieg führt[459], schließlich wie weit das Schimpfliche vom Ehrenhaften entfernt ist – dies müssen zwar alle lernen, ganz besonders aber diejenigen, welche die Angelegenheiten großer Gemeinwesen zu behandeln wünschen[460]. Deshalb ermuntere ich die jungen Männer, (10) fleißig diese Bücher zu studieren – alle jungen Männer, die an den Hof eines mächtigen Fürsten und eines bedeutenden Königs streben[461].

Ergänzende Kommentierung:

Hosts Empfehlung, das Studium von Ciceros *De officiis* als Vorbereitung auf den Staatsdienst zu betreiben, setzt die Annahme voraus, dass sich die Lehren des Römers, seine Analysen historischer Beispiele, sein Wertesystem unmittelbar auf die politische Kultur

---

457 Wenn Host hier nicht nur die inhaltliche Bedeutung von *De officiis* heraushebt, sondern auch den Nutzen dieser Schrift für die Schulung der lateinischen Diktion, so entspricht dies ganz den von Melanchthon in seinem Gedicht *In Officia Ciceronis* (s. Anmerkung 455) genannten Vorzügen. Thematisch knüpfen Hosts und Melanchthons Aussagen an Ciceros Prooemium *De off.* 1,1–4 an, worin die enge Verbindung von Philosophie und der Kunst öffentlicher Rede entwickelt wird.

458 Mit *deceat* ruft Host den für Ciceros Schrift zentralen Begriff des *decorum* auf (s. etwa *De off.* 1,93–106 und 122–151); das *decorum* ist einerseits das Sittliche überhaupt, andererseits entspricht es der Kardinaltugend der Mäßigung, *temperantia* (Gawlick / Görler [1994] 1048). Mit den Formulierungen *fortem virum* und *iusti tenacem* verweist Host auf die Kardinaltugenden *fortitudo* und *iustitia.*

459 S. etwa *De off.* 1,74–81.

460 Den in der Politik Tätigen nimmt Cicero in *De officiis* immer wieder in den Blick, s. etwa *De off.* 1,61–65; 3,46–49 und 82–89.

461 Dass die universitäre Ausbildung (nicht so sehr auf die Erkenntnis von Wahrheit um ihrer selbst willen zielen, sondern) namentlich auf Tätigkeiten im Staatsdienst vorbereiten soll, betont auch Joachim II. in seinem *Edictum*; s. ferner Georg Sabinus *c.* 4,13–20 und Caspar Schulz *c.* 17,5–14.

der Gegenwart beziehen lassen; die immense Verschiedenheit der weit auseinander liegenden Zeitalter bleibt dabei außer Betracht[462].

[Carmen 14] **Bartholomäus Rademann** (Bartholomaeus Rademannus)

Bartholomäus Rademanns jambisches Gedicht zu P. Terenz

18 jambische Verse (Senare)

1–3: Rademann kündigt eine Vorlesung über den Komödiendichter Terenz[463] an, der sich u. a. durch Reinheit der Diktion auszeichne. 4–12: Von Rademann apostrophiert, erfährt der Student, was er

---

462 Zu ähnlichen Annahmen s. zu *c.* 4 (Georg Sabinus) und *c.* 7 (Jodocus Willich).

463 Geboren wurde Terenz um 190 v. Chr., gestorben ist er nach 160 v. Chr.; zu antiken und spätantiken Viten (u. a. Sueton; Donatus) s. Deufert (2003), der die *Vita Ambrosiana* als spätantik erweist; zu neuzeitlichen Viten (Petrarca; Sicco Polentonus; Riccio Baldi) s. Deufert (2003) 46–53. Überliefert sind von Terenz sechs Komödien, die in den Jahren 166–160 v. Chr. aufgeführt wurden und Stücke zweier griechischer Dichter zur Vorlage haben: *Andria*, *Eunuchus*, *Adelphoe* und *Heautontimorumenos* solche des Menander (ca. 342–292 v. Chr.), *Hecyra* und *Phormio* solche des Apollodor von Karystos (3. Jahrhundert v. Chr.). Seinen Komödien hat Terenz jeweils einen Prolog in jambischen Senaren vorangestellt, die unter anderem als eine *captatio benevolentiae* fungieren und „eine durchgehend programmatische Intention ... erkennen lassen“ (Seidel [1999] 102). In Antike und Mittelalter war Terenz „nach Vergil der meistgelesene römische Dichter im lateinischsprachigen Schulunterricht“ (Deufert [2003] 5), und auch im Humanismus fand sein Werk weite Verbreitung (s. etwa Bauch [1903] 13; 14, 153). Eine wichtige Edition des Dichters hat Melanchthon 1516 vorgelegt und 1524 nach Überarbeitung erneut erscheinen lassen (eine weitere folgte 1545). Außerdem hat sich Melanchthon ausgiebig mit den Prologen der Terenzischen Komödien befasst (s. dazu die exzellente Analyse Seidels [1999]) – der Autor war zu Rademanns Zeit also gut erschlossen; für seine Vorlesungsankündigung wählt er das Versmaß der Terenzischen Prologe.

aus der Lektüre des Terenz kennenlernen könne: gepflegtes Latein, Witz und Beispiele ehrenhafter Lebensführung ebenso wie die bedenklichen Verhaltensweisen verschiedener Charaktere.
13–18: Im Hinblick auf den Gewinn für die Ausbildung des Redestils und für die Lebensführung empfiehlt Rademann die Beschäftigung mit Terenz allen Literaturstudenten besonders nachdrücklich.

Übersetzung:

Am Tag nach Ostern[464] werde ich anfangen und über die Komödien lesen, die der durch Reinheit der Sprache[465] und feinen Geschmack[466] herausragende Dichter Terenz veröffentlicht hat. Aus diesen wirst du, junger Mann, Wendungen geschmackvoller Rede (5) und Beispiele attischen Witzes[467] kennen lernen, außerdem ehrenhafte Muster von Lebensführung[468], denn die Komödien sind Muster und

---

464 *Cras*: zu ergänzen ist etwa *festi* (s. Grotefend [1971] 18f), wobei mit *festum* das Osterfest gemeint ist, nach dem das Sommersemester zu beginnen pflegte; bezeichnet wird der 18. April 1541; s. noch *c.* 9a,1 und *c.* 12,10.

465 *Puritate linguae*: s. Caesars Charakterisierung des Terenz als eines *puri sermonis amator*, „Liebhaber der reinen Sprache“ (überliefert von Sueton in seiner *Vita Terentii*: Rostagni [1964] 43). Wenn hingegen Terenz in *Heaut. Prolog.* 46 von *pura oratio* spricht, ist nach Ansicht Roman Müllers (2007) „reine Sprechrolle“ gemeint.

466 S. noch V. 4: *elegantis formulas*. Bereits Cicero hatte an Terenz den *lectus sermo* („die gewählte Redeweise“) hervorgehoben (überliefert von Sueton in seiner *Vita Terentii*: Rostagni [1964] 42) und Quintilian *inst. orat.* 10,1,99 die Stücke des Terenz als die *elegantissima* der Gattung der Komödie gerühmt.

467 Der Ausdruck *Attici sales* geht auf Cicero zurück, der in *De oratore* 2,217 den Bewohnern Attikas zubilligt, Meister der *salsa*, der gesalzenen, d. h. feinen, aber scharfen Witze zu sein; zu Ciceros Witzlehre insgesamt s. Chalkomatas (2007) 141–150. Mit seiner Verwendung der Ciceronischen Junktur weist Rademann darauf hin, dass Terenz griechische Vorlagen der lateinischsprachigen Welt vermittelt.

468 Rademann folgt mit dieser Darlegung, die an der Terenzlektüre den Nutzen für die Stilbildung ebenso heraushebt wie den Nutzen für die moralische Entwicklung, ganz dem Konzept Philipp Melanchthons, der in der

enthalten gewissermaßen ein Bild des Lebens[469], belehren über Fehltritte und geben zu bedenken, dass Sklaven mit tückischer Verschlagenheit ausgestattet[470], Greise störrisch, junge Männer verschwenderisch und in der Regel alle mit verderbten Sitten Kinder eines nachsichtigen Vaters sind[471]. Da der Dichter deswegen zum Gewinn von Beredsamkeit und für die Sitten sehr viel nützt[472], er, den ich mit Eifer sorgfältig erläutern werde, weise ich alle, die hier Literatur studieren, nachdrücklich darauf hin, dass für sie vor allen anderen Schriftstellern die Lektüre des Terenz zu empfehlen ist.

[Carmen 15] **Werner Elerdes** (Vernherus Elerdesus)

Werner Elerdes zu Linacre[473]

Praefatio zu seiner Terenz-Ausgabe von 1516 den Dichter als *et orationis et vitae magister* („Lehrmeister der kunstgemäßen Rede wie der Lebensführung“) bezeichnet (Corpus Reformatorum, vol. 1 [1834], Sp. 13).

469 Rademanns Charakterisierung der Terenzischen Stücke folgt Ciceros Komödientheorie in *De re publica* 4, frg. 11 (= Donatus *exc. De com.* p. 22,19 Wessner): *Comoediam esse Cicero ait imitationem vitae, speculum consuetudinis, imaginem veritatis* („Die Komödie, sagt Cicero, ist eine Nachahmung des Lebens, ein Spiegel des Herkommens, ein Bild der Wirklichkeit“), s. hierzu Chalkomatas (2007) 136–141.

470 Zu den Sklaven bei Terenz s. Kruschwitz (2004) 197: „Über weite Strecken der Stücke sind sie die Träger bzw. Mitträger der Handlung, indem sie [scil. von ihren Herren] mit dem Ersinnen und Ausführen von Intrigen beauftragt werden (oder diese auch – das Einverständnis voraussetzend – selbst ins Werk setzen)“.

471 Zu Verhältnis von Vätern und Söhnen bei Terenz s. Kruschwitz (2004) 195f.

472 Die Verse 13f fassen die Darlegung der Verse 4–12 bündig zusammen.

473 Dies ist die korrekte Schreibweise; zuweilen wird in der Literatur auch die Form Linacer verwendet, so zum Beispiel unten im *Catalogus Autorum*. Thomas Linacre wurde um 1460 in Canterbury geboren. Nach der Ausbildung an der Universität Oxford hielt er sich von 1485 bis 1497 in Italien auf und studierte Griechische und Lateinische Literatur sowie Medizin; in letzterer erwarb er 1496 an der Universität Padua den Doktorgrad. Nach

5 elegische Distichen

1–4: In einer Apostrophe an den Studenten kündigt Elerdes eine außerordentliche Vorlesung über eine grammatische Schrift des Thomas Linacre an.
5–8: Von der Beschäftigung mit dieser Schrift werde der Student stark profitieren.
9–10: Denn nur bei Kenntnis der von Linacre behandelten Gegenstände werde jemand wissenschaftliche Bildung erlangen.

Übersetzung:

Wenn dir die gelehrten Schriften des Briten Linacre gefallen, Schriften, mit denen er uns lehrt, rein zu sprechen[474], {so lass dir sagen:} Ich werde beginnen, sie an bestimmten Tagen zu erläutern zu einer Zeit, in der unsere Schule der Muße pflegt[475]. (5) Es soll dich, junger Mann, nicht reuen, diese Bücher[476] zu studieren, aus denen du große Vorteile für den rednerischen Ausdruck ziehen wirst. Denn sie lehren, Worte in geistreichen Figuren zu verknüpfen, alle möglichen Konstruktionen[477] und schwierige Formen. Zwar scheinen diese Dinge gering zu sein, was sie ja auch sind, (10) aber niemand von den Gebildeten wird ohne sie bedeutend sein.

England zurückgekehrt, diente er u. a. als Leibarzt Heinrichs VIII. und unterhielt eine Praxis in London, wo er am 20. Oktober 1524 starb.

474 Welche Schrift gemeint ist, ergibt sich, auch ohne dass der Titel genannt würde, aus den Versen 7f.

475 Gemeint sind die Mittwoche oder Samstage während des Semesters, an denen keine *lectiones ordinariae* stattfanden.

476 Es geht um die zuerst in London 1524 erschienene Schrift *De emendata structura Latini sermonis, libri VI* („Sechs Bücher über die korrekte Syntax der lateinischen Sprache“; eine knappe Inhaltsübersicht findet sich bei Haase [1874] 19); die Wittenberger Auflage von 1532 wurde von Philipp Melanchthon 1531 mit einem empfehlenden Vorwort versehen und erlebte bis 1580 insgesamt neun Neudrucke (Hartfelder [1889] 278); eine Analyse der Schrift bietet Jensen (1986).

477 Zum Beispiel *constructio transitiva* und *constructio intransitiva.*

[Carmen 16] Jakob Jockisch (Iacobus Iociscus)

Jakob Jockisch aus Hegetmatia (Liegnitz), Professor der Astrologie, zur Erneuerung der Universität

45 sapphische Strophen

Die Struktur des Gedichts wird auf weite Strecken durch Apostrophen geprägt:
V. 29 an den Kurfürsten; V. 33–48 an Johannes Weinleben, den brandenburgischen Vizekanzler[478]; V. 49–60 an den Studenten (und überhaupt an jeden Leser); V. 69–75 an Merkur; V. 91f und 101–104 an den Kurfürsten; V. 121–124 an Mars; V. 125–128 an Apollon; V. 137–140 an den Kurfürsten; V. 155 sowie V. 173–180 an den Studenten.

1–16: Einst war die Universität allenthalben berühmt; die bedeutenden Dichter Helius Eobanus Hessus (1488–1540) und Ulrich von Hutten (1488–1523) wurden an ihr ausgebildet.
17–28: Aber als die List des Antichrists allmählich erkannt war und die Dozenten der Viadrina im früheren Irrtum befangen blieben, wanderte die akademische Jugend in andere Regionen ab. Das hat sich seit dem Regierungsantritt Joachims II. geändert: Er hat die Finsternis mit dem Licht des Heiligen Worts vertrieben und angeordnet, dass in ganz Brandenburg die reine Lehre gepredigt werde; auch hat er die Schäden der Universität behoben.
29–48: Der brandenburgische Vizekanzler Johannes Weinleben hat, unter der Leitung des Kurfürsten, die Erneuerung der Viadrina zustande gebracht, indem er die guten Wissenschaften und die heiligen Sprachen fördert, eine Leistung, die anhaltendes Lob verdient. Jetzt kehrt das goldene Zeitalter wieder, in dem die gelehrten Musen wieder üppige Belohnungen erhalten. Der glückliche Tag, an dem Weinleben den Ruhm der Universität erneuert hat,

478 Zu Weinlebens Amtstitel s. oben die Einleitung mit Anmerkung 50.

muss im Kalender vermerkt werden.
49–64: Der denkwürdige Tag der Wiederaufrichtung der Viadrina ist der 9. September 1540[479].
65–88: Das Horoskop dieses Tages stellt namentlich landwirtschaftliche Güter und das Auftreten von Absolventen der Artistenfakultät in Aussicht.
89–112: In einer Apostrophe an den Kurfürsten bittet Jockisch um großzügige finanzielle Förderung der Astronomie. Zu den Kennzeichen der Gegenwart gehöre es nun einmal, dass die Jugend sich den *bonae artes* zuwende, die ein gutes Auskommen versprächen, und deshalb scharenweise in die Artistenfakultät ströme.
113–148: Hinsichtlich der geistigen Kraft wird die Universität Wittenberg eine enge Verbindung zur Viadrina knüpfen, hat es doch zu Beginn von Philipp Melanchthons Rektorat [August 1518] eine ähnliche astronomische Konstellation gegeben.
149–173: Die Sternenkunde besitzt nicht zuletzt wegen ihres Nutzens für den Staat große Bedeutung. Einst von Atlas erfunden, ist sie von hochgelehrten Männern wie Thales, Anaximander und Archimedes gepflegt worden.
174–180: Die akademische Jugend fordert Jockisch auf, sich der Sternenkunde mit großem Eifer zu widmen.

Eine Besonderheit ist, dass der Kurfürst nicht nur Lob für bisher Geleistetes erhält (wie von Georg Sabinus in *c.* 1 und von Christoph Corner in *c.* 10), sondern unmittelbar um weitere Förderung der Universität ersucht wird. Das Gedicht fungiert somit geradezu als Antrag auf die entsprechende finanzielle Unterstützung.

---

479 Von diesem Tag datieren die Reformbestimmungen, welche die vom Kurfürsten eingesetzte Visitationskommission festgelegt hat. Die Kommission war am 24. August 1540 in Frankfurt eingetroffen und hatte sich im Kartäuserkloster einquartiert. „Die Stadt verehrte Weinleben einen silbernen Becher. Wer außer ihm zur Kommission gehörte, wissen wir aus den Quellen nicht“: Höhle (2002) 445.

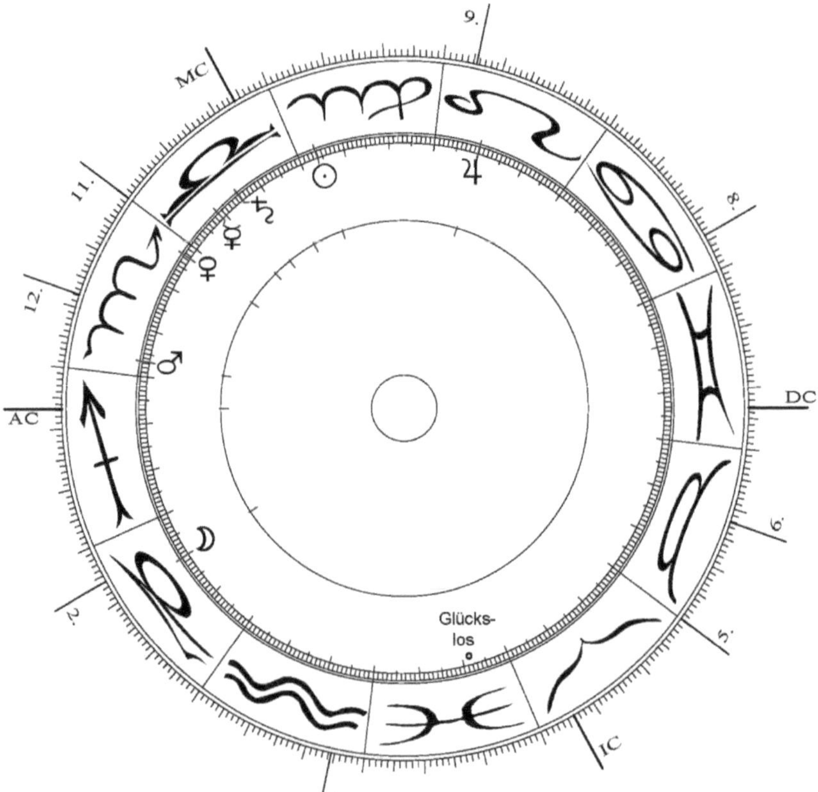

Iociscus-Horoskop 9.9.1540, 12:30 Uhr, Frankfurt (Oder), erstellt von Stephan Heilen zu Anmerkung 528 (siehe unten Seite 187).

Übersetzung:

(St. H. briefl.) bedeutet im Folgenden: Stephan Heilen brieflich

Einst war die Universität von Frankfurt bekannt und überall berühmt wegen ihrer Sprachen und berühmt dank einer vielseitigen Schar gelehrter Männer.

(5) Freilich werden die natürlichen Nachkommen es vermögen, die echte Geistesanlage der Mutter wiederaufleben zu lassen, die sie als gut ausgebildet, gut bewandert den Freunden geschickt hat[480].

Hier hat nämlich, gestärkt im Schoß Euterpes, (10) der junge Hessus viele Jahre verbracht[481] sowie eine sehr große Schar von Dichtern in Begleitung der Musen[482].

Hier wurde auch Hutten ausgebildet[483], einst bekränzt mit dem

---

480 Dieser Strophe liegt die Vorstellung der Universität als einer *alma mater* („einer nährenden Mutter") zugrunde, einer Vorstellung, die auf das Motto *alma mater studiorum* der Universität Bologna, der ältesten Europas, zurückgeht.

481 Helius Eobanus Hessus (1488–1540) hat an der Viadrina lediglich ein Semester zugebracht, und zwar im Sommer 1513 als Jurastudent (s. oben Anmerkung 328 zu *c.* 1); *multos ... annos* ist also eine hübsche Übertreibung.

482 Schon kurz nach Eröffnung der Viadrina bildete sich unter der Ägide von Publius Vigilantius Axungia und Johannes Rhagius / Aesticampianus ein Dichterkreis; zu ihm s. Rehfeld / Targiel (1988) 52: „Ulrich von Hutten, Arnold Glauberg, Wolfgang Angst, Mathias von Ilow, Johann und Alexander von der Osten, Richard Sbrulius, Hermann Trebelius (ab 1508) und Eobanus Hessus (ab 1513) gehörten zu den bekanntesten Vertretern dieser humanistischen Dichterschule".

483 Ulrich von Hutten (1488–1523) hat vom Sommersemester 1506 bis zum Wintersemester 1507/08 an der Viadrina Poetik und Rhetorik studiert: s. oben Anmerkung 329 zu *c.* 1.

beerenreichen Lorbeer[484], (15) {Hutten,} der, dichtend, in einem weitgespannten Poem bedeutende Herrscher feierte[485].

Aber sobald die Arglist des Antichrists[486] nach und nach erkannt wurde[487] und der frühere Irrtum die Unseren noch gefangen hielt, ist die gelehrte Jugend in andere (20) Länder abgewandert[488],

bis die Zügel seines Vaters der Fürst der Mark {Brandenburg}

---

484 V. 14 bezieht sich auf folgendes Ereignis: Am 12. Juli 1517 wurde Hutten in Augsburg auf Empfehlung des Juristen Konrad Peutinger (1465–1547) durch Maximilian I. (1459–1519, seit 1508 deutscher Kaiser) zum *Poeta laureatus* gekrönt (Rehfeld / Targiel [1988] 56f; Jaumann [2008] Sp. 1190).

485 Gemeint ist wohl Huttens 1300 katalektische daktylische Hexameter umfassendes Gedicht *In laudem reverendissimi Alberthi Archepiscopi Moguntini Panegyricus,* entstanden anlässlich des Einzugs des Erzbischofs Albrecht (1490–1545) in seine Mainzer Residenz am 8. November 1514 (Mainz 1515; neuere Ausgabe: Eduard Böcking, vol. 3 [1862] 353–400); in diesem Gedicht werden Herrscher von (Arminius und) Karl dem Großen bis zu Maximilian I. behandelt (V. 761–1077a); s. Jaumann (2008) Sp. 1205 und 1213.

486 Mit *dolus Antichristi* – der Name begegnet im Neuen Testament in den Johannesbriefen (1 Joh 2,18; 2 Joh 7; s. dazu Klauck [1991] 146–155; Pratscher [2010]) – zielt Jockisch auf das Papsttum; er folgt dabei Martin Luther, der den in 2 Thess 2,3–12 prophezeiten „Sohn des Verderbens", den „Widersacher", der „trügerische Zeichen ... tun" und „alle, die verloren gehen, betrügen wird", mit der Gestalt des Papstes identifizierte; s. dazu Preuß (1906) 94–182.

487 Nämlich von Luther und den Anhängern der Reformation.

488 Diese Auffassung wird durch die Zahlen der Einschreibungen märkischer Studenten in Wittenberg nicht gestützt; s. Götze (1878 / 2); Höhle (2008) 72: „Den größten Zuzug von märkischen Studenten erlebte die Universität Wittenberg erst in den Jahrzehnten nach 1540, also nach der im Sinne Melanchthons erfolgten Reform der Viadrina"; Asche (2015) 248 Fußnote 33: „Entgegen der älteren Forschungsmeinung setzte die Abwanderung von Frankfurter Studenten nach Wittenberg erst in den 1540er Jahren und nicht bereits mit Beginn der Reformation ein"; vgl. auch oben Anmerkung 33.

Joachim II. übernahm[489] und das blindmachende Dunkel mit dem Licht des Heiligen Worts[490] vertrieb.

(25) Kürzlich hat er angeordnet, dass im ganzen Land das göttliche Wort ohne das Unheil der Verfälschung[491] gepredigt werde, auch hat er die Schäden der Universität ausgebessert.

Und das hat unter deiner [Joachim II.] Leitung Johannes[492] vollbracht, (30) dem die Vortrefflichkeit des Vaters und der uralte Stamm den Namen des Weinlaubs gab, einen allenthalben berühmten Namen.

---

489 Am 11. Juli 1535.

490 *Sacri ... Lumine verbi*: Das Theologumenon, dass das Wort Gottes für die Menschen Licht sei, findet sich bereits in Psalm 119 V. 105 (Vulg. Ps 118,105): *Lucerna pedibus meis verbum tuum et lumen semitis mei* (Luther [2016]: „Dein Wort ist meines Fußes Leuchte und ein Licht auf meinem Wege"). Auch aus der Aussagenkette im Prolog des Evangeliums nach Johannes lässt sich das Theologumenon ableiten (in der Übersetzung von Berger / Nord [1999] 315: „Zuerst war das Wort da, Gott nahe und von Gottes Art. / Es war am Anfang bei Gott. / Alle Dinge sind durch das Wort entstanden. Ohne das Wort konnte nichts werden. / In ihm war das Leben, und für die Menschen ist Leben auch Licht. / Das Licht macht die Finsternis hell, und die Finsternis hat das Licht nicht verschluckt"). Jockischs Aussage, das Heilige Wort habe die Finsternis vertrieben, mag durch den Johannesprolog angeregt sein. Vgl. auch unten *c.* 18,5: *Lux modo diuini nobis est reddita verbi.*

491 Der metaphorische Gebrauch des Wortes *fucus* („Schminke") begegnet bereits bei Cicero, z. B. *Brutus* 162 (über Reden des L. Crassus): *in his omnibus inest quidam sine ullo fuco veritatis color* („all diesen haftet gewissermaßen ohne irgendwelche Schminke die Farbe der Wahrheit an"). Jockisch geht es also darum, die katholische Predigt als das Christentum verfälschend, die evangelische hingegen als die „wahre christliche" zu charakterisieren; vgl. noch V. 18f: *prior ... error.*

492 Johann Weinleben, der brandenburgische Vizekanzler, der faktisch Kanzler war (s. dazu oben die Einleitung mit Anmerkung 50).

Wiewohl du [Weinleben] dank fürstlicher Ehrung groß bist (und) berühmt durch die weise Ader des Rats, (35) so wirst du doch weit berühmter sein alle Zeiten hindurch:

Weil du die guten Wissenschaften mit klugem Bemühen förderst und ebenso die Sprachen, gottgefällige Gaben[493], wird die gelehrte Muse nicht ablassen, dich zu feiern (40) mit beständigem Lob.

Daher kehrt uns in die Region das goldene Zeitalter wieder, in dem nicht an Geldmitteln und Gold gespart wird und für die gelehrten Musen erneut großzügige Belohnungen geschaffen werden[494].

(45) Dieser glückliche Tag muss in Erinnerung an das günstige Zeichen mit weißem Steinchen markiert werden, er, an dem du, berühmter Johannes, der Universität glänzenden Ruhm verliehen hast!

---

493 Gemeint sind Latein, Griechisch und Hebräisch.

494 Mit *aureum ... saeculum* evoziert Jockisch den antiken Mythos der Weltzeitalter, in dem das erste, das goldene, unter der Herrschaft des Gottes Saturnus steht, eine glückliche, von Sorgen freie Epoche des Friedens. In seiner besonders oft rezipierten Schilderung der Zeitalter hebt Ovid *met.* 1,89–150 zwar hervor, dass die Erde in der goldenen Ära ohne Zutun des Menschen „alles“ hervorbringe (1,102) und einen paradiesischen Zustand schaffe (1,109–112), aber das Hervortreten des Goldes schreibt er als Kriege heraufbeschwörend gerade dem vierten, dem eisernen Zeitalter zu (1,141f). Im Unterschied zu diesem Ovidpassus entmetaphorisiert Jockisch die Junktur *aureum saeculum*, indem er sie auf die finanzielle Förderung der Universität anwendet und damit dem Gold eine andere, segensreiche Rolle zuweist. Ähnlich, allerdings mit satirischer Absicht, war schon Ovid *Ars amatoria* 2,277f verfahren: *Aurea sunt uere nunc saecula, plurimus auro / uenit honos, auro conciliatur amor* („Es sind wahrhaft goldene Zeiten: Mit Gold erlangt man sehr hohes Ansehen, mit Gold gewinnt man Liebe“); s. dazu Gatz (1967) 132f. Die Gegenwart als die Wiederkehr des Goldenen Zeitalters zu werten, ist ein auf die Antike zurückgehender Topos der Panegyrik; er wird in den Vorlesungsankündigungen auch noch von Bernhard Holtorp benutzt (unten *c.* 18,1–12).

Das Jahr war seit Christi Geburt jenes, das dir[495] beide Hände mithilfe der zuverlässigen Zeichen der Alten und wenn man sie nach dem Gebärdenspiel der Altehrwürdigen bewegt, angeben werden.

Wenn die Rechte den kleinen gebogenen Finger in die Mitte der glatten Handhöhle legt, wenn du ferner ein gekrümmtes Gamma mit dem rechten Daumen formst,

und darauf an der Linken der Daumen der Seite des Zeigefingers angelegt wird, wobei die übrigen Finger zurückgedrängt sind, wirst du die kunstvoll bezeichnete Zahl des Jahres {in der Hand} halten.[496]

Schnell in ihrem Gang, eilte damals die erste Stunde, welche die Ohren nach dem Mittagessen[497] traf, dahin, als die siebente Regenphase dem Erdkreis den neunten Tag brachte[498].

Den mittleren Gipfel am Himmel[499] hatte damals die Waage inne, welche den Sohn der Maia [Merkur] und den mit der Sichel mähenden Greis [Saturn] beförderte, die in den mittleren Bogen-

495 Angeredet ist jetzt bis V. 60 der Leser.

496 MDXL = 1540. Jockischs „kunstvolle Beschreibung der Bestandteile des römischen Zahlworts mithilfe der zehn Finger“ scheint „eine kreative Weiterentwicklung antiker poetischer Zahlenperiphrasen zu sein; vgl. dazu Vogel (2014)“ (St. H. briefl.).

497 „Die astronomischen Daten weisen auf 12.30 Uhr“ (St. H. briefl.).

498 Die römische Monatszählung begann mit dem März; die „siebente Regenphase“ bezeichnet also den September. Näherhin geht es um den 9. September 1540, das Datum des Reformvorschlags der Visitatoren.

499 „D. h. das Medium Caelum“ (St. H. briefl.).

graden [der Waage][500] in Konjunktion standen[501].

Täusche ich mich oder gewährt dir, Sohn der Maia, der Stern des Saturn (70) die Güter der Erde, Weinberge, Ländereien, Äcker[502], er, der hoch auf dem Scheitel des Himmels[503] herrscht?

Und weil du, Merkur, eben erst von Saturn getrennt,[504] den Sextil[505] Jupiters berührst[506], (75) stellt dies rasch dem Verbrauch zugeführte Güter gottesfürchtiger Pflege[507] in Aussicht.

---

500 „*Pars* ist term. techn. für ‚Bogengrad' (oder einfach ‚Grad'). Merkur und Saturn standen zwar nicht gradgenau in Konjunktion, aber innerhalb ihres jeweiligen sog. *orbis luminis*, der 7 (Merkur) bzw. 9 (Saturn) Grad beträgt. Die tatsächliche Längendifferenz beider Planeten betrug ca. 6°, lag also unter dem kleineren der beiden *orbes* (Merkur: 7°), also lag eine Konjunktion vor; zu Details vgl. Heilen (2020) 398f." (St. H. briefl.).

501 Zu *iungi* im Sinne von *se coniungere* als Äquivalent zum term. techn. *coniunctio* s. Heilen (2015) 750; es geht um „die (scheinbare) ‚Berührung' zweier Himmelskörper auf derselben ekliptikalen Länge, mithin ihre Konjunktion" (St. H. briefl.).

502 Hier handelt es sich um „typische Güter des Planetengottes Saturn" (St. H. briefl.).

503 „D. h. im *Medium Caelum*" (St. H. briefl.).

504 „Die exakte Konjunktion der beiden Planeten hatte am Morgen des 4. September 1540 stattgefunden; seitdem entfernte sich der schnellere Merkur vom langsamer durch den Tierkreis wandernden Saturn. Merkur stand übrigens mit einer Distanz von 25° bezüglich der Sonne nahe seiner maximalen Elongation von der Sonne (vgl. Heilen [2015] 646 Anm. 1270), was ihn astrologisch stark macht" (St. H. briefl.).

505 S. dazu Heilen (2015) 786–788.

506 „In der Tat beträgt die Distanz Merkur-Jupiter ca. 61°, also fast genau ein Sextil (60°). Auch bei solchen Aspekten gilt die oben in Anmerkung 500 erwähnte Regel bezüglich des *orbis luminis*, d. h. die Differenz dürfte zwischen 53° und 67° betragen, um noch als Sextil gewertet zu werden" (St. H. briefl.).

507 „Jupiter symbolisiert besonders nach frühneuzeitlicher astrologischer Lehre Religion und Frömmigkeit; vgl. z. B. Ps.-Ovid *De vetula* 3,522: *Significare fidem Iovis est et religionem*" (St. H. briefl.).

Und dass mitten in der Waage der Gott, bereit, seine goldene Rute[508] einzusetzen[509], dahineilt, zeigt uns an, dass es dank einem durchaus gerechten Los (80) Astrologie geben wird[510].

In diesem Tierkreiszeichen [der Waage] nämlich stehend, gibt er Logiker, Geometer und Sternbeschauer[511] und die, welche, mit vielen Wissenszweigen beschäftigt, arbeiten[512],

---

508 „Mit *virga* ist der Zauberstab (*caduceus*) Merkurs gemeint; das Oxford Latin Dictionary verweist s. v. *virga* 3b auf Verg. *Aen.* 4,242, Hor. *carm.* 1,10,18, Ov. *met.* 1,716 und 2,736, Ov. *fast.* 5,447, Stat. *silv.* 2,1,189 und 5,1,101; es fehlt Ov. *epist.* 16,61–64 (*aurea uirga*); s. ferner Carlo Marsuppini (1398–1453), *carm.* 6: *Ad Poggium virum clarum de Mercurio sibi misso a Kyriaco Anconitano veterum rerum curiosissimo carmen elegiacum*, V. 14 (*aurea virga*)" (St. H. briefl.).

509 Diese Übersetzung von *Aurea virga ... expeditus* schlägt Stephan Heilen (briefl.) vor: Der Ablativ *virga* sei nicht als separativ, sondern als *abl. respectus* aufzufassen, gemeint sei also: „hinsichtlich seiner goldenen Rute in Bereitschaft", „bereit, seine goldene Rute jederzeit einzusetzen".

510 „Es sind dies typische Gaben Merkurs, der schon in der Antike als Schutzgott der Mathematik und Sternkunde im Sinne von Astronomie und Astrologie galt" (St. H. briefl.).

511 Logiker, Geometer und Astrologen repräsentieren drei der sieben *artes liberales*, welche in der Artistenfakultät gelehrt werden; die anderen sind Grammatik, Rhetorik, Dialektik/Logik und Musik. – „*Astroblepta* ist Neologismus: Es finden sich keine Belege in Liddell-Scott-Jones (inkl. Supplement 1996), Thesaurus Linguae Graecae online und Thesaurus Linguae Latinae" (St. H. briefl.).

512 Hierzu merkt Stephan Heilen (briefl.) an: „Die genannten Menschen sind typische Merkurkinder, aber diese Aussage gilt unabhängig vom Tierkreiszeichen Waage, denn diese ist keines der Tierkreiszeichen, in denen Merkur astrologische Würden genießt (diese sind die Zwillinge = Merkurs Nachthaus und vor allem die Jungfrau = Merkurs Taghaus und zugleich seine Erhöhung). Vermutlich meint Jockisch daher *Hoc ... signo* metonymisch im Sinne von *in domo decima*: ‚Wenn Merkur im zehnten Haus steht (das mit dem *medium caelum* beginnt und das zweitstärkste Haus des Horoskops nach dem mit dem Aszendenten beginnenden ersten Haus ist), gibt er usw.' In der Antike wurden sehr oft die zwölf Tierkreiszeichen und die zwölf Orte (frühneuzeitlich: Häuser) der Dodekatropos in eins gesetzt,

(85) und das Gleiche gewährt Jupiter, sobald er sich mit den zuerst Genannten[513] in günstigem Aspekt[514] leuchtend verbindet, wie es sich in dieser Himmelsformation zeigt[515].

Diese Abteilung [die Sternkunde] erfordert einen reinen Sinn (90) und lässt nicht zu, dass andere Sorgen sich einbrennen. Ich bitte dich: Verpflichte dir diese Abteilung zu Dank mit einem namhaften Geldbetrag, erlauchter Herrscher!

Denn weil sich unser Sinn, schwankend, zu vielen verschiedenen Abteilungen hinwendet, wünscht er sich auf der einen oder anderen Seite, dass das Alter (95) auf andere Weise hervorragend sein werde[516].

Einstweilen wird aber nichts in jeder Hinsicht vollkommen sein können, noch ist es einem, der durch Vieles behindert ist, möglich, (100) den höchsten Gipfel zu ersteigen.

Als du alle übrigen Fakultäten mit einem größeren Geldbetrag gestärkt hast, großmütiger Herrscher, da hast du diese {Disziplin}, welche die Sterne lehrt, mit angemessenem Lohn beglückt.

---

was sphärengeometrisch ungenau ist, aber die Erstellung eines Horoskops vereinfacht (s. Heilen [2015] 691–693)“; zum astrologischen Terminus „Haus“ ausführlich Heilen (2015); zur Dodekatropos s. auch unten Anmerkung 520.

513 Dass mit *primis* V. 85 die zuerst Genannten, nämlich Merkur und Saturn, gemeint sind, ist eine plausible Vermutung Stephan Heilens (brieflich).

514 Zur Wiedergabe von *radiatio* mit dem modernen term. techn. ‚Aspekt‘ s. Heilen (2015) 787 Fußnote 1850 mit Hinweis auf Kroll (1901) 566. „Gemeint ist damit der Sextil“ (St. H. briefl.).

515 Die Wiedergabe der syntaktischen Struktur der Strophe (einschließlich des Anschlusses an V. 84) folgt Stephan Heilens brieflicher Analyse.

516 Bei dieser Übersetzung ist vorausgesetzt, dass bei dem Adjektiv *praestantem* Tmesis vorliegt.

(105) Es ist wahrlich die Bestimmung unseres Zeitalters, dass wegen des Übels eines teuren Lebensunterhalts die Jugend in großer Zahl angesichts der Belohnung zu den edlen Wissenschaften gerufen wird.

Diejenigen Fähigkeiten, die sie durch reichen Lohn (110) geschmückt sieht – deren Pflege zugetan lässt sich {die Jugend} scharenweise fortreißen, und in ihrem Fleiß schreckt sie vor Anstrengung nicht zurück.

So, glaube ich, wird es schließlich geschehen, – was durch die Anfänge der Kardinalpunkte[517] gekennzeichnet ist –, (115) dass die Wittenberger Universität fortfährt, mit der unsrigen hinsichtlich der geistigen Kraft eine enge Verbindung zu knüpfen.

Denn man berichtet, dass die Kardinalpunkte einst von ähnlicher Stellung gewesen sind, als du den Namen *Academiarcha*

517 „Die Kardinalpunkte sind ASC (Aszendent), MC (Medium Caelum), OCC (Occasus, Deszendent) und IMC (Imum Medium Caelum). Der astrologische Fachbegriff *cardo* (‚Kardinalpunkt') ist in der Junktur *cardinum coepta* m. W. vor Jockisch nirgends belegt. Zwei Deutungen erscheinen möglich: Entweder bezeichnet *coeptis* die Anfänge der beiden Viererreihen von Kardinalpunkten in den beiden von Jockisch erwähnten Horoskopen (dem des Reformvorschlags der Frankfurter Visitatoren am 9. September 1540 und dem des Amtsantritts Melanchthons am 28. August 1518), also die beiden Aszendenten (das würde dazu passen, dass die *cardines* seit der Antike stets vom Aszendenten an gezählt wurden), oder *coeptis* bezeichnet die Anfänge der jeweiligen universitären Ären (reformierter Universitätsbetrieb in Frankfurt und Griechische Philologie in Wittenberg), die durch die *cardines* der beiden Horoskope als minutengenaue Zeitpunkte definiert und charakterisiert sind. Für die zuletzt genannte Deutung spricht m. E., obwohl sie sprachlich kühn wirkt, der Plural v. 118 *cardines*, da er sich ja allein auf das Horoskop des Jahres 1518 bezieht" (St. H. briefl.).

[„Fürst der Universität"] mit dir brachtest[518], (120) berühmter Melanchthon!

Aber warum drohst du mit feindlich Strahlen versendender Miene, voll Freude in deinem eigenen Haus,[519] grausamer Mars, vom äußersten der Häuser[520] die Finsternis eines Kerkers[521] an?

(125) Oder droht der Stern des Mars etwa, weil du, Apollon[522], Begleiter und Herr der Musen, in entgegengesetzter[523] Stellung befindlich, das Glückslos[524] siehst?[525]

---

518 „Nämlich im Horoskop der Wittenberger Antrittsvorlesung Melanchthons. Der Vergleich zweier Horoskope, die sogenannte Synastrie, dient der Feststellung, ob sie miteinander harmonieren oder nicht, und hat eine lange Tradition; s. W. Gundel – H. Gundel (1966) 283; Boll (1950) 125ff." (St. H. briefl.).

519 „Der Skorpion ist ein Haus des Mars" (St. H. briefl.).

520 Gemeint ist: vom 12. ‚Ort' (in der Antike: topos, *locus*) der Dodekatropos (zu diesem Terminus s. Heilen [2015] 689–698), der Feindschaften und Gefangenschaft symbolisiert (s. Heilen [2015] 690 Anm. 1462). „Seit der Frühen Neuzeit heißen diese ‚Orte' <Häuser>, was immer wieder zu Verwechslungen mit den zodiakalen Planetenhäusern führt" (St. H. briefl.); s. auch oben Anmerkung 512.

521 Siehe noch V. 135; vgl. Firmicus Maternus *math.* 3,4,15 (= p. 118,22); 3,4,18 (= p. 119,27); 3,4,20 (= p. 120,10f).

522 „Die Sonne, die in fast exaktem Sextil zu Mars steht" (St. H. briefl.).

523 „Apollon (= Sonne) steht in Opposition zum Glückslos. Das ist nicht gut." (St. H. briefl.). Mehr dazu unten in Anmerkung 528.

524 „Der t. t. der astrologischen Lose ist nicht, wie man glauben könnte, *sortes*, sondern *partes*, denn eigentlich sind die Bogengrade (*partes*) gemeint, in die die Lose fallen. Es gab in der Frühen Neuzeit Dutzende astrologischer Lose für vielerlei Dinge. Sie alle sind immaterielle Punkte, die durch mathematische Relationen der ekliptikalen Längen von Sonne, Mond und den Kardinalpunkten errechnet werden. Das mit Abstand wichtigste astrologische Los ist seit der Antike das Glückslos, *pars Fortunae* (V. 130; s. dazu unten Anmerkung 528), hier poetisch: *pars prospera*" (St. H. briefl.).

525 Zum astronomischen term. techn. „sehen" s. Heilen (2015) 787.

Das Haus[526] des Rats[527], wohl begünstigt (130) durch das Glückslos[528], wird behext vom grimmigen Mars[529], den wiederum in hexagonalem Aspekt der Seher Apollon ansieht[530].

Doch dasjenige, das unser Senat als das Richtige festgesetzt hat

---

526 „*Cuspis* ist term. techn. für den Punkt, wo eines der zwölf Häuser der Dodekatropos beginnt. Hier steht *cuspis* anscheinend poetisch (*pars pro toto*) und als metrische Alternative zu *domus* für das ganze dritte Haus“ (St. H. briefl.)

527 „Traditionell bezeichnet das dritte Haus des Horoskops, in dem sich hier das Glückslos befindet, Geschwister. Jockisch folgt an dieser Stelle wohl nicht antiker, sondern arabischer Tradition. Nach der von Abū Maʿšar al-Balḫī (787–886 n. Chr.), dem bedeutendsten Astrologen des Mittelalters, verfassten *Großen Einleitung in die Astrologie*, die im Abendland seit dem 12. Jahrhundert stark rezipiert wurde, gilt bezüglich des dritten Hauses der Dodekatropos (in der lateinischen Übersetzung des Johannes von Sevilla, *Intr. mai.* 6,26): *Et tercia dicitur domus FRATRUM. Et hec significat esse fratrum atque sororum et propinquorum ac <consanguineorum>, patientiam quoque et consilium, etc.*; s. Abū Maʿšar al-Balḫī [Albumasar], *Liber introductorii maioris ad scientiam judiciorum astrorum*. Édition critique par Richard Lemay [9 Bände, Neapel 1995–1996], hier: Band 5: Texte latin de Jean de Séville avec la révision de Gérard de Crémone, Neapel 1995, 259“ (St. H. briefl.).

528 „*Pars Fortunae* ist lateinischer term. techn. für das Glückslos (*griech. kleros tyches*). Die kanonische, seit der Antike bis in die Frühe Neuzeit gebräuchliche Formel zur Berechnung des Glücksloses lautet

$$\lambda_F = \lambda_{ASC} \pm (\lambda_{☽} - \lambda_{☉})$$

Berechnung also im Ιociscus-Horoskop (09.09.1540, 12.30:00 Uhr, Frankfurt [Oder]): $\lambda_{☽}$ = 10° Steinbock = 280° vom Anfang des Tierkreises (0° Widder); $\lambda_{☉}$ (Sonnenlänge) = 26° Jungfrau = 176° von 0° Widder entfernt; also $(\lambda_{☽} - \lambda_{☉}) = 104°$; dieser Betrag muss (weil es ein Taghoroskop ist) zur Länge des Aszendenten addiert werden, die Jockisch nicht genau mitteilt; sie beträgt ca. 7° Schütze = ca. 247° von 0° Widder entfernt; 247° + 104° = 351° = 21° Fische. Dies ist also (bis auf eine Unsicherheit von wenigen Bogengrad) die Länge des Glücksloses“ (St. H. briefl.). Siehe die Graphik oben Seite 176.

529 „Er steht zum Glückslos im Trigon (120° +/- *orbis*)“ (St. H. briefl.).

530 „Sextil Sonne-Mars“ (St. H. briefl.).

und das beglückend hatte sein sollen, (135) bemüht sich Mars mit den Fesseln des Kerkers[531] zu behindern unter Mithilfe Apollons[532].

Sorge du, großmütiger Fürst, für das Gedeihen der freien Künste, sorge für das Gedeihen, weil die freien Künste freie Menschen fordern und enge (140) Fesseln verachten.

Auch Mars, auf dem äußersten Ort[533] sich befindend, wird den besten Ruhm stiften hinsichtlich der Jugend, die feiner gebildet ist und immer unter dem Verbot steht, sich zu üblen Taten fortreißen zu lassen.

(145) Aber den Platz der Gottesverehrung und des Studiums beansprucht Erycina[534], die Bräute und neue Ehefrauen verheißt für

---

531 „Wirkung des 12. Ortes der Dodekatropos“ (St. H. briefl.).

532 „Weil der ja günstig (im Sextil) zu Mars und ungünstig (in Opposition) zum Glückslos steht“ (St. H. briefl.).

533 Nämlich dem „12. Ort“ (St. H. briefl.).

534 Im lateinischen Text steht *Ericyna* statt des zu erwartenden *Erycina*. Zu V. 145–148 teilt mir Stephan Heilen mit: „Gemeint ist Venus im 11. Ort, der in der Antike Agathos Daimon heißt. Jockischs Rede davon, das 11. Haus stehe für Gottesverehrung und Studium, ist m. W. antik nicht belegt, ließe sich aber (zumindest der erste Teil) mit Verweis auf die antike Assoziation des 11. Ortes mit Jupiter rechtfertigen (der seinerseits im Spätmittelalter und in der Frühen Neuzeit mit Religion assoziiert wurde, s. oben Anmerkung 507): Manil. 2,890: *Iuppiter hac habitat*; Firm. math. 2,19,12: *Appellatur autem hic locus a nobis Bonus daemon vel Bonus genius, a Graecis agathos daemon.* [...] *Est autem locus Iovis* [...]. Der 11. Ort ist immer positiv konnotiert (der 12. hingegen immer negativ). Speziell zur Wirkung der Venus im 11. Ort/Haus vgl. Paul. Alex. 24 p. 70,1–4 Boer: Ὁ δὲ τῆς Ἀφροδίτης ἐκεῖσε χρηματίσας εὐγάμους (!) καὶ καλοβίους, εὐτάκτους καὶ ἀνενδεεῖς τοῦ βίου καὶ κατὰ τὴν τῶν χρόνων πρόβασιν εὐτυχοῦντας ποιήσει, ἐπάνπερ τῆς τῶν κακοποιῶν ἀκτῖνος ἀκατόπτευτος τύχῃ. Im Horoskop des 9. Septembers 1540 ist Venus tatsächlich, wie in Paulos‘ Bedingungssatz am Ende gefordert, frei von Aspekten der Übeltäter (Mars / Saturn). Ich bezweifle allerdings, dass Jockisch das astrologische Handbuch des Paulos Alexandrinos kannte.“ – Übersetzung des Zitats aus Paul. Alex.: „Hat der Stern der Venus

die Sachwalter des Studiums und der Gottesverehrung.

Sooft ich dies bei mir erwägend durchgehe, nehme ich die Bedeutung der Sternkunde[535] wahr und dass von dieser aus sogleich ein beträchtlicher Nutzen für den Staat entsteht,

wenn in der großen Zahl der Fakultäten die Sternkunde jeden Beifall gefunden hat und, erfreulich und nützlich, den Beifall, glaube mir, weithin steigern wird.

Deren Erfinder soll ein Sohn Libyens gewesen sein, von dem es nach der Erzählung der Muse heißt, er halte den Himmel mit den Schultern[536], der königliche Atlas.

Und diese [die Sternkunde] soll Milet[537] gepflegt haben und die

---

dort [im 11. Ort/Haus] zu tun, wird er glücklich Verheiratete schaffen und solche, die schön leben, anständig sind, hinsichtlich des Unterhalts nicht bedürftig und entsprechend dem Fortgang der Zeiten glücklich – wenn er nicht durch den Strahl der Übeltäter [Mars / Saturn] in einen verhängnisvollen Aspekt gerät“.

535 Mit dem Terminus *sphaerica* „spielt Iociscus wohl auf Johannes von Sacroboscos *Sphaera* an, ein Werk über Astronomie, das als Standardwerk im spätmittelalterlichen und frühneuzeitlichen Universitätsunterricht galt (Edition: Thorndike (1949)“ (St. H. briefl.).

536 *Scoptulis*: *scoptulum* steht nach Forcellini für *scutulum*; gemeint sind die beiden verborgenen Schulterknochen, die Schilden ähneln.

537 Die Stadt in Ionien ist Geburtsort des Thales, eines der Sieben Weisen (ca. 624/623 – 548/544 v. Chr.). Antike Testimonien über seinen Beitrag zur Astronomie sind Herodot *hist.* 1,74 (Thales habe eine Sonnenfinsternis für das sechste Jahr des Krieges zwischen dem lydischen König Alyattes II. und dem medischen Herrscher Kyaxares II. [585 v. Chr.] vorausgesagt), Plinius *nat. hist.* 2,53 (Thales sei bei den Griechen der erste gewesen, der atmosphärische Erscheinungen wie Finsternisse erforscht habe, und habe für 585 v. Chr. eine Sonnenfinsternis prophezeit), Diogenes Laertios *vit.* 1,23 („Nach einigen ist er der erste, der sich mit Sternkunde befaßt und Sonnenfinsternisse und Wendezeiten vorausgesagt habe, wie Eudemos in seiner Geschichte der Astronomie berichtet ...“ [Apelt / Zekl / Reich

bedeutendsten Männer und Anaximander[538], der in der Sternkunde bewandert war und berühmt durch den Glanz seiner Weisheit.

(165) Als Marcellus[539] das mitten im Meer gelegene Syrakus wegen heftiger Feindseligkeiten verwüstete, befahl er der Waffe des grimmigen Soldaten, Archimedes zu schonen[540].

Denn der gute Feldherr erkannte, (170) dass der Sternkunde (deren Hohepriester Archimedes war) keine der Künste vorgezogen

---

(^{2}1967)] 14; zu der Schrift *Astrologikè historía* des Eudemos [geboren vor 350 v. Chr.] s. Primavesi [2005] Sp. 314); s. auch *vit.* 1,24. In einem methodenkritischen Aufsatz zeigt Otta Wenskus (2016), dass Thales die ihm zugeschriebenen astronomischen Leistungen nicht erbracht haben kann, dass es sich bei der antiken Überlieferung also um eine Legende handelt.

538 Der Philosoph Anaximander von Milet lebte von 610 bis 547 v. Chr. Über ihn teilt Diogenes Laertius *vit.* 2,1 mit: „Anaximander ... behauptete, Anfang und Urelement sei das Unbegrenzte (Apeiron) ... Die Teile seien wandelbar, das Ganze aber unwandelbar. Als Zentrum liege in der Mitte die Erde in kugelförmiger Gestalt; der Mond leuchte mit geborgtem Licht, er werde von der Sonne erleuchtet, die Sonne aber sei nicht kleiner als die Erde und sei das reinste Feuer ..." (Apelt / Zekl / Reich [^{2}1967] 73).

539 M. Claudius Marcellus, Konsul in den Jahren 222, 215, 214, 210 und 208 v. Chr.; 212 v. Chr. eroberte er die von Rom abgefallene Stadt Syrakus; 207 v. Chr. fand er bei Venusia (heute Venosa, nahe dem Golf von Tarent) den Tod.

540 Zu Leben und Werk des griechischen Mathematikers Archimedes (287–212 v. Chr.) s. Dubielzig (2005) Sp. 673f; 677. Gegen den Befehl des Feldherrn M. Claudius Marcellus wurde Archimedes von einem römischen Soldaten erschlagen (die antiken Testimonien bei Dubielzig [2005] Sp. 677 Anm. 38). Für die Geschichte der Astronomie ist bedeutsam Archimedes' Schrift ‚Sand-Rechner', in welcher er die Frage zu beantworten suchte, wie viele Sandkörner in eine Kugel passen, die so groß ist wie der Kosmos; den Radius dieser Sphäre bestimmte er als „die Verbindungslinie der Mittelpunkte der Erde und der Sonne" (Czwalina [1967] 349). Um die Berechnung durchführen zu können, musste er „ein Verfahren zur Bezeichnung hoher natürlicher Zahlen (bis zu $10^8 \cdot 10^{16}$)" entwickeln (Dubielzig [2005] Sp. 674).

werden dürfe.

Und da du siehst, dass es sehr viele gegeben hat, einst auch aus königlichem Stamm Entsprossene[541], (175) denen allen die Sternkunde sehr am Herzen lag,

so besteht ein sehr gewichtiger Grund, dass du auf die Sternkunde höchsten Eifer verwendest. Bewege denn, Jugend, die sphärischen Kreise im Geist und mit der Hand, (180) drehe sie hin und zurück!

[Carmen 17] Caspar Schulz (Caspar Schultetus)

Caspar Schulz zu den *Rhetorica* des Philipp Melanchthon

4 sapphische Strophen

1–4: Schulz kündigt eine Vorlesung über die *Rhetorica* Melanchthons, des berühmten Sohns der Stadt Bretten, an.
5–14: In vielfach variierten Negationen formuliert Schulz, was demjenigen verwehrt bleibe, der nicht über Redekunst verfüge: der Ruhm auf diesem Feld, eine Berufung an den Fürstenhof, das Richteramt, die Fähigkeit, bei den Zuhörern starke Emotionen zu wecken.

---

541 „Jockisch spielt hier vielleicht auf Manilius 1,40–42 an: *et natura dedit vires seque ipsa reclusit / regalis animos primum dignata movere / proxima tangentis rerum fastigia caelo /* etc. Manilius bezieht sich hier, in Kombination mit Manil. 1,47 *delectique sacerdotes,* vermutlich auf Nechepsos (König) und Petosiris (Priester), die legendären Archegeten der Astrologie, unter deren Namen im späten 2. Jahrhundert v. Chr. das grundlegende Werk der hellenistischen Astrologie von einem unbekannten Autor in Umlauf gebracht wurde; vgl. Heilen (2015) 39–52 (maßgebliche Liste der Fragmente von Nechepsos und Petosiris) und 539–562 (historischer Kommentar zu diesen Pseudonymen, darin 553f zu den zitierten Maniliusstellen)“ (St. H. briefl.).

15–16: Am Schluss wird der Student gemahnt, sich mit der rhetorischen Disziplin vertraut zu machen.

Übersetzung:

Ich werde eine Vorlesung halten über die Bücher, mit denen der ausgezeichnete Verfasser die nützliche Kunst der Beredsamkeit lehrt[542], den zum Zögling zu haben, das von den heiligen Musen geliebte Bretten[543] sich rühmt.

(5) Jeder, der als nicht vertraut mit dieser Kunst hervortritt, wird niemals den Ruhm eines gewandten Redners erreichen, {vielmehr} wird er fern vom Fürstenhof verbannt sein[544].

542 Philipp Melanchthon hat drei Lehrbücher zur Rhetorik verfasst: *De Rhetorica libri tres* (Wittenberg 1519), *Institutiones rhetoricae* ([aus Vorlesungsmitschriften entstanden] Wittenberg 1521) und *Elementorum rhetorices libri duo* (Wittenberg 1531); Inhaltsübersichten zu allen drei Lehrbüchern bietet Berwald (1997); zu *De rhetorica* s. Classen (2003); zum Aufbau der *Elementa rhetorices* s. Wels (^{2}2011) 462–464; zur Rhetorik im Bildungssystem Melanchthons s. Mundhenk (2021). Während Melanchthon in seinen Titeln die Rhetorik entweder mit dem singularischen Femininum *rhetorica* oder *rhetorice* bezeichnet, verwendet Schulz mit *Rhetorica* ein Neutrum (im Plural). Wie es scheint, bezieht sich Schulz auf alle drei Werke; seine Angaben zur Redelehre sind jedenfalls recht allgemein gehalten.

543 In der württembergischen Stadt Bretten wurde Melanchthon als ältester Sohn des Waffenschmieds Georg Schwarzerdt am 16. Februar 1497 geboren. Dort verbrachte er seine Jugend; bereits 1518 wurde er auf den Lehrstuhl für Griechisch an der Universität Wittenberg berufen. In Wittenberg ist Melanchthon am 19. April 1560 gestorben; zu seinem Leben s. vor allem Scheible (2016).

544 Hier wird als eines der Ziele der Ausbildung an der Viadrina eine Laufbahn am Fürstenhof bestimmt; ganz ähnlich äußern sich Joachim II. in seinem *Edictum* sowie in ihren Gedichten die Dozenten Georg Sabinus *c.* 4,13–20 und Matthäus Host *c.* 13,4–11.

Nicht wird er Prozesse führen, den Platz der Gerichtsverhandlungen nicht betreten; (10) denn er wird weder den Sinn des strengen Richters beeinflussen und beugen noch die Herzen des Volks durch Reden bewegen.

Er wird mit keinerlei Klagen Tränen hervorrufen, nicht die Gemüter von gewaltigem Grimm übervoll sein lassen[545]. (15) Kein Student soll folglich eben diese Disziplin vernachlässigen!

[Carmen 18]

Bernhard Holtorp aus Hagen (Stadthagen)
[Ohne Titel]

36 elegische Distichen

1–12: Das goldene Zeitalter im Sinne des Dichters Ovid ist wiedergekehrt, ist doch die lange Zeit verdunkelte Wahrheit des christlichen Glaubens {durch die Reformation} wieder zur Geltung gelangt; allenthalben erleben die Wissenschaften einen enormen Aufschwung.
13–24: Nach einer längeren Phase des Niedergangs hat die Viadrina jetzt ihr früheres Ansehen zurückerlangt – dank ihrer berühmten Professoren:
25–32: Islebius, das ist Johann Agricola (Theologie);
33–36: Alexander Alesius (Theologie);
37–40: Johann Pistius (Theologie);
41–44: Georg Sabinus, *poeta laureatus* (Artistenfakultät);

545 Die Verse 6–8 gelten wohl vor allem dem *genus demonstrativum* (Festrede, verherrlichende Rede), V. 9–11a dem *genus iudiciale* (Gerichtsrede) und V. 11b-12 dem *genus deliberativum* (beratende Rede, Staatsrede). Zugleich beziehen sich die Verse 9–14 auf das Wirkziel der starken Affekterregung, des *movere*.

45–46: Jodocus Willich (*artes ingenuae*);
47–49: Heinrich Eggeling (*artes ingenuae*);
50: Krabat, das ist Georg Jorschigk (Medizin);
51–52: Christian Schirach (Medizin);
53–54: die Juristen (in Praeteritio ohne Namen angeführt);
55–56: die Rhetoriklehrer der Artistenfakultät (ebenfalls in Praeteritio ohne Namen angeführt);
57–60: Herausragend sind schließlich der Theologe Theobald Thamer und der Lehrer der Poesie Christoph Preyss (Artistenfakultät).
61–66: In einer Apostrophe wendet sich Holtorp an den Studenten: Er brauche keine italienische Universität aufzusuchen, hier an der Viadrina könne er sämtliche Disziplinen studieren, und das zu geringen Kosten.
67–72: Zum Schluss spricht Holtorp bekenntnishaft über sich selbst: Aus weiter Ferne sei er zum Studium nach Frankfurt gekommen und habe es nicht bereut – hier fühle er sich wie auf dem Gipfel des Parnass.

Übersetzung:

Das goldene Zeitalter des sicheltragenden Herrschers[546] ist wiedergekehrt so, wie es nach der Dichtung des Päligners Ovid gewesen ist[547]. Denn obwohl mit Eisen tödliche Kriege geführt wer-

546 *Falcifer Rex*: Antonomasie für *Saturnus,* den römischen Gott des Ackerbaus, der Wein- und Obstkultur. Gemäß einer etwa in Vergil *Aen.* 8, 319–327 zugrundeliegenden Sagenversion wurde Saturnus von seinem Sohn Jupiter der Herrschaft beraubt, flüchtete aus dem „himmlischen Olymp“ auf die Erde und fand einen sicheren Aufenthalt in einer mittelitalischen Landschaft, welcher er den Namen Latium gab. Als König brachte er den Ureinwohnern die Zivilisation; unter seiner Herrschaft erlebten die Menschen ein Zeitalter des Friedens, das frei von Sorgen und Schuld war, eben das „goldene“. Schon in Ovid *Fast.* 1, 234 begegnet Saturnus als *deus falcifer*.

547 Ovid met. 1,89–112; zu einer Umwertung des goldenen Zeitalters durch Jockisch c. 16,41–44 s. oben z. St.

den[548], besitzt die Gegenwart bedeutende Vorzüge. Gerade ist uns das Licht des göttlichen Worts[549] zurückgegeben worden, aus dem allen ein unzweifelhaftes Heil zuteil wird; in sämtlichen Städten genießen die Aussprüche des ewigen Christus, die lange unbeachtet im Dunkel waren, Ansehen. Wahrer Glaube ist wiederum zum Leben erwacht und wahre Frömmigkeit, die wie durch einen endgültigen Tod beseitigt war. Ja, sogar die Wissenschaften der gelehrten Pallas (Athene) sind zurückgekehrt[550], auf dem ganzen Erdkreis glänzt der Ruhm der Musen. Um aber nicht von den übrigen Universitäten zu reden, über welche das italische Land und über welche das Land Teutos[551] weithin verfügt – es gewährte den Musen die germanische Oder[552] eine derartige Gastfreundschaft, wie sie die göttlichen Musen lange nicht erlebt haben. Nachdem diese Universität viele Jahre zusammengebrochen darniederlag, erhebt sie dessen ungeachtet jetzt ihr Haupt wieder zu den Sternen. Sie stellte die glänzenden Ehren eines außerordentlichen Rufs wieder her, wobei sie ihren edlen

---

548 Kriege sind in antiker Mythologie eines der Kennzeichen des vierten und letzten, des eisernen Weltzeitalters (s. Ovid *met.* 1, 141–143). Ihr derzeitiges Auftreten ist Holtorp zufolge durch den Sieg des „wahren Glaubens“, der „wahren Frömmigkeit“ (d. h. des evangelischen Glaubens, V. 5–10) kompensiert, so dass die Gegenwart durchaus als goldenes Zeitalter angesehen werden könne.

549 Vgl. Psalm 119,105 (Einheitsübersetzung): „Dein Wort ist meinem Fuß eine Leuchte, / ein Licht für meine Pfade“; s. noch Spr 6,23; Joh 8,12; 2 Petr 1,19; vgl. auch Jockisch *c.* 16,23f: *Sacri … Lumine verbi.*

550 Die Vorstellung ‚Rückkehr der geflohenen Musen nach Frankfurt‘ begegnet auch *c.* 1,1–16; *c.* 6,5–8; 13; 69f; *c.* 10,9–12; 53; *c.* 12,1–4.

551 *Teuto* ist eine der in neuzeitlicher Literatur vorkommenden Varianten des Namens für den göttlich verehrten Stammvater der Germanen. Das einzige antike Zeugnis für diese Gottheit ist Tacitus *Germania* 2,2; in den *Germania*-Handschriften erscheint der Name zumeist als *Tuisto* oder *Tuisco*; andere in der Literatur anzutreffende Varianten sind etwa *Tuito* und *Teuth.*

552 Der Name *Odera* ist Maskulinum; von *pater Odera* spricht Christoph Preuss in *Academiae Francophurdianae Gratulatio* V. 333 – wohl in Entsprechung zu dem Traditionsnamen des Flusses *Viadrus*.

Namen mit großem Gewinn trägt. Hier wird das göttliche Wort des ewigen Vaters gelehrt. Hier lernen wir, mit lateinischem, hier mit griechischem Mund zu sprechen. Es gibt weithin bekannte Professoren, mit Namen berühmt, die öffentlich über die Denkmäler der Alten lesen. (25) Islebius[553], von weit her aus deiner Stadt[554], Elbe, hierher gerufen, lehrt mit wunderbarer Gewandtheit die Worte Gottes[555]. Und wie der fleißige Bauer die ergiebige Flur bebaut, ebenso bebaut er die Flur des Erlösers und bringt zur rechten Zeit eine üppige Ernte hervor; (30) daher hat er den zutreffenden Namen Agricola erlangt. Mit seinem Mund und seiner Zunge zieht er, wie ein zweiter Ogmios[556], die Frommen nach

---

553 Islebius: Johann Agricola (Eislebius; Sartor; Schneyder; Schnitter); er wurde wohl am 20. April 1494 in Eisleben geboren und starb am 22. September 1566 in Berlin. Vom Wintersemester 1509/1510 an studierte er an der Artistenfakultät in Leipzig, wo er das Baccalaureat erwarb; nach einer Unterbrechung setzte er ab 1515/1516 das Studium in Wittenberg fort, wurde dort am 15. 9. 1518 *baccalaureus in bibliis* und am 4. Februar 1518 Magister Artium. Während seines Studiums begeisterte er sich für die Lehre Luthers und befreundete sich mit Melanchthon. Das Verhältnis zu Melanchthon trübte sich jedoch, als dieser die neue theologische Professur in Wittenberg erhielt, auf die sich Agricola Hoffnungen gemacht hatte. 1527 begann Agricola mit Melanchthon, zehn Jahre später auch mit Luther eine lange währende Auseinandersetzung (den ersten und zweiten ‚Antinomismus-Streit') um das Verhältnis von Gesetz, Evangelium und Buße; Agricolas These war, „daß nicht die Furcht vor dem Gesetz und seinen Strafen, sondern allein das Evangelium von der Sündenvergebung und das Bild des für uns gekreuzigten Christus die Sünder innerlich überwindet und zu guten Werken ruft; denn seit Christi Kommen leben die Christen frei von allen Gesetzen in Unmittelbarkeit nach Gottes Willen" (Hammann [1953] 101). Seit Mitte August 1540 in Berlin, erhielt Agricola von Joachim II. eine Anstellung an der Domkirche als Hofprediger; später wurde er in Brandenburg Generalsuperintendent und Visitator; zu seiner Lehre und seinem Wirken s. Kawerau (^{3}1896); Höhle (2002) 508–510.

554 Gemeint ist Wittenberg.

555 Ob Agricola „wirklich in Frankfurt gelehrt hat, bleibt fraglich" (Höhle [2002] 510).

556 Als Prediger war Agricola sehr erfolgreich und auch am Brandenburger

sich; der Geist scheint aus seinem Munde zu sprechen. Hier lehrt auch, aus dem Heimatland verbannt, Alesius[557], der deine Lehre, beredter Paulus, erläutert, ein Mann, (35) den, nachdem er um des heiligen Namens Christi willen Schlimmes erlitten hatte, der unmenschliche Schotte von seiner väterlichen Scholle vertrieb. Inmitten dieser beiden, die die Lehren des heiligen Worts öffentlich darlegen, besitzt Pistius[558] einen geehrten Namen, der, den frohstimmenden Zeichen des triumphierenden Christus folgend, (40) nicht nur einmal den sehr großen Schaden der Verbannung erlitt. Schriften Ciceros interpretiert der Lorbeer tragende Sabinus, geschult darin, das Plektrum der apollinischen Leier zu bewegen, der mit feiner Saite zarte Gedichte[559] ausarbeitet, Gedichte, die Ovid selbst seinen eigenen vorziehen dürfte. (45) Iodocus[560] hält eine Vorlesung über schriftliche Denkmäler des Hippokrates

---

Hof geschätzt (Kawerau [³1896] 251). Was Ogmios betrifft, folgt Holtorp wohl dem griechischen Schriftsteller Lukian (2. Jahrhundert n. Chr.): In einer *Prolalia* beschreibt er ein Gemälde, das er bei den Galliern (Kelten) gesehen haben will und das den alten Herakles zeige, den die Gallier Ogmios nennten; auf dem Bild ziehe Herakles eine Menge von Leuten nach sich, die an den Ohren mit feinen Kettchen aus Gold und Bernstein gefesselt sind; die äußersten Ringe seien an der durchbohrten Zunge des Gottes eingehängt; nach der Auskunft eines nahe bei dem Autor stehenden Einheimischen verehren die Gallier Ogmios als Gott der Beredsamkeit. Zu den Zeugnissen und frühneuzeitlichen Bildern s. http://www.ds.uzh.ch/phpfi/wiki/Allegorieseminar/index.php?n=Main.Ogmios?action=print.

557 Alexander Alesius hat *c.* 5 der Vorlesungsankündigungen verfasst.

558 Johann Pistius stammte aus Gent: Als *Joannes Pistius Gandensis ex Flandria* erscheint er unter dem 1. Oktober 1540 in der Wittenberger Matrikel (Foerstemann [1841] 183). Im Winterhalbjahr 1540/1541 wird er als *Johannes Pigleus, licentiatus* in Frankfurt immatrikuliert; nachgetragen ist dort: *theologiae et professor, obiit 1542* (Friedlaender [1887] 80); was es mit der „nicht nur einmal" erfolgten Verbannung auf sich hat, konnte ich nicht ermitteln; im Übrigen s. Höhle (2002) 508; 510; 512; 529; 552; 553.

559 Es handelt sich zumeist um Elegien.

560 Iodocus Willichius, der *c.* 7 verfasst hat; ins Lateinische übersetzt hat er die Schrift *De genitura* des Hippokrates.

und lehrt, mit päonischen [d. h. heilsamen] Kräutern[561] schlaffe Glieder zu stärken. Und du, Eggeling[562], überlieferst getreulich die Disziplin Machaons[563], der du von den Wassern der Adria hierher gerufen worden bist, und erläuterst öffentlich griechische Schriften des Galen aus Pergamon; (50) aber du, Krabat[564], liest

---

561 Die Kräuter sind nach der Landschaft *Paeonia* in Makedonien benannt; der Name leitet sich von dem griechischen Heilgott *Päon* (ionisch-attische Form für dorisch *Päan*) ab.

562 Eglingus (Heinrich Eggeling; Engeling) stammte aus Braunschweig, war in Frankfurt seit 1524 Kollegiat (d. h. fest angestellter und besoldeter Magister [s. Beichert / Kühlmann / Mathes / Wiegand (2022) 15]); in der Artistenfakultät wurde er zum Doktor promoviert (s. Friedlaender [1887] 74); 1526 war er zum ersten Mal Rektor und im Sommersemester 1529 Dekan der Artistenfakultät. Anschließend studierte er Medizin in Köln (1532), Bologna und Ferrara (1533), wo er am 14. Januar 1535 den medizinischen Doktortitel erwarb. Nach Frankfurt zurückgekehrt (s. V. 48), wurde er im Wintersemester 1536/1537 erneut zum Rektor gewählt. Nach Holtorp hatte er 1540 von den medizinischen Professuren diejenige zur Erklärung Galens (129 – nach 210; Näheres s. zum *Catalogus Autorum*) inne. Im Winter 1542/1543 nahm er die öffentliche Sektion eines menschlichen Leichnams (und zwar eines an einer Seuche verstorbenen Soldaten) vor; es war dies nicht, wie etwa Becmanus (1707) 65 schreibt, die erste an der Viadrina vorgenommene – nach Höhle (2002) 195 hatte es bereits 1523 einen Fall gegeben (die erste derartige Sektion überhaupt hatte um 1480 an der Universität zu Köln stattgefunden: Nebelung [1983] 197). Bald nach dem Winterhalbjahr 1542/1543 verließ Eggeling Frankfurt und wurde in Halberstadt Stadtphysicus (d. h. Stadtarzt) und am dortigen Dom Kanoniker. In den Jahren 1548 bis 1551 war er einer der Leibärzte des Kurfürsten. 1556 ist Eggeling gestorben; zu seinem Leben und Wirken s. Höhle (2002) 203f und Andree / Wirth (2007) 274f.

563 Der Sohn des Asklepios erscheint in der *Ilias* als Arzt (s. 11,514).

564 Crabatus / Krabat hieß eigentlich Gregor oder Georg Jorschigk oder Jerschig, geboren wohl 1496 in Cottbus; nach der kroatischen Heimat seines Großvaters wurde er Croatus oder Crobatus oder eben Crabatus genannt (Becmanus [1707] 48). Nachdem er an der Universität Leipzig Baccalaureus geworden war, kam er 1517 nach Frankfurt und erwarb dort im Winter 1519/1520 den Magistergrad. In Bologna wurde er zum Doktor der Medizin promoviert. Nach Frankfurt zurückgekehrt, wurde er für das Winterhalb-

über Schriften des Avicenna[565]. Auch weilt hier Schirach, berühmt durch die Kunst des Heilens, dessen sich zuvor lange der Hof des Fürsten bedient hat[566]. Was soll ich sagen? Oder werde ich die erwähnen, welche die Lehrsätze der Gesetze öffentlich lehren, von denen man die gebührenden Rechte des Forums lernen kann? (55) Wozu soll ich die Magistri nennen, die in der Kunst der Rede hervorragen, die alle aufzuzählen zu lange dauern würde? Aber einer ragt unter diesen hervor: Theobald (Thamer)[567] und ein anderer, dem das Land Pannonien seinen vornehmen Namen verlieh[568]: Jener erläutert beredte Schriftsteller griechischer Zunge, (60) dieser lehrt lateinische Schriften von Dichtern. Wer immer du bist, der du von der Beschäftigung mit den Musen gefesselt bist, es ist nicht nötig, dass du gelehrte Universitäten Italiens aufsuchst[569]. Komm hierher, hier wirst du, angesichts der Blüte der

---

jahr 1537/1538 zum Rektor und zugleich zum Dekan der Medizinischen Fakultät gewählt. Krabat war einer der Leibärzte Joachims II. und starb 1559 in Frankfurt.

565 Der persische Arzt Avicenna (Ibn Sina), um 980 geboren und 1037 n. Chr. gestorben, ist Verfasser eines ‚Kanons der Medizin'; Näheres dazu unten in Anmerkung 592.

566 Christian Schirach wurde 1482 oder 1483 in Frankfurt geboren und im Winter 1503/1504 an der Artistenfakultät der Universität Leipzig immatrikuliert, wo er das Baccaulaureat erwarb; 1506 kehrte er nach Frankfurt zurück und erlangte dort im Winter 1508/1509 den Magistergrad. Danach wandte er sich der Medizin zu und studierte unter anderem an der Universität von Montpellier; 1519 wurde er als Doktor der Medizin Dekan an der Viadrina; dieses Amt hatte er noch viele Male inne (1520, 1522, 1529, 1533, im Winter 1540, im Winter 1542/1543, im Sommer 1544, im Winter 1545); im Winter 1542/1543 war er auch Rektor. Lange Zeit war Schirach einer der Leibärzte des Kurfürsten; Schirach starb am 10. September 1560 (die Daten nach Höhle [2002] 200f).

567 Magister Theobald Thamer aus Straßburg, der sich zu Beginn des Wintersemesters 1540/1541 in Frankfurt einfand (Bauch [1900] 141), hat *c.* 8 verfasst.

568 Gemeint ist Christophorus Preyss Pannonius, der *c.* 9 a und 9 b beigesteuert hat.

569 In vergleichbarer Weise hatte sich Kurfürst Joachim I. in seiner *Intima-*

Wissenschaften, alles lernen, was die Wünsche deines Herzens zu lernen begehren! (65) Hier wirst du weder Kosten noch Zeit unnütz vergeuden, sondern von hier wirst du gebildeter in dein väterliches Zuhause zurückkehren. Hierhin bin ich kürzlich aus einer weit entfernten Gegend geschickt worden, damit ich Worte nach angemessenen Regeln zu verbinden lerne. Es ist mir sehr recht, von weit her in die Stadt der Oder gekommen zu sein, (70) wo schon so viele hervorragende Männer in der Stadt[570] leben. Hier wähne ich mich auf dem heiligen Gipfel des Parnass inmitten der böotischen Göttinnen.

---

tio zur Stiftung der Universität Frankfurt vom 4. Oktober 1505 geäußert: Wegen eines Mangels an Bildung diesseits der Alpen sähen sich viele Studenten gezwungen, eine Universität in Italien aufzusuchen, die meisten vertrügen freilich das dortige Klima nicht, so dass sie ihren Aufenthalt vorzeitig abbrechen müssten, andere würden gar bereits auf dem Weg nach Italien dahingerafft. An der zu gründenden Universität in Frankfurt hingegen würden alle Studierwilligen ideale Bedingungen vorfinden, sei die Stadt doch ein Ort der Begegnung vieler Völker; die neue Universität werde dementsprechend ein „täglicher Markt des Lernens und Lehrens" sein (Riedel, Codex diplomaticus Brandenburgensis, Erster Hauptttheil, Band 23, Nr. 375 auf S. 318f; die *Intimatio* war von dem Juristen Johannes Blankenfeld verfasst worden: Höhle [2002] 19). – Ein ähnliches Argument findet sich auch in Reinhard Lorichs *Encomium* auf die Universität Marburg (1536): *Quare si iam Apollonius* ... p. 8 (1590); dazu s. Bredehorn (1995) 138.

570 In V. 70 ist *in vrbe* nach in *vrbe ...ubi* (69f) tautologisch.

Verzeichnis der Schriftsteller, über die in Frankfurt an der Oder Vorlesungen gehalten werden

In der Artistenfakultät

Diese Vorlesungen, deren Verzeichnis unten aufgeschrieben ist, sind von den Professoren der *Artes* mit der Auflage beschlossen worden, dass sie in der Universität beständig beibehalten werden[571]. Die Vorlesungen finden stets an den Vormittagsstunden statt.

5 Uhr
Dialectica des Philipp Melanchthon[572] oder des {Johannes} Caesarius[573]

---

571 Der nachfolgende *Catalogus Autorum* gilt allen vier Fakultäten; verbindlich vorgeschrieben wird die Behandlung bestimmter Autoren bzw. Themen jedoch nur den Professoren der Artistenfakultät, während die Theologen innerhalb des Gebiets der biblischen Schriften frei wählen können, wie es in dem betreffenden Abschnitt des *Catalogus* heißt.

572 Es geht wohl um die *Dialectices Philippi Melanthonis libri quatuor* (1528); bereits 1520 hatte Melanchthon eine *Compendiaria dialectices ratio* („Kurzgefasstes System der Logik") veröffentlicht; s. dazu Frank (1997).

573 Von Johannes Caesarius (um 1468 Jülich – 1550 Köln) stammen *Dialectica in decem tractatus digesta* (zuerst [Köln] 1520/1521). „Die ‚Dialektik' ist das bedeutendste und bis 1600 mit mehr als 70 Ausgaben (u. a. in Paris, Krakau und Venedig) einflußreichste Werk des C. Sie wurde besonders von Melanchthon gepriesen und empfohlen und zählte zu den meistbenutzten Logikwerken in Europa. V. a. verdrängte sie den Petrus Hispanus aus den Schulen [...]. In der Tradition u. a. Lorenzo Vallas, Rudolf Agricolas und seines Lehrers Faber Stapulensis stehend, richtet C. seine humanistisch-rhetorische, didaktisch-verständlich konzipierte Dialektik stark an Aristoteles (zehn Traktate gemäß dessen ‚Organon') und Cicero aus [...]. Auch bei der für die humanistische Dialektik zentralen Topik mit ihrer Lehre von den *loci* als *sedes argumentorum* folgt C. aristotelisch-ciceronianischen Vorgaben und denen des Boethius": Tewes (2008) Sp. 352, dessen Artikel manche Korrektur früherer Forschung enthält; s. ferner Traninger (2012) 45.

6 Uhr

In der Naturphilosophie Bücher des Aristoteles. Und mit diesen das Buch Philipp Melanchthons *Über die Seele*[574].

In der Dichtkunst Vergil oder Ovid.

Zur selben Stunde wird auch eine Vorlesung in Hebräisch gehalten[575].

---

574 *Commentarius de anima* (Straßburg: Mylius Crato 1540); mit dem *Commentarius* wird also ein jüngst erschienenes Werk in das Lehrprogramm aufgenommen. Im ersten Teil seiner Schrift widmet Melanchthon der Anatomie des Menschen breiten Raum: Er beschreibt im Anschluss an Galen (129 – nach 210) jene Körperteile (etwa Bauch, Brust und Kopf) und Organe, mit denen die Seele ihre Tätigkeiten verrichte. Der zweite Teil des *Commentarius* gilt den Fähigkeiten (*potentiae*) der Seele: *potentia vegetativa* (die das Wachstum betreffende), *sentiens* (die empfindende), *appetitiva* (die begehrende), *locomotiva* (die der örtlichen Bewegung zugeordnete) und *rationalis* (die das Denken bewirkende) (s. Helm [1997] 179). Unter dem Titel *Liber de anima, recognitus ab Authore Philippo Melan.* wird Melanchthon seine Schrift 1552 erneut erscheinen lassen, wobei er Kritik berücksichtigt, welche Andreas Vesalius (1514–1564) in seiner Schrift *De humani corporis fabrica* (Basel 1543) an Galen geübt hat (s. dazu Helm [1997] 183–189). Während an der Viadrina Melanchthons *Commentarius* in der Artistenfakultät behandelt wird, dient er etwa an der Universität Wittenberg als medizinisches Lehrbuch; s. dazu Koch (1997) und Scheible (1999) 261f.

575 Was man sich darunter vorzustellen hat, lässt sich ablesen aus der von Friedlaender (1895) 213f mitgeteilten *Vorordnung und bestellung* (1540) (besprochen bei Bauch [1900] 144–147): *Hora VI aut VII in hyeme ... Eadem hora. In grammatica hebraica aut aliquo libello hebraico* („6 Uhr oder 7 Uhr im Winter ... Zur selben Stunde in hebräischer Grammatik oder einer kleinen hebräischen Schrift"), noch deutlicher aus dem Lehrplan der Artistenfakultät für 1543 (s. dazu oben S. 35f): *M. Johannes Libental* [= Magister Johannes Hoffmann aus Liebenthal] *consummatum opus Grammaticae Hebraeae Sebastiani Munsteri et Tobiam absolvet* („Magister Johannes aus Liebenthal wird das zusammenfassende Werk der hebräischen Grammatik des Sebastian Münster und {das biblische Buch} Tobias bis zu Ende durchgehen"). Der Geograph und Hebraist Sebastian Münster (1488–1552) hat zur hebräischen Sprache eine Reihe von Schriften verfasst, wobei es sich zumeist um lateinische Übersetzungen von Werken des Elijah Levi-

7 Uhr
Es werden griechische Schriftsteller erläutert, von den Rednern Demosthenes oder Isokrates, von den Dichtern Homer oder Euripides oder Sophokles. Zuweilen soll auch die {*Nikomachische*} *Ethik*[576] des Aristoteles nach dem griechischen Text erläutert werden.
Zur selben Stunde im Paedagogium[577] die *Lateinische Grammatik* Philipp Melanchthons[578].

8 Uhr
In den Artes findet aus Rücksicht auf den Haupt-Professor der Theologie keine Vorlesung statt.

In den nachmittäglichen Stunden[579]

11 Uhr
Eine Musik-Vorlesung wird im Paedagogium gehalten.

---

ta (1469–1549) handelt; drei seien genannt: *Institutiones Grammaticae in Hebraeam linguam* (Basel 1524); *Sepher Ha-Bachur – Liber electus* (Basel 1525); *Kitsur ha-dikduk – Compendium Hebr. Grammaticae* (Basel 1527); welches Münstersche Werk hier gemeint ist, vermag ich nicht zu entscheiden.

576 S. dazu oben zu *Carmen* 8.

577 Das Paedagogium ist eine der Artistenfakultät zugeordnete Einrichtung, die dazu dienen soll, solchen Studenten, die durch das Gymnasium noch nicht hinlänglich zum Studium vorbereitet sind, das Fehlende zu vermitteln, namentlich Grundkenntnisse in der griechischen und lateinischen Sprache sowie in anderen Disziplinen, etwa der Rhetorik; s. oben Anmerkung 91.

578 *Grammatica Latina* (Hagenau 1526); s. dazu Jensen (1997).

579 *Pomeridianis* steht für *postmeridianis* oder *posmeridianis* und hat, wenigstens hinsichtlich des antiken Sprachgebrauchs, als weniger korrekt zu gelten; s. Ritschl (1868) 549.

12 Uhr
Terenz, bisweilen Cornelius Tacitus *De moribus Germanorum* [= *Germania*], bisweilen auch ausgewählte Komödien des Plautus.

1 Uhr
Zur selben Stunde in Moralphilosophie und in Mathematik; in Moralphilosophie entweder die {*Nikomachische*} *Ethik* oder die *Politik*[580] des Aristoteles oder Ciceros *De officiis*; in Mathematik Euklid[581], *Theoricae Planetarum*[582], Proklos' *Sphaira*[583]

---

580 Eine Werkbeschreibung der Schrift *Politika* (*Politica*) bietet Flashar (1983) 248–252.

581 Schriften des Mathematikers Euklid wurden in Bearbeitungen seinerzeit bereits in der Schule zur Vermittlung geometrischer Kenntnisse herangezogen (Dolch [^{3}1971 = 1982] 214).

582 Es handelt sich um die schriftliche Fassung einer Vorlesung des Mathematikers und Astronomen Georg von Peuerbach (1423–1461), die zuerst ca. 1473 in Nürnberg erschien und „bis etwa 1650 56 Auflagen erlebte" (Haupt [2001] 282); Haupt rechnet Peuerbach mit seinem Schüler Regiomontanus (Johannes Müller aus Königsberg, 1436–1476) und mit Nicolaus Cusanus (1401–1464) „zu den bedeutendsten Vorkopernikanern". Auch Melanchthon empfiehlt in seinem Gutachten *Privilegia academiae Lipsiensis* vom 5. November 1540 eine Vorlesung über die *Theoricae Planetarum* (Corpus Reformatorum, vol. 20 [1854] Sp. 640).

583 Die griechische Schrift *Sphaira*, eine Einführung in die Astronomie, stammt nicht von dem spätantiken Platoniker Proklos Diadochus (412–485), sondern geht auf die zwischen ca. 90 und 25 v. Chr. entstandene *Isagoge* des Stoikers Geminos (zur Datierung s. Heilen [2015] 617) zurück, wurde jedoch „im späten 15. Jahrhundert dem Neoplatoniker Proklos zugeschrieben ... Am Ende des 16. Jahrhunderts erschienen Übersetzungen und Kommentare des Textes in 23 Handschriften und 92 Druckausgaben verschiedener Sprachen. Obwohl zu dieser Zeit bekannt war, dass der Text nicht von Proklos stammt, wurde er weiterhin in ganz Europa unterrichtet und übersetzt. Die weite Verbreitung des Textes liegt nicht nur in der Bekanntheit des Namens Proklos begründet, sondern unterstreicht auch die große Bedeutung seines Inhalts" (Johanna Biank im Einführungstext zu ihrer Monographie: „Pseudo-Proklos' Sphaera: die Sphaera-Gattung im 16. Jahrhundert" [2020]). Der Brite Thomas Linacre (zu ihm s. oben *c.*

oder Arat[584].

2 Uhr
In der Redekunst Dialoge Ciceros, entweder *De oratore* (*ad Quintum fratrem*) oder *Brutus* (*de claris oratoribus*) oder das Buch über den vollkommenen Redner: *Orator*. Zuweilen Reden Ciceros.

3 Uhr
Hesiod und die *Griechische Grammatik* des Philipp Melanchthon.

4 Uhr
Ciceros *Rhetorica ad Herennium*[585] oder Philipp Melanchthons {*Rhetorica*}[586] oder des Erasmus von Rotterdam Bücher *De duplici copia verborum ac rerum.*[587] Ebenso zur selben Stunde Briefe Ciceros.

---

15) hat 1499 in Venedig eine wichtige lateinische Übersetzung der *Sphaira* veröffentlicht (*Procli Diadochi Sphaera, astronomiam discere incipientibus utilissima, Thoma Linacro Britanno interprete, ad Arcturum, Cornubiae, Valliaeque illustrissimum principem*). In ihrer grundlegenden Arbeit untersucht Johanna Biank nicht nur den Inhalt und die Quellen der *Sphaera*, sondern – neben vielem anderen – auch Übersetzungen und Kommentare der Renaissance-Zeit; ferner bietet sie eine eigene Übersetzung (S. 197–203). – Auch Melanchthon empfiehlt in seinem Gutachten *Privilegia academiae Lipsiensis* vom 5. November 1540 (s. Anmerkung 582) eine Vorlesung über die *Libelli de Sphaera.*

584 Der Grieche Arat (ca. 310–245 v. Chr.) hat ein Lehrgedicht in 1154 daktylischen Hexametern mit dem Titel *Phainomena* („Himmelserscheinungen“) hinterlassen; s. dazu Kost (2005).

585 Die vier Bücher umfassende, wohl in den 80er Jahren v. Chr. entstandene Schrift wurde seit der Spätantike lange Zeit Cicero zugeschrieben, gilt heute jedoch als Werk eines unbekannten Autors, des nach dem Widmungsempfänger genannten ‚Auctor ad Herennium‘; zur neuzeitlichen Rezeption der Schrift s. Leidl (2010).

586 S. dazu oben Anmerkung 542.

587 Der Titel der von Desiderius Erasmus (1466/1469 – 1536) 1512 in Paris veröffentlichten Schrift lautet vollständig: *De duplici copia rerum ac verborum commentarii duo*; es geht um die Fülle des sachlichen Wissens und des sprachlichen Ausdrucks: Henderson (2008) Sp. 693f. Das Werk diente in

Außer diesen Vorlesungen wird an bestimmten Tagen Priscian[588] oder Linacer erläutert.

In der Theologischen Fakultät

Es gibt vier Professoren für die Heiligen Schriften, aber diesen sind nicht bestimmte Vorlesungen vorgeschrieben, wie zum Beispiel den Professoren der *artes liberales*. Deshalb steht es den Theologen frei, Vorlesungen nach ihrem Gutdünken zu tauschen. Erläutert werden die Bücher beider Testamente.

In der Juristischen Fakultät

Es sind ebenfalls vier Professoren der Gesetze eingesetzt.
Von diesen liest der erste zum Kanonischen Recht,
der zweite über den *Codex* [*Iustinianus*],
der dritte über die Bücher der *Digesta*,
der vierte über die *Institutiones*.

In der Medizinischen Fakultät

Ebenso viele Lehrer der Medizin werden eingesetzt.
Der erste erläutert Galen[589],

---

der 1525 in Eisleben gegründeten Lateinschule als Lehrbuch in der dritten Klasse (Scheible [1999] 246).

588 Priscian aus Caesarea, der um 500 n. Chr. lebte, ist Schöpfer eines umfangreichen Lehrgangs, der *Institutiones Grammaticae* in achtzehn Büchern (ed. Heinrich Keil in: *Grammatici Latini* vol. 2 [1855] und 3 [1859]); s. dazu Baratin (2005).

589 Galenos stammte aus Pergamon und lebte von 129 bis nach 210 (s. Nutton [1998]). In seiner Heimatstadt studierte er Philosophie; zusätzlich nahm er das Studium der Medizin auf, etwa ab dem zwanzigsten Lebensjahr

der zweite Hippokrates[590],
der dritte Paul von Aegina[591],
der vierte Avicenna[592].

---

trieb er medizinische und philosophische Studien in Smyrna. Mit 28 Jahren wurde er in Pergamon Arzt in der Gladiatorenschule. Von 162 bis 166 und ab 169 lebte er in Rom, wo er die Kaiser Mark Aurel, Commodus und Septimius Severus in medizinischen Angelegenheiten beriet (alle Daten nach Allen [2018] 512f). Als Schriftsteller außerordentlich produktiv, behandelte er in seinen Werken sämtliche Gebiete der Medizin, wobei er sich scharfzüngig mit Vorgängern und Zeitgenossen auseinandersetzte (s. Tieleman [2005] 316). „Er vertrat die Auffassung, dass Erfolg in der Medizin profunde Kenntnisse der Philosophie voraussetze, und verteidigte in einer Schrift die These, dass der beste Arzt ebenfalls Philosoph sei, ‚Quod optimus medicus sit etiam philosophus' ..." (Allen [2018] 513).

590 S. zu *c.* 7 (Jodocus Willich).

591 Paulos von Aigina (Paulus Aegineta) war im 7. Jahrhundert als Arzt, namentlich als Geburtshelfer tätig; bezeugt ist ein Aufenthalt in Alexandria für 641 n. Chr. (Diller [1949]; Pormann [2005]). Von seinen Schriften hat sich vollständig erhalten ein medizinisches *Compendium* (*Pragmateia*; von ihm als *Epitome* oder *Hypomnema* bezeichnet) in sieben Büchern, B. 1: Gesundheitslehre; B. 2: Fieberarten; B. 3: innere Krankheiten; B. 4: äußere Krankheiten; B. 5: Vergiftungen; B. 6: Chirurgie; B. 7: Arzneimittel. Griechische Ausgaben erschienen 1528 in Venedig (Aldina) und Basel 1532; 1538; moderne Edition: I. L. Heiberg, in: Corpus Medicorum Graecorum IX 1 [Libri I-IV] und IX 2 [Libri V-VII] (Leipzig und Berlin 1921; 1924). Der an der Viadrina tätige Arzt Heinrich Eggeling / Engeling (s. Holtorp *c.* 18, 47f) hat Paulos eine Abhandlung gewidmet: *Qua quanta ex lectione Pauli Aeginetae utilitas speranda sit declaratur* ([„Auf welche Weise ein wie großer Nutzen aus der Lektüre des Paulos von Aigina zu erhoffen ist, wird deutlich dargelegt"] Frankfurt 1541); leider konnte ich diese von Bähr (1848) 1253 erwähnte Schrift nicht ausfindig machen.

592 Von den zahlreichen Schriften des persischen Arztes Avicenna (Ali ibn Sina, vor 980 – 1037 n. Chr.) gilt der „Kanon der Medizin" als sein Hauptwerk; neben anderen wurde es von Gerardus Cremonensis (Gherardo da Cremona, um 1114–1187) ins Lateinische übersetzt (*Canon medicinae*); die zuerst vor 1473 erschienene Übertragung erfuhr im 15. und 16. Jahrhundert zahlreiche Auflagen. z. B. *Liber canonis Avicenne revisus et ab omni errore mendaque purgatus summaque cum diligentia impressus* (Venezia 1507).

Diesen ist auch auferlegt, alljährlich eine Sektion des menschlichen Körpers vorzuführen.

Über Disputationen und Deklamationen

Die Theologen disputieren monatlich.
Die Juristen und Mediziner alle zwei Monate.
Die Professoren der Artes deklamieren alle zwei Wochen. An den einzelnen Samstagen disputieren abwechselnd Magistri und Baccalaurei.

In Frankfurt hat es Johannes Hanau gedruckt im Jahre 1541.

Das Werk umfasst fünf Bücher; B. 1: Theorie und Praxis der medizinischen Wissenschaft; Säftelehre, besonders nach Galen; Ursachen von Krankheit; B. 2: Arzneimittelkunde; Ergänzungen zur antiken Humoralpathologie; B. 3: die Anatomie der Organe des Menschen (ohne Arme und Beine); B. 4: Verletzungen; Krankheiten des ganzen Körpers; B. 5: die Herstellung von Pharmaka; hilfreiche Monographie zu Avicenna: Strohmaier (^{2}2006).

Anhang

Aus: Vorordnung und bestellung auch Besserung der besoldung der Universitett des gemeinen Studii zu Franckfort an der Ader … [9. September 1540], in: Friedlaender: Aktenstücke zur Geschichte der Universität Frankfurt a. O. (1895) 215f:

Von den *disputationibus et declamationibus.*

Es sollen hinfuro am sonnabent *disputationes* gehalten werden, also das ein sonnabent ein Magister und den andern sonnabent ein Baccalaureus sollen *in artibus et philosophia* disputiren, also das alwege ein Magister oder Baccalaureus presidiren und einen oder 2 Respondenten haben soll.

Die *positiones* aber, so zu disputiren vorgestalt, sollen vorhin durch den *decanum facultatis artium* besichtigt und approbirt, auch 2 Tage vor der Disputation insinuirt werden, und soll ein Magister der President ist 6 gr[oschen] und ein Baccalaureus 3 gr. habenn.

(Wenn) Aber ein Magister argumentirt, sollen 2 gr. und ein Baccal. 1 gr. aber einen andern gesellen[593] 6 ϑ gegeben werden; und sollen die so argumentiren und disputiren gute Bescheidenheit halten, keiner dem andern mit worten uberfaren noch beschweren, auch in dem argumentiren züchtiger wortt gebrauchen, und sollen der *decanus* sampt den professorn alwege hiruff acht haben und sehen, das es ordentlich zughe, auch keiner vil vordroslicher argument gebrauchen, sonder einer nach dem andern moge gehort werden, und wo es anders zuginge, drein reden.

Den dritten sonnabent soll alzeit *publice* declamirt werden und sollen die *declamationes* vor den *magistris* und *professoribus* auch den *baccalaureis* und so sonst *privatos discipulos* halten, gescheen.

---

593 Studenten.

Es sollen aber die *declamationes* ehe sie ausgeen, auch zuvor durch den *decanum facultatis artistarum* sampt dem *professore oratoriae* und *graeco professore* aus bewegenden ursachen besichtigt und approbirt und hernach auswendig recitirt, aber nicht aus zetteln gelesen werdenn.

Und wan declamirt, sollen die Magistri und Baccalaurei auch die *scholares* alle mit vleis zuherenn und keiner ehe dan die Declamation geendet, aus dem *auditorio* ghein.

Und sollen die Superintendenten, davon hie unden gesagt[594], bevelch haben, ordenung ze machen, wie die Magistri und Baccal. *in facultate artium* nach einander disputiren und declamiren sollen.

Weiter soll auch jede 4 Wochen ein mhal *in facultate theologica* disputirt werdenn.

Aber *in facultate iuridica,* desgleichen auch *medica,* soll jedes Virteljhars eine offene Disputation wechselweis, also das ein Doctor oder Licentiat umb den andern *presidire,* auch gehalten werden, und sollte in disen 3 *faculteten* ein Doctor so presidirt ½ fl[595]., der Respondent 1 ort, ein Doctor so argumentirt 4 gr. und 1 Magister 2 gr. und 1 Baccal. oder ander argumentant 1 gr. haben.

---

594 Am Schluss der *Vorordnung* werden die Superintendenten genannt: „Dr. Christian Schyrach, Dr. Georgius Sabinus, Lic. Casparus Widerstatt und D. Alesius Scotus“; sie sollen darüber wachen, dass die „glidmaßen der Universitet“ sämtliche Vorschriften genau befolgen.

595 Florenus (Gulden).

Schlussbemerkung

Das dreiteilige Werk von 1541 gewährt einen präzisen Einblick in das komplexe Zusammenspiel von landesherrlicher Politik und universitärer Selbstdarstellung in der Reformationszeit.

In seinem Edikt geht Kurfürst Joachim II. davon aus, dass die Viadrina „in der Gegenwart ins Wanken geraten sei" (*his temporibus labefactata*), und versichert, seit dem Beginn seiner Regierung (11. Juli 1535) sei er bestrebt gewesen, die Universität wieder aufzurichten (*instaurare*), und zwar „zur Ausbreitung der christlichen Religion und zur Erhaltung aller edlen Wissenschaften". Durch seine Maßnahmen, so verkündet er in seinem Edikt selbstbewusst, habe er dieses Ziel nunmehr erreicht: *Academiam instaurauimus.* Ganz entsprechend werden die Poeme, welche die Professoren zu dem Ensemble beigesteuert haben, auf dem Titelblatt nicht als Ankündigung von Vorlesungen ausgewiesen, sondern eben als Gedichte, welche die Wiederaufrichtung der Universität thematisieren: *carmina de instaurata Academia Francofordiana*[596]; nicht genug damit: Georg Sabinus bezeichnet mit eben diesen Worten das Thema von *c.* 1 und ganz ähnlich Jakob Jockisch das von *c.* 16: *In Academiae instaurationem.*

Während sich zehn Dozenten darauf beschränken, den Gegenstand der jeweiligen Vorlesung mal kürzer, mal länger zu skizzieren und zu erläutern[597], kommen sechs Autoren innerhalb ihrer Gedichte auf Niedergang und Erneuerung der Viadrina zu sprechen (*c.* 1; 6;

596 Am häufigsten verwendet werden das elegische Distichon und die sapphische Strophe, in geringerem Umfang phaläkeischer Elfsilbler (Hendecasyllabus), Jambus und katalektischer daktylischer Hexameter.

597 *C.* 2–4; 5; 7; 8; 9a und 9b; 11; 13; 14; 15; 17.

10; 12; 16[598]; 18). Von diesen sechs Poemen stellen die Rahmengedichte Nr. 1 und 18 keine Vorlesungsankündigungen dar: *c.* 1 ist ein mit einem Lob der Stadt Frankfurt und einem Lob der Viadrina verknüpfter Panegyricus auf Joachim II., in Nr. 18 stellt der Verfasser, der noch ein fortgeschrittener Student ist, eine Reihe ihm bedeutend erscheinender Professoren vor.

Wie formulieren die Sechs – Georg Sabinus [mit *c.* 1], Caspar Widderstadt, Christoph Corner, Andreas Bochow, Jakob Jockisch und Bernhard Holtorp – das „Wanken" der Universität, welche Ursachen benennen sie für diesen Vorgang und was für ein Bild des jüngst erreichten Zustands entwerfen sie?

Die Seuchenzüge, die seinerzeit sicher zum Rückgang der Studentenzahlen beigetragen haben, werden von keinem der Poeten erwähnt.

Die Formulierung Joachims II. über das Wanken der Universität (*labefactata*) verschärft Bernhard Holtorp, wenn er schreibt, die Viadrina habe viele Jahre zusammengebrochen darniedergelegen (*iacuit multos collapsa per annos, c.* 18,17).

Hinsichtlich der Entwicklung der Viadrina verstehen die sechs Autoren, ganz im Sinne Joachims II., dessen Regierungsantritt als markante Zäsur. Die viereinhalb Jahre seiner Regierung stellen nach ihrer Ansicht eine glanzvolle Phase dar, durch welche die Schäden, die die Viadrina zuvor in einem nicht näher bestimmten Zeitraum erlitten habe, behoben worden seien.

---

598 *C.* 16 wirbt für den Besuch einer Veranstaltung aus dem Bereich der Sternkunde, ohne einen speziellen Autor oder einen speziellen Gegenstand zu nennen. Im *Catalogus Autorum* werden dann *Theoricae Planetarum, Sphaera Procli* und Aratus genannt.

Die Äußerungen der Sechs zu den Ursachen von Niedergang und Erneuerung der Viadrina erfolgen teils in bildlicher, allegorischer, teils in unverhüllter, direkter Form, teils werden beide Redeweisen miteinander verknüpft. In den allegorischen Partien spielen die Musen[599] eine exorbitante Rolle: Sie werden nicht nur, wie in antiker Poesie seit langem üblich, vom Sprecher als Helferinnen angerufen[600], sondern treten auch in der Erzählung von Ereignissen als Agierende auf; dem Leser begegnen sie unter vielen Bezeichnungen: *doctae Musae, turba nouem sororum, nouenae sorores, turba nouenarum sororum, turba nouena, numina Medusaei fontis, numina Gorgonei fontis, Camoenae, Aoniae Deae, Aonides, Aonides sorores, Castaliae Deae, Pierides, doctae Deae, Phoebi sorores.* Nicht allein für die Dichtkunst stehen die Musen, sie können überhaupt sämtliche an der Universität gelehrten Fächer repräsentieren (*c.* 1; *c.* 6).

Da heißt es etwa in Georg Sabinus' Panegyricus, vor dem Regierungsantritt Joachims II. seien die Musen aus Frankfurt fort in die Verbannung (*exilium*, *c.* 1,1; 10) getrieben worden; man habe damals die Wissenschaften nicht geehrt und die Musenkunst verachtet; ein barbarischer Geist (*Barbaries*) habe geherrscht, was dazu geführt habe, dass die Universität darniederlag (*schola, quae deserta iacebat*, *c.* 1,15). Wie Sabinus behauptet Andreas Bochow, die Musen seien an der Viadrina verachtet worden (das ist impliziert in der Aufforderung: *neque Castalias spernite vt ante Dea*s, *c.* 12,6). Christoph Corner schreibt, „der barbarische Haufe der Sophisten" habe seinerzeit die Göttin der Künste und Wissenschaften, Minerva, aus Frankfurt vertrieben, eine Aussage, die sich gegen die Theologen der Papstkirche richtet (*c.* 10,9–12).

Noch konkreter wird Jakob Jockisch in seinem überhaupt zahlreiche konkrete Angaben enthaltenden Gedicht: Erst nach und nach

---

599 Sie begegnen in *c.* 1; 6; 9b; 10; 12; 16; 17; 18; zur herausragenden Bedeutung der Musen in der humanistischen Poesie s. Walther Ludwig (2004 / 1).

600 *C.* 1,71f (in einer Rede Apollons); *c.* 6,10–16.

habe man an der Viadrina die List des Antichrists, das heißt: den Trug des alten, vorreformatorischen Glaubens, durchschaut, zu lange an dem früheren Irrtum (*prior ... error*) festgehalten: Dies sei der Grund, weshalb die gelehrte Jugend in andere Regionen abgewandert sei (*in terras alias refluxit / Docta iuuentus, c.* 16,17–20), eine Sicht der Dinge, die jedenfalls durch die Zahlen der Einschreibung märkischer Studenten an der für die Reformation so wichtigen Universität Wittenberg nicht gestützt wird[601]. Durch Joachims II. Anordnungen, so fährt Jakob Jockisch fort, sei eine Wende eingeleitet worden: Er habe das früher herrschende „Dunkel durch das Licht des heiligen Worts vertrieben" (*sacri cęcas pepulit tenebras / Lumine verbi*), mit anderen Worten, er habe die Reformation eingeführt und befohlen, dass das Wort der Bibel in ganz Brandenburg ohne Falschheit gepredigt werde (*c.* 16,21–28). Vollzogen worden seien die von Joachim II. angeordneten Maßnahmen durch Johann Weinleben, den brandenburgischen Vizekanzler (*c.* 16,29–64). Nun war seinerzeit ja die religiöse Reformation eng mit der Erneuerung der Frankfurter Universität verknüpft[602]. So kann Jakob Jockisch sagen, Weinleben habe mit seiner Leistung den Ruhm der Viadrina recht eigentlich begründet (*c.* 16,45–48)[603]. Sogar ein genaues Datum gibt Jockisch für den Akt der Erneuerung an: Es sei der 9. September 1540, also der Tag, an dem die von Weinleben angeführten Visitatoren ihren Reformvorschlag bekannt gaben (*c.* 16,45–64).

Dem Ruf Joachims II. folgend, seien die Musen aus der Verbannung nach Frankfurt zurückgekehrt – dies ist durchgängig der Tenor der sechs Gedichte. In diesem Sinne äußert sich auch Georg Sabinus gleich zu Beginn seines Panegyricus: Nunmehr sei der barbarische Geist (*barbaries*) in die Flucht geschlagen (*c.* 1,1; 11–16). Dass

601 S. die oben auf S. 17 (mit Anmerkung 33) genannten Autoren Götze (1878 / 2), Höhle (2008) und Asche (2015), ferner Anmerkung 488.

602 S. oben Einleitung b).

603 Dass das Ansehen der Viadrina durch Joachim II. wiederhergestellt worden sei, versichern Georg Sabinus in *c.* 1,12 und Bernhard Holtorp in *c.* 18,19f.

der Kurfürst die Musen zurückgerufen habe, schreibt auch Caspar Widderstadt, ohne zuvor von ihrer Verbannung erzählt zu haben (*c.* 6, 6–8). Christoph Corner fordert die Studenten auf, angesichts der Rückkehr Apollons und der Musen wie für einen Triumph Beifall zu klatschen (*c.* 10,5–8). Die Rückkehr der gelehrten Künste bringt Bernhard Holtorp ausdrücklich in Zusammenhang mit Brandenburgs Übergang zur rechten Lehre von Gottes Wort, zur *vera fides*, zur *pietas vera*, womit Luthers Reformation gemeint ist (*c.* 18,5–16). Überschwänglich preist Jakob Jockisch die Aktionen Weinlebens als Wiederkehr des *aureum saeculum* (*c.* 16,41–44). Eben diese Vorstellung eines neuen goldenen Zeitalters ruft auch Bernhard Holtorp zu Beginn seines Gedichts auf (*c.* 18,1–12). Gegen dessen Ende ermuntert er die akademische Jugend, sich an der Viadrina einzuschreiben, an der die Studien jetzt blühten (*studijs florentibus*), weswegen niemand eine Universität in Italien zu besuchen brauche (*c.* 18,61–66).

Was den Inhalt der Lehre angeht, so betonen gleich mehrere Dozenten, dass das von ihnen behandelte Werk zum einen für die Lebensführung wichtige moralische Prinzipien entwickele, zum anderen vorzügliche Muster biete für die Ausbildung eines glänzenden Stils, sei es im Griechischen (Theobald Thamer, *c.* 8,3–12; Joachim Zierenberg, *c.* 11, 3–14), sei es im Lateinischen (Georg Sabinus, *c.* 3,11–31; *c.* 4,13–24; Matthäus Host, *c.* 13). Von beidem, den moralischen Prinzipien und der Schulung des Stils, werde profitieren, wer eine höhere Position im öffentlichen Leben, als Richter, Pfarrer, Lehrer oder in der Verwaltung, im Dienst bei Hofe, anstrebe, ein Versprechen, beruhend auf der Überzeugung, dass den jeweiligen antiken Schriften unmittelbare Relevanz für die soziale und politische Kultur der Gegenwart zukomme (Georg Sabinus, *c.* 4,13–24; Christoph Corner, *c.* 10, 49–56; Matthäus Host, *c.* 13; Caspar Schulz, *c.* 17,5–14).

Hatte Joachim II. erklärt, die Viadrina wiederaufgerichtet zu haben, so unternehmen es die Universitätsangehörigen, diese Behauptung zu bekräftigen und womöglich anhand einer Erläuterung ihres Lehrprogramms zu belegen – wie könnte das wirkungsvoller geschehen als durch das Medium einer Poesie, welche, ausgiebig allegorisierend, die eng mit der Hinwendung zur Lutherischen Lehre verknüpfte Reformierung der Universität als Rückkehr der Musen, ja als Erneuerung des Goldenen Zeitalters preist? Die dichterische Gestaltung vermag das von Haus aus schlichte Genre der Vorlesungsankündigung zu nobilitieren. Und dies wird die Hoffnung der Autoren sein: dass ihr Rühmen dazu angetan ist, zum einen wieder mehr Studenten nach Frankfurt zu locken, zum andern den Kurfürsten dazu zu bewegen, die Förderung der Viadrina nicht nur fortzusetzen, sondern noch erheblich zu verstärken.

Literaturverzeichnis

*Mit * versehene Titel konnte ich nicht einsehen.*

Abu Ma'sar al-Balhi [Albumasar]: Liber introductorii maioris ad scientiam judiciorum astrorum. Édition critique par Richard Lemay, vol. 5: Texte latin de Jean de Séville avec la révision de Gérard de Crémone (Naples 1995).

Alesius, Alexander: Intimatio lectionis theologicae, *wiedergegeben als Anhang zu*: De autore et utilitate psalmarum oratio. Autore Alexandro Alesio. An. 1541 Mense Nouemb. Francofordiae ad Oderam In officina Ioannis Hanaw Mense vt sup. excusum [Digitalisat der SLUB Dresden: digital.slub-dresden.de/werkansicht/dlf/3911/1, abgerufen am 23. Januar 2023].

Allen, James: Galen, in: Die Philosophie der Antike, Band 5/1: Philosophie der Kaiserzeit und der Spätantike. Herausgegeben von Christoph Riedweg, Christoph Horn und Dietmar Wyrwa [Grundriss der Geschichte der Philosophie. Begründet von Friedrich Ueberweg. Völlig neu bearbeitete Ausgabe. Herausgegeben von Helmut Holzhey] (Basel 2018) 512–526 und 536–543.

Amann-Bubenik, Johannes: Kaiserserien und Habsburger-Genealogien. Die Entwicklung einer Gattung poetischer Habsburgpanegyrik vom 16. bis zum 18. Jahrhundert (Diss. Wien 2013).

Amdohr, [Otto]: Zwei Elegien des Frankfurter Rektors Georg Sabinus, übersetzt und mit einer historischen Abhandlung versehen von Professor Dr. Amdohr, *in*: Zum zweihundertjährigen Bestehen des Königlichen Friedrichs-Gymnasiums zu Frankfurt a. Oder (Frankfurt a. O. 1894) 129–153.

Andermann, Ulrich: Krantz (Krans, -ss, Krantzius, Cr-), Albert, *in*: Deutscher Humanismus 1480–1520 Verfasserlexikon. Herausgegeben von Franz Josef Worstbrock, Band 1: A-K (Berlin / New York 2008) Sp. 1315–1326.

Andree, Christian / Wirth, Ingo: Die Medizin an der Viadrina – ihre europäischen Ein- und Verbindungen, *in*: Europäische Bildungsströme. Die Viadrina im Kontext der europäischen Gelehrtenrepublik der Frühen Neuzeit (1506–1811). Herausgegeben von Reinhard Blänkner (Schöneiche bei Berlin 2007) 271–290.

Andriessen, Heinrich: Zeit- und Kulturbilder aus der Kirchengeschichte der

Stadt Frankfurt a. d. Oder auf Grund archivalischer Studien: Die Reformation in Frankfurt (Oder). Die Geschichte der Georgengemeinde. Das Dorf Cliestow (Frankfurt [Oder] 1909).

Angelus, Andreas: Annales Marchiae Brandenburgicae, das ist Ordentliche Verzeichniß und beschreibung der fürnemsten und und gedenckwirdigsten Märckischen Jahrgeschichten und Historien / so sich vom 416. Jahr vor Christi Geburt / bis auffs 1596. Jahr im Churfürstentumb Brandenburg / und dazu gehörenden landen und herrschafften von Jahr zu jahr begeben und zugetragen haben. Aus vielen glaubwürdigen Scribenten und Büchern / auch aus bewerten urkunden und vielen alten monumentis, zusammen getragen und beschrieben. Durch mit vielen Bildnüssen und Figuren gezieret / und mit einem vollkommenen und richtigen Register verfasset / Durch M. Andream Angelum Struthiomontanum .... (In verlegung Johan Hartman, Buchführer in Franckfurt an der Oder 1598).

Anonymus: Gelehrtengeschichte der Universität zu Frankfurt an der Oder, *in*: Beyträge zu der juristischen Litteratur in den Preußischen Staaten. Eine periodische Schrift. Dritte Sammlung (Berlin 1779) 231–265; Fortsetzung der Rechtsgelehrten-Geschichte der Universität zu Frankfurt an der Oder: Vierte Sammlung (Berlin 1780) 272–297; Beschluß der Rechtsgelehrtengeschichte der Universität zu Frankfurt an der Oder: Fünfte Sammlung (Berlin 1780) 177–256.

Antor, Heinz: Pathetic fallacy, *in*: Metzler Lexikon der Literatur- und Kulturtheorie. Ansätze – Personen – Grundbegriffe. Herausgegeben von Ansgar Nünning. Vierte, alktualisierte und erweiterte Auflage (Stuttgart / Weimar 2008) 559.

Apelt / Zekl / Reich: Apelt, Otto: Diogenes Laertius, Leben und Meinungen berühmter Philosophen, Buch I – X. Aus dem Griechischen übersetzt von Otto Apelt. Unter Mitarbeit von Hans Günter Zekl neu herausgegeben sowie mit Vorwort, Einleitung und neuen Anmerkungen zu Text und Übersetzung versehen von Klaus Reich [Philosophische Bibliothek Band 53/54] (Hamburg ^{2}1967).

Arnold, Klaus: Trithemius, Johannes OSB, *in*: Deutscher Humanismus 1480–1520 Verfasserlexikon. Herausgegeben von Franz Josef Worstbrock, Band 2: L-Z (Berlin / Boston 2013) Sp. 1089–1122.

Arnoldt (1746 / 1): D. Daniel Heinrich Arnoldts ausführliche und mit Urkunden versehene Historie der Königsbergischen Universität. Erster Theil (Königsberg in Preußen, verlegts und druckts Johann Heinrich Hartung, 1746).

Arnoldt (1746 / 2): D. Daniel Heinrich Arnoldts ausführliche und mit Urkunden versehene Historie der Königsbergischen Universität. Zweyter Theil, welchem eine Nachricht von dem Leben, und den Schriften hundert Preußischer Gelehrten angehänget ist (Königsberg in Preußen, verlegts und druckts Johann Heinrich Hartung, 1746).

Arnoldt (1756): D. Daniel Heinrich Arnoldts Zusätze zu seiner Historie der Königsbergschen Universität, nebst einigen Verbesserungen derselben, auch zweyhundert und funfzig Lebensbeschreibungen Preußischer Gelehrten (Königsberg in Preussen, im Verlag sel. Johann Heinrich Hartungs Wittwe, 1756).

Asche, Matthias: Frequenzeinbrüche und Reformen – Die deutschen Universitäten in den 1520er bis 1560er Jahren zwischen Reformation und humanistischem Neuanfang, *in*: Die Musen im Reformationszeitalter. Herausgegeben von Walther Ludwig im Auftrag der Stiftung Luthergedenkstätten in Sachsen-Anhalt [Schriften der Stiftung Luthergedenkstätten in Sachsen-Anhalt, Band 1] (Leipzig 2001) 53–96.

Asche, Matthias / Gerber, Stefan: Neuzeitliche Universitätsgeschichte in Deutschland. Entwicklungslinien und Forschungsfelder, *in*: Archiv für Kulturgeschichte 90 (2008) 159–201.

Asche, Matthias: Von der Viadrina an die Albertina und zurück – der Wittenberger Melanchthon-Schüler Georg Sabinus in Frankfurt an der Oder und Königsberg, *in*: Matthias Asche / Heiner Lück / Manfred Rudersdorf / Markus Wriedt (Hgg.): Die Leucorea zur Zeit des späten Melanchthon. Institutionen und Formen gelehrter Bildung um 1550. Beiträge der Tagung in der Stiftung Leucorea Wittenberg anlässlich des 450. Todestages Philipp Melanchthons vom 13. bis 16. Oktober 2010 [Leucorea-Studien zur Geschichte der Reformation und der Lutherischen Orthodoxie, Band 26] (Leipzig 2015) 233–261.

Ax, Wolfram: Lorenzo Valla (1407–1457), *Elegantiarum linguae Latinae libri sex* (1449), *in*: Von Eleganz und Barbarei. Lateinische Grammatik und Stilistik in Renaissance und Barock, herausgegeben von Wolfram Ax [Wolfenbütteler Forschungen, Band 95] (Wiesbaden 2001) 29–57.

Ax, Wolfram: Quintilians Grammatik (*Inst. orat.* 1,4–8). Text, Übersetzung und Kommentar [Texte und Kommentare. Eine altertumswissenschaftliche Reihe. Herausgegeben von Siegmar Döpp, Adolf Köhnken, Ruth Scodel, Band 37] (Berlin / Boston 2011).

Backus, Irena: Theobald Thamer, *in*: Bibliotheca Dissidentium. Répertoire des non-conformistes religieux des seizième et dix-septième siècles, édité par André Séguenny. Textes revus par Jean Rott. Tome III: Johannes Bunderlin, Wolfgang Schultheiß, Theobald Thamer [Bibliotheca Bibliographica Aureliana 93] (Baden-Baden 1982) 71–152.

Bähr, Johann Christian Felix: Paulus von Aegina, *in*: Real-Encyclopädie der classischen Alterthumswissenschaft in alphabetischer Ordnung, Band 5: Mi bis Pot (Stuttgart 1848) Sp. 1253f.

Bahmer, Lonni: Lectio, *in*: Gert Ueding (Hg.): Historisches Wörterbuch der Rhetorik, Band 10 (2012) Sp. 565–574.

Bahr, Hans: Brandenburgisch-preußische Geschichte bis zum Großen Kurfürsten in zeitgenössischen Quellenzeugnissen, Dritter Teil: Von Joachim II. bis zu Friedrich Wilhelm, dem Großen Kurfürsten [Voigtländers Quellenbücher Band 3] (Leipzig 1914).

Baratin, Marc: Priscianus Caesariensis (5./6. Jahrhundert n. Chr.), *in*: Lateinische Lehrer Europas. Fünfzehn Portraits von Varro bis Erasmus von Rotterdam. Herausgegeben von Wolfram Ax (Köln / Weimar / Wien 2005) 247–272.

Bardt: Zur Geschichte des Weinbaues in Frankfurt und Umgebung, *in*: Mittheilungen des Historischen Vereins für Heimathkunde zu Frankfurt a. O. Fünfzehntes bis Siebzehntes Heft (1885) 45–53.

Bauch, Gustav: Biographische Beiträge zur Schulgeschichte des XVI. Jahrhunderts, *in*: Mitteilungen der Gesellschaft für deutsche Erziehungs- und Schulgeschichte 5 (1895) 1–26.

Bauch, Gustav: Die Anfänge des Studiums der griechischen Sprache und Litteratur in Norddeutschland, *in*: Mitteilungen der Gesellschaft für deutsche Erziehungs- und Schulgeschichte 6 (1896) 47–74; 75–98; 163–193.

Bauch, Gustav: Das älteste Decanatsbuch der philosophischen Facultät an der Universität zu Frankfurt a. O. Erster Theil. Die artistisch-philosophischen Promotionen von 1506–1540. Herausgegeben von G. B., *in*: Vierundsiebzigster Jahres-Bericht der Schlesischen Gesellschaft für vaterländische Cultur, III. Abtheilung: Geschichte und Staatswissenschaften (Breslau 1897), 13–96; *wieder in*: Acten und Urkunden der Universität Frankfurt a. O. Herausgegeben von Georg Kaufmann und Gustav Bauch unter Mitwirkung von Paul Reh und Emmy Vosberg. Erster Band (umfassend die bisher erschienenen Hefte I-VI) (Breslau 1907), 1. Heft, 1–84; *nach dieser Seitenzählung als Bauch (1897) zitiert.*

Bauch, Gustav: Alte Drucke in Frankfurt a. O., *in*: Zentralblatt für Bibliothekswesen 15 (1898) 241–260.

Bauch, Gustav: Die Anfänge der Universität Frankfurt a. O. und die Entwicklung des wissenschaftlichen Lebens an der Hochschule (1506–1540) [Texte und Forschungen zur Geschichte der Erziehung und des Unterrichts in den Ländern deutscher Zunge, Band 3] (Berlin 1900).

Bauch, Gustav: Das älteste Decanatsbuch der philosophischen Facultät an der Universität zu Frankfurt a. O. Zweiter Theil. Die artistisch-philosophischen Promotionen von 1540 bis 1596. Mit einem Anhang: Ergänzungen zu E. Friedlaender's Matrikel-Ausgabe. Herausgegeben von G. B. (Breslau 1901), *wieder in:* Acten und Urkunden der Universität Frankfurt a. O. Herausgegeben von Georg Kaufmann und Gustav Bauch unter Mitwirkung von Paul Reh und Emmy Vosberg. Erster Band (umfassend die bisher erschienenen Hefte I-VI) (Breslau 1907); *danach zitiert.*

Bauch, Gustav: Die Rezeption des Humanismus in Wien. Eine literarische Studie zur deutschen Universitätsgeschichte (Breslau 1903).

Bauch, Gustav: Aus dem ersten Jahrzehnt der Universität und die ältesten Dekanatsbücher der Juristen und der Mediziner. Festschrift zur vierhundertjährigen Jubelfeier der Alma Mater Viadrina 26. April 1906, herausgegeben von G. B. (Breslau 1906).

Bauch (1907) *s. oben*: Bauch, Gustav: Das älteste Decanatsbuch ... (1897).

Bauch, Gustav: Valentin Trozendorf und die Goldberger Schule [Monumenta Germaniae Paedagogica, Band 57] (Berlin 1921).

Bauer, Barbara: Philipp Melanchthons Gedichte astronomischen Inhalts im Kontext der natur- und himmelskundlichen Lehrbücher, *in*: Melanchthon und die Naturwissenschaften seiner Zeit. Herausgegeben von Günther Frank und Stefan Rhein (Sigmaringen 1998) 137–181.

Becmanus, Johannes Christophorus [Becmann, Beckmann]: Memoranda Francofurtana. Notitia Universitatis, de initiis, privilegiis, ordine, statutis ipsius: Catalogus universalis librorum bibliothecae nunc publicae; antehac privata industria incomparabilium virorum, Sigfridi Utensbergeri, J. U. D. & Professoris, Matthaei Cunonis, J. U. D. P. P. & Ordinarii, Thomae Werlieni, J. U. D. & Consil. Palat. ac Lignic., Gregorii Franci, S. S. Th. D. & P. P., Christophori Pelargi, S. S. Th. D. & P. P. totiusque Marchiae Generalis Superintendentis instructae: Wolfgangi Justi Chronicon urbis Francofurtanae: Catalogus Plantarum in tractu Francofurtano sponte nascentium: edente Joh. Christophoro Becmano (Francofurti ad Oderam 1676 Prelo Friderici Eichornii).

[Becmanus, Joannes Christophorus]: Notitia universitatis Francofurtanae, una cum iconibus personarum aliquot illustrium, aliorumque virorum egregiorum, qui eam praesentia sua ac meritis illustrarunt, professorum denique ordinariorum qui anno seculari universitatis secundo vixerunt [Francofurti ad Viadrum 1707].

Beeskow, Hans-Joachim: Der Buchdrucker Hans Weiß im Dienst der Berlin-brandenburgischen Reformation, *in*: „Dem Wort nicht entgegen ..."

Aspekte der Reformation in der Mark Brandenburg. Herausgegeben von Hans-Ulrich Delius, Max-Ottokar Kunzendorf und Friedrich Winter (Berlin 1988) 111–114.

Beichert / Kühlmann / Mathes / Wiegand: Konrad Wimpina aus Buchen (ca. 1460–1531): Die Leipziger Rektoratsreden (1494). Herausgegeben, übersetzt und erläutert von Karl Wilhelm Beichert, Wilhelm Kühlmann, Peter Mathes und Hermann Wiegand unter Mitarbeit von Christoph Broecker [Zwischen Neckar und Main, Band 38] (Buchen 2022).

Bellomo, Manlio: Geschichte eines Mannes: Bartolus von Sassoferrato und die moderne Jurisprudenz, *in*: Jahrbuch des Historischen Kollegs 1995 (München 1996) 31–44.

Benzing, Joseph: Der Buchdruck in Frankfurt (Oder) von 1530–1550 (Johann Hanau und Nikolaus Wolrab), *in*: Gutenberg-Jahrbuch 1937, 131–138.

Berger / Nord: Das Neue Testament und frühchristliche Schriften. Übersetzt und kommentiert von Klaus Berger und Christiane Nord (Frankfurt am Main / Leipzig 1999).

Bernatzky, Viktor: Die Promotion in der philosophischen Fakultät an der Universität Frankfurt a. O. (Diss. Breslau 1901).

Bertalot, Ludwig: Humanistische Vorlesungsankündigungen in Deutschland im 15. Jahrhundert, *in*: Zeitschrift für Geschichte der Erziehung und des Unterrichts, Band 5 (1915) 1–24.

Berwald, Olaf: Philipp Melanchthons Rhetoriklehrbücher, *in*: Melanchthon und das Lehrbuch des 16. Jahrhunderts. Begleitband zur Ausstellung im Kulturhistorischen Museum Rostock 25. April bis 13. Juli 1997. Herausgegeben von Jürgen Leonhardt (Rostock 1997) 111–122.

Bezner, Frank: Lorenzo Valla (1407–1457), *in*: Lateinische Lehrer Europas. Fünfzehn Portraits von Varro bis Erasmus von Rotterdam. Herausgegeben von Wolfram Ax (Köln / Weimar / Wien 2005) 353–389.

Biank, Johanna: Pseudo-Proklos‘ *Sphaera*. Die *Sphaera*-Gattung im 16. Jahrhundert [Edition Open Sources: Sources 12] (Berlin 2020).

Bieder, Hermann / Gurnik, Adolf: Bilder aus der Geschichte der Stadt Frankfurt a. Oder. Zweite veränderte und vermehrte Auflage (Frankfurt a. Oder 1899).

Blänkner, Reinhard: Einleitung. Die alte Viadrina – Brandenburgische Landesuniversität in der europäischen Gelehrtenrepublik der Frühen Neuzeit, *in*: Europäische Bildungsströme. Die Viadrina im Kontext der europäischen Gelehrtenrepublik der Frühen Neuzeit (1506–1811). Herausgegeben von Reinhard Blänkner (Schöneiche bei Berlin 2007) 9–44.

Böcking, Eduard: Ulrichi Hutteni equitis Germani Opera quae reperiri potuerunt omnia. Edidit Eduardus Böcking. Volumen III. (Lipsiae 1862).

Boll, Franz: Kleine Schriften zur Sternkunde des Altertums. Herausgegeben und eingeleitet von Viktor Stegemann (Leipzig 1950).

Bräuer / Leonhardt / Schindler: Miriam Bräuer, Jürgen Leonhardt, Claudia Schindler: Zum humanistischen Vorlesungsbetrieb an der Universität Leipzig, *in*: Der Humanismus an der Universität Leipzig. Akten des in Zusammenarbeit mit dem Lehrstuhl für Sächsische Landesgeschichte an der Universität Leipzig, der Universitätsbibliothek Leipzig und dem Leipziger Geschichtsverein am 9./10. November 2007 in Leipzig veranstalteten Symposiums. Herausgegeben von Enno Bünz und Franz Fuchs [Pirckheimer-Jahrbuch für Renaissance- und Humanismusforschung, Band 23] (Wiesbaden 2008) 201–216.

Bredehorn, Uwe: Der Marburger Buchdruck 1527–1650 als Spiegel der Stadt- und Universitätsgeschichte, *in*: Marburg-Bilder. Eine Ansichtssache. Zeugnisse aus fünf Jahrhunderten, Band I. Herausgegeben von Jörg Jochen Berns [Marburger Stadtschriften zur Geschichte und Kultur, Band 52] (Marburg 1995) 129–147.

Brodersen, Kai: Luthers Aufruf zur Gründung von Schulen, an denen Alte Sprachen gelehrt werden (1524). Kopie der in Erfurt 1524 gedruckten Ausgabe, Transkription und Übertragung (Speyer 2023).

Bruch, Rüdiger vom: Universität Frankfurt a. d. O. (Viadrina), *in*: Universitäten und Hochschulen in Deutschland, Österreich und der Schweiz. Eine Universitätsgeschichte in Einzeldarstellungen. Herausgegeben von Laetitia Boehm und Rainer A. Müller (Düsseldorf 1983) 138–141.

Brünneck, Alexander von: Die Juristische Fakultät der Viadrina in Frankfurt (Oder) 1506–1811, *in*: Europäische Bildungsströme. Die Viadrina im Kontext der europäischen Gelehrtenrepublik der Frühen Neuzeit (1506–1811). Herausgegeben von Reinhard Blänkner (Schöneiche bei Berlin 2007) 293–323.

Buske, Norbert: Kirchenordnung des ganzen Pommernlandes (Übersetzung), *in*: Die pommersche Kirchenordnung von Johannes Bugenhagen 1535. Text mit Übersetzung, Erläuterungen und Einleitung. Herausgegeben im Auftrag der Evangelischen Landeskirche Greifswald von Norbert Buske (Berlin 1985); *die neuhochdeutsche Übersetzung der Kirchenordnung (S. 157–211) stammt von Sabine Pettke.*

Caemmerer, Hermann von: Die Testamente der Kurfürsten von Brandenburg und der beiden ersten Könige von Preußen, herausgegeben von H. v. C. (München / Leipzig 1915).

Caesarius, Johannes: In hoc opusculo haec continentur. Epistola Ioannis

Caesarij Iuliacensis ad Generosum et Illustrem dominum, dominum Hermannum Comitem Nuenarium. Apologia eiusdem in mali consulentes. Dialectica eiusdem in decem tractatus digesta, iuxta praeceptorum decalogi numerum [...] [Köln]: Euch. Cervicornus [1520/21].

Calasso, Francesco: Bartolo da Sassoferrato, *in*: Dizionario biografico degli Italiani, vol. 6 (Roma 1964) 640–669.

Carmody, Francis J[ames]: Arabic Astronomical and Astrological Sciences in Latin Translation. A Critical Bibliography (Berkeley / Los Angeles 1956).

Chalkomatas, Dionysios: Ciceros Dichtungstheorie. Ein Beitrag zur Geschichte der antiken Literaturästhetik (Berlin 2007).

Claire, Lucie: La *praelectio*, une forme de transmission du savoir à la Renaissance: l'exemple de la leçon d'introduction aux *Annales* de Tacite de Marc-Antoine Muret (1580), *in*: Camenulae 3 (2009) 1–13; http://www.paris-sorbonne.fr/IMG/pdf/Article_Lucie_Claire.pdf

Classen, Carl Joachim: Neue Elemente in einer alten Disziplin. Zu Melanchthons *De Rhetorica libri tres*, *in*: Carl Joachim Classen: Antike Rhetorik im Zeitalter des Humanismus [Beiträge zur Altertumskunde, Band 182] (München / Leipzig 2003) 254–309.

Clemen, Otto: Das Vorlesungsverzeichnis der Leipziger Universität vom Jahre 1519, *in*: Neue Jahrbücher für Pädagogik. Herausgegeben von Bernhard Gerth. Zehnter Jahrgang 1907 = Neue Jahrbücher für das Klassische Altertum, Geschichte und deutsche Literatur und für Pädagogik. Herausgegeben von Johannes Ilberg und Bernhard Gerth, Zwanzigster Band (Leipzig 1907) 112–124.

Clemen, Otto: Janus Cornarius, *in*: Neues Archiv für Sächsische Geschichte und Altertumskunde, Band 33 (Dresden 1912) 36–76.

Clemen, Otto: Studien zu Melanchthons Reden und Gedichten (Leipzig 1913), *wieder in*: Otto Clemen, Kleine Schriften zur Reformationsgeschichte (1897–1944), herausgegeben von E. Koch, Band 4 (Leipzig 1984) 211–307.

Clemen, Otto: Melanchthon und Alexander Alesius, *in*: Archiv für Reformationsgeschichte, Ergänzungsband 5 (Leipzig 1929) 17–34.

Crebitius Croellianus, Georgius: Ad Palladis amatores pro commendatione gymnasij literarij Francfordianorum, in: Farrago miscellaneorum Conradi Vvimpinae à Fagis, Orationes f. 28 (Coloniae, apud Io. Soterem 1531); *auch in:* [Becmanus] Notitia (1707).

Crüger, Pankraz: De Professoribus Graecae linguae publicis, quos primo suo seculo habuit Academia Francofurtana ad Viadrum Carmen panegyricum Pancratii Crugerii Finstervvaldensis, Graecae linguae in eàdem Academià

Professoris P. Anno Christi 1606, in: Solemnia anni secularis sive centesimi sacra ... (1606).

Curtius, Ernst Robert: Europäische Literatur und lateinisches Mittelalter. Sechste Auflage (Bern / München 1967).

Czwalina, Arthur: Archimedes, Werke, übersetzt und mit Anmerkungen versehen von Arthur Czwalina. Im Anhang: Kreismessung, übersetzt von F. Rudio. Des Archimedes Methodenlehre von den mechanischen Lehrsätzen, übersetzt von J. L. Heiberg und kommentiert von H. G. Zeuthen (Darmstadt 1967). – *Nachdruck von ursprünglich 1906; 1907; 1922; 1923; 1925 erschienenen Beiträgen.*

Delius Walter: Melanchthon und die Mark Brandenburg, *in*: Zeitschrift für Kirchengeschichte, Band 72 (1961) 315–335.

Delius, Walter: Die Kirchenpolitik des Kurfürsten Joachim II. von Brandenburg in den Jahren 1535–1541, *in*: Jahrbuch für Berlin-Brandenburgische Kirchengeschichte, Band 40 (1965) 86–123.

Deufert, Diane: Matthias Bergius (1536–1592). Antike Dichtungstradition im konfessionellen Zeitalter [Hypomnemata, Band 186] (Göttingen 2011).

Deufert, Marcus: Eine verkannte Terenzbiographie der Spätantike. Untersuchungen zur *Vita Ambrosiana* [Nachrichten der Akademie der Wissenschaften zu Göttingen. I. Philologisch-historische Klasse, Jahrgang 2003, Nr. 6] (Göttingen 2003).

Dilg, Peter: Die Anfänge der Philipps-Universität in den Epigrammen des Euricius Cordus, *in*: Academia Marburgensis. Beiträge zur Geschichte der Philipps-Universität Marburg. Für den Fachbereich Geschichtswissenschaften herausgegeben von Walter Heinemeyer, Thomas Klein, Hellmut Seier (Marburg 1977) 93–110.

Diller, Hans: Paulos (23), *in*: Paulys Realencyclopädie der classischen Altertumswissenschaft, Band 18,4 (1949) Sp. 2386–2397.

Dingel, Irene: Von der mittelalterlichen Disputation zum reformatorischen Religionsgespräch. Neu organisiertes Streiten?, *in*: Jan Martin Lies (Hg.): Wahrheit – Geschwindigkeit – Pluralität. Chancen und Herausforderungen durch den Buchdruck im Zeitalter der Reformation [Veröffentlichungen des Instituts für europäische Geschichte Mainz, Band 132] (Göttingen 2021) 255–267.

Döpp, Siegmar: Werke Ovids. Eine Einführung (München 1992).

Döpp, Siegmar: Adam Schröter: Regni Poloniae salinarum Vieliciensium descriptio. Das Salzbergwerk von Wieliczka. Herausgegeben, übersetzt und erläutert von S. D. [Die neulateinische Bibliothek, Band 4] (Wien 2019; *bis auf das Umschlagbild unverändert*: Heidelberg 2021).

Döpp, Siegmar: Philipp Melanchthon oder Georg Sabinus? Das Epigramm *De Ouidio*, *in*: Neulateinisches Jahrbuch, Band 24 (2022) 314–322.

Dolch, Josef: Lehrplan des Abendlandes. Zweieinhalb Jahrtausende seiner Geschichte (Darmstadt 1982) [Unveränderter reprografischer Nachdruck der 3. Auflage Ratingen / Wuppertal / Kastellaun 1971].

Domtera-Schleichardt, Christiane: Die Wittenberger >Scripta publice proposita< (1540–1569). Universitätsbekanntmachungen im Umfeld des späten Melanchthon [Leucorea-Studien zur Geschichte der Reformation und der lutherischen Orthodoxie, Band 39] (Leipzig 2021).

Domtera-Schleichardt, Christiane: Akademische Gelehrsamkeit und Melanchthon-Memoria. Caspar Cruciger der Jüngere in den Wittenberger *Scripta publice proposita*, *in*: Die Crucigers. Caspar der Ältere, Caspar der Jüngere und Elisabeth Cruciger in ihrer Bedeutung für die Wittenberger Reformation. Herausgegeben von Armin Kohnle und Irene Dingel [Leucorea-Studien zur Geschichte der Reformation und der Lutherischen Orthodoxie, Band 40] (Leipzig 2021) 166–203.

Dotzauer, Winfried: Deutsches Studium und deutsche Studenten an europäischen Hochschulen (Frankreich, Italien) und die nachfolgende Tätigkeit in Stadt, Kirche und Territorium in Deutschland, *in*: Stadt und Universität im Mittelalter und in der frühen Neuzeit. Herausgegeben von Erich Maschke, Jürgen Sydow [Stadt in der Geschichte] (Sigmaringen 1977) 112–141.

Drux, Rudolf: Casualpoesie, *in*: Deutsche Literatur. Eine Sozialgeschichte. Herausgegeben von Horst Albert Glaser, Band 3 (Reinbek 1985) 408–417.

Drux, Rudolf: Panegyrikus, *in*: Reallexikon der deutschen Literaturwissenschaft. Neubearbeitung des Reallexikons der deutschen Literaturgeschichte gemeinsam mit Georg Braungart, Harald Fricke, Klaus Grubmüller, Friedrich Vollhardt und Klaus Weimar herausgegeben von Jan-Dirk Müller, Band 3 (Berlin / New York 2003) 5–8.

Dubielzig, Uwe: Mathematik, *in*: Lexikon des Hellenismus. Herausgegeben von Hatto H. Schmitt und Ernst Vogt (Wiesbaden 2005) Sp. 671–678.

Du Cange: Glossarium mediae et infimae latinitatis / Conditum a Carolo Du Fresne Domino Du Cange. Auctum a monachis Ordinis S. Benedicti cum supplementis integris D. P. Carpenterii, Adelungii, aliorum, suisque digessit A. L. Henschel, sequuntur Glossarium gallicum, tabulae, indices auctorum et rerum, dissertationes. Editio nova aucta pluribus verbis aliorum scriptorum a Léopold Favre (Niort 1883–1887) – en ligne

Edictum illustrissimi principis Electoris Ioachimi II. Marchionis Brandenburgensis. Georgii Sabini & aliorum quorundam Professorum Carmina de instaurata Academia Francofordiana. Additus est Catalogus autorum, qui Francofordiae ad Oderam praeleguntur (Francofordiae Ioannes Hanaw Impressit. Anno 1541). – *Exemplar im Domstiftsarchiv Brandenburg, Signatur (in einem Sammelband): G: M 1,5,4. – Exemplar der Sächsischen Landesbibliothek – Staats- und Universitätsbibliothek Dresden, Signatur: Biogr.erud.B.544.m, misc.9.*

Effe, Bernd: Philipp Melanchthon: Ein humanistisches Plädoyer für den Bildungswert des Griechischen, *in*: Philipp Melanchthon. Exemplarische Aspekte seines Humanismus. Herausgegeben von Gerhard Binder [Bochumer Altertumswissenschaftliches Colloquium BAC, Band 32] (Trier 1998) 47–64.

Egelhaaf-Gaiser, Ulrike: Troja im Weintropfen: Kriegserinnerung und alternative Erzählung in Ovids elegischen Kartenskizzen, *in*: Kultur der Antike. Transdisziplinäres Arbeiten in den Altertumswissenschaften. Herausgegeben von Ulrike Egelhaaf-Gaiser, Dennis Pausch und Meike Rühl (Berlin 2011) 309–335.

*Eggeling, Heinrich: Qua quanta ex lectione Pauli Aeginatae utilitas speranda sit declaratur (Frankfurt an der Oder 1541).

Ehmer, Hermann: Christoph Cornerus. Ein Lebensbild, *in*: Der Wartturm. Heimatblätter des Vereins Bezirksmuseum Buchen e. V., 36. Jahrgang (15. Jg. der 3. Folge), Nr. 3/August 1995, 3–8.

*Eichler, Klaus: Zur Geschichte der Medizinischen Fakultät der alten Viadrina, in: Jahresbericht der Forschungsstelle für vergleichende Universitätsgeschichte, Band 1 (Frankfurt/Oder 1998) 30–51.

Einheitsübersetzung: Die Bibel. Altes und Neues Testament. Einheitsübersetzung (Freiburg / Basel / Wien 1980).

Elders, Leo J.: Ethika Nikomacheia, *in*: Lexikon der philosophischen Werke, herausgegeben von Franco Volpi und Julian Nida-Rümelin. Redaktionell verantwortliche Mitherausgeber Maria Koettnitz und Harry Olechnowitz [Kröners Taschenausgabe Band 486] (Stuttgart 1988) 261f.

El Kholi, Susann: Rhagius (eigentl. sorb. Ra[c]k ‚Krebs'), Johannes, aus Sommerfeld/Niederlausitz (daher auch: Aesticampianus, Lusatius), *in*: Deutscher Humanismus 1480–1520 Verfasserlexikon. Herausgegeben von Franz Josef Worstbrock, Band 2: L-Z (Berlin / Boston 2013) Sp. 639–656.

Ellinger, Georg: Die neulateinische Lyrik Deutschlands in der ersten Hälfte des sechzehnten Jahrhunderts [Geschichte der neulateinischen Literatur Deutschlands im sechzehnten Jahrhundert, Band II] (Berlin 1929).

Entner, Heinz: Ulrich von Hutten. Sein Aufenthalt an der Viadrina im Zusammenhang mit seiner Jugendgeschichte, *in*: Die Oder-Universität

Frankfurt. Beiträge zu ihrer Geschichte. Herausgegeben von Günther Haase und Joachim Winkler (Weimar 1983) 232–238.

Erler, Georg: Die Matrikel und die Promotionsverzeichnisse der Albertus-Universität zu Königsberg i. Pr. 1544–1829. I. Band: Die Immatrikulationen von 1544–1656. Herausgegeben von Georg Erler [Publikation des Vereins für die Geschichte von Ost- und Westpreussen] (Leipzig 1910).

Erleutertes Preußen Oder Auserlesene Anmerckungen/ Ueber verschiedene Zur Preußischen Kirchen- Civil- und Gelehrten-Historie gehörige besondere Dinge, Woraus die bißherigen Historien-Schreiber theils ergäntzet, theils verbessert, Auch viele unbekannte Historische Warheiten ans Licht gebracht werden. Tomus IV. Nebst den dazu gehörigen Registern (Königsberg, Anno 1728. Zu finden bey seel. Martin Hallervords Erben).

Escher, Felix: Das Kurfürstentum Brandenburg im Zeitalter des Konfessionalismus, *in*: Brandenburgische Geschichte, herausgegeben von Ingo Materna und Wolfgang Ribbe (Berlin 1995) 231–290.

Eulenburg, Franz: Die Frequenz der deutschen Universitäten von ihrer Gründung bis zur Gegenwart [Abhandlungen der philologisch-historischen Klasse der Königlich Sächsischen Gesellschaft der Wissenschaften, Band 24, Nr. 2] (Leipzig 1904).

Fabisch, Peter: Thamer, Theobald, *in*: Theologische Realenzyklopädie, Band 33 (2002) 172–175.

Fester, Richard: Sleidan, Sabinus, Melanchthon, *in*: Historische Zeitschrift, Band 89 (1902) 1–16.

Feyl, Othmar: Die Universität Frankfurt (Oder) in der Bildungsgeschichte des östlichen Europa [Frankfurter Beiträge zur Geschichte 8] (Frankfurt/Oder 1980).

Feyl, Othmar: Die Viadrina und das östliche Europa. Eine bildungsgeschichtliche Studie, *in*: Die Oder-Universität Frankfurt. Beiträge zu ihrer Geschichte. Herausgegeben von Günther Haase und Joachim Winkler (Weimar 1983) 105–139.

Fischer, Otto: Evangelisches Pfarrerbuch für die Mark Brandenburg seit der Reformation, Zweiter Band / Erster Teil: Verzeichnis der Geistlichen in alphabetischer Reihenfolge. Erster Teil: Abbadie bis Major (Berlin 1941).

Fläschendräger, Werner: Viadrina und Studium Lipsiense – zur Geschichte der Beziehungen zwischen zwei Universitäten, *in*: Die Oder-Universität Frankfurt. Beiträge zu ihrer Geschichte. Herausgegeben von Günther Haase und Joachim Winkler (Weimar 1983) 171–183.

Flashar, Hellmut: Aristoteles, *in*: Die Philosophie der Antike, Band 3: Ältere Akademie, Aristoteles – Peripatos [Grundriss der Geschichte der Philosophie. Begründet von Friedrich Ueberweg. Völlig neubearbeitete Ausgabe] (Basel / Stuttgart 1983) 175–457.

Flashar, Hellmut: Hippokrates. Meister der Heilkunst. Leben und Werk (München 2016).

Förstel, Christian: Die griechische Grammatik Melanchthons, *in*: Melanchthon und das Lehrbuch des 16. Jahrhunderts. Begleitband zur Ausstellung im Kulturhistorischen Museum Rostock 25. April bis 13. Juli 1997. Herausgegeben von Jürgen Leonhardt (Rostock 1997) 35–57.

Foerstemann, Karl Eduard: Album academiae Vitebergensis ab A. Ch. MDII usque ad A. MDLX. Ex autographo edidit Carolus Eduardus Foerstemann, Theologiae et Philosophiae doctor (Lipsiae, sumtibus ex typis Caroli Tauchnitii 1841). – *Band 1.- Band 3: Indices; s. Naetebus*

Forcellini: Totius Latinitatis lexicon consilio et cura Jacobi Facciolati, opera et studio Aegidii Forcellini, alumni seminarii Patavini, lucubratum. Tomus 4 (Patavii 1805).

Fortuna, Stefania: The Latin Editions of Galen‘s Opera omnia (1490–1625) and Their Prefaces, *in*: Early Science and Medicine, vol. 17 (2012) 391–412.

Fortuna, Stefania: Editions and Translations of Galen from 1490 to 1540, *in*: Brill‘s Companion to the Reception of Galen. Edited by Petros Bouras-Vallianatos, Barbara Zipser (Leiden / Boston 2019) 437–452.

Fraknoi, Wilhelm: Melanchthons Beziehungen zu Ungarn (Budapest 1874).

Frank, Günter: Melanchthons Dialektik und die Geschichte der Logik, *in*: Melanchthon und das Lehrbuch des 16. Jahrhunderts. Begleitband zur Ausstellung im Kulturhistorischen Museum Rostock 25. April bis 13. Juli 1997. Herausgegeben von Jürgen Leonhardt (Rostock 1997) 125–145.

Freytag, Hermann: Die Preussen auf der Universität Wittenberg und die nichtpreussischen Schüler Wittenbergs in Preussen von 1502 bis 1602. Eine Festgabe zur vierhundertjährigen Gedächtnisfeier der Gründung der Universität Wittenberg (Leipzig 1903).

Freytag, Herrmann: Der preussische Humanismus bis 1550, *in*: Zeitschrift des Westpreussischen Geschichtsvereins, Heft 47 (Danzig 1904) 41–64.

Friedlaender, Ernst: Aeltere Universitäts-Matrikeln. I. Universität Frankfurt a. O. Aus der Originalhandschrift unter Mitwirkung von Dr. Georg Liebe und Dr. Emil Theuner herausgegeben von Dr. Ernst Friedlaender. Erster Band (1506–1648) [Publicationen aus den K. Preußischen Staatsarchiven, Band 32] (Leipzig 1887).

Friedlaender, Ernst: Aktenstücke zur Geschichte der Universität Frankfurt a. O., *in*: Forschungen zur Brandenburgischen und Preußischen Geschichte. Achter Band, erste Hälfte (Leipzig 1895) 212–220.

Fromm, Alexander: Christoph Stummel, Studentes. Die Studenten. Komödie aus dem Studentenleben. Ein Lustspiel in fünf Aufzügen. Frankfurt an der Oder Anno 1545. Nach einer Übersetzung aus dem 18. Jahrhundert. – Transkription, Vorwort & Nachwort: Alexander Fromm (Berlin 2021).

Fuchs, Thorsten: Philipp Melanchthon als neulateinischer Dichter in der Zeit der Reformation [NeoLatina, Band 14] (Tübingen 2008).

Fuchs, Thorsten: Krächzender Rabe oder singende Nachtigall? Der Dichter Philipp Melanchthon und sein poetisches Werk, *in*: Der Philosoph Melanchthon. Herausgegeben von Günter Frank und Felix Mundt (Berlin / Boston 2012) 95–113.

Fuchs (2017 / 1): Fuchs, Thorsten: Literatur, *in*: Philipp Melanchthon. Der Reformator zwischen Glauben und Wissen. Ein Handbuch. Herausgegeben von Günter Frank unter Mitarbeit von Axel Lange (Berlin / Boston 2017) 263–275.

Fuchs (2017 / 2): Fuchs, Thorsten: Antike Literatur, *in*: Philipp Melanchthon. Der Reformator zwischen Glauben und Wissen. Ein Handbuch. Herausgegeben von Günter Frank unter Mitarbeit von Axel Lange (Berlin / Boston 2017) 591–608.

Fürstenhaupt, Adolf: Georg Sabinus, der Sänger der Hohenzoller'schen Dynastie. Eine litterargeschichtliche Skizze im Rahmen des sechszehnten Jahrhunderts (Berlin 1849).

Gatz, Bodo: Weltalter, goldene Zeit und sinnverwandte Vorstellungen [Spudasmata, Band 16] (Hildesheim 1967).

Gawlick, Günter / Görler, Woldemar: Cicero, *in*: Die Philosophie der Antike, Band 4. Zweiter Halbband: Die hellenistische Philosophie, herausgegeben von Hellmut Flashar [Grundriss der Geschichte der Philosophie, begründet von Friedrich Ueberweg. Völlig neubearbeitete Ausgabe] (Basel 1994) 991–1168.

Geisau, Hans von: Melampus, *in*: Der Kleine Pauly, Band 3 (1969) 1160f.

Gindhart, Marion / Kundert, Ursula (Hgg.): Disputatio 1200–1800. Form, Funktion und Wirkung eines Leitmediums universitärer Wissenskultur (Berlin / New York 2010).

Glei, Reinhold: *Multa sit in versu cura laborque meo*. Melanchthon als Dichter, *in*: Gerhard Binder (Hg.): Philipp Melanchthon. Exemplarische Aspekte seines Humanismus [Bochumer Altertumswissenschaftliches Colloquium, Band 32] (Trier 1998) 143–170.

Glei, Reinhold F.: *Sed pudenter et raro?* Lateinische Dichtungen Melanchthons, *in*: Die Musen im Reformationszeitalter. Herausgegeben von Walther Ludwig im Auftrag der Stiftung Luthergedenkstätten in Sachsen-

Anhalt [Schriften der Stiftung Luthergedenkstätten in Sachsen-Anhalt, Band 1] (Leipzig 2001) 189–208.

Göllner, Carl: Tvrcica, III. Band: Die Türkenfrage in der öffentlichen Meinung Europas im 16. Jahrhundert (Bucureşti / Baden-Baden 1978).

Goerke, Heinz: Der medizinische Unterricht an der Universität Frankfurt/Oder von 1506 bis 1811, *in*: Deutsches Medizinisches Journal Jahrgang 4, Heft 7/8 (1953) 179–182.

Götze, Alfred: Das schwarze Brett, *in*: Nachrichten der Gießener Hochschulgesellschaft, Band 7 (1929) 14–20.

Götze (1878 / 1): Götze, Ludwig: Nachlese märkischer Urkunden, *in*: Märkische Forschungen, Band 14 (1878) 253–295.

Götze (1878 / 2): Götze, Ludwig: Die Märkischen Studenten auf der Universität Wittenberg seit deren Gründung bis zum Tode Melanchthons (1502–1560), *in*: Märkische Forschungen, Band 14 (1878) 326–346 (*mehrfach falsch paginiert*).

Greiff, Ursula: Dichter und Herrscher in lateinischen Gedichten aus der Mark Brandenburg (16. und 17. Jahrhundert) [Spolia Berolinensia. Berliner Beiträge zur Geistes- und Kulturgeschichte des Mittelalters und der Neuzeit, Band 26] (Hildesheim 2006).

Grimm, Heinrich: Ulrichs von Hutten Lehrjahre an der Universität Frankfurt (Oder) und seine Jugenddichtungen: ein quellenkritischer Beitrag zur Jugendgeschichte des Verfechters deutscher Freiheit (Frankfurt an der Oder 1938).

Grimm, Heinrich: Caesarius, Johannes, *in*: Neue Deutsche Biographie, Band 3 (1957) 90f.

Grimm, Heinrich: Die Matrikel der Universität Frankfurt/Oder aus den Jahren 1506 bis 1648 als urkundliche Quelle für die Geschichte des Buchwesens, *in*: Archiv für Geschichte des Buchwesens, Band 3 (1961) 389–512.

Grimm, Heinrich: Lacher, Ambrosius, *in*: Neue Deutsche Biographie, Band 13 (1982) 367f.

Grotefend, Hermann: Taschenbuch der Zeitrechnung des deutschen Mittelalters und der Neuzeit. Entworfen von Dr. H. Grotefend. Elfte verbesserte Auflage, herausgegeben von Dr. Th. Ulrich (Hannover 1971).

Grube, George: Corpus Constitutionum Prutenicarum, Oder Königliche Preußische Reichs-Ordnungen / Edicta und Mandata Sambt unterschiedenen Rescripten, Welche mit Sr. Königl. Majestät in Preussen Allergnädigsten Consens zusammen getragen / Und In drey Theil / in dessen Erstem Kirchen- Schulen- Universitaeten- Consistorial-Matrimonial-Hospital-Kloster und Stipendien- Im Andern Justitz- Wechsel- und Wett- Im

Dritten Militair-Lehn- Jagt- Forst- Post- Lammer- und Policey-Sachen / befindlich. Nebst einem vollständigen Register Herausgegeben D. George Grube / Königlicher Preuß. Hoff- Gerichts-Raht (Königsberg / gedruckt bey Johann Stelter 1721).

Gualdo, Riccardo: Marco Fabio Calvo, *in*: Dizionario Biografico degli Italiani, vol. 43 (1993).

Gundel, Wilhelm / Gundel, Hans Georg: Astrologumena. Die astrologische Literatur in der Antike und ihre Geschichte [Sudhoffs Archiv, Beiheft 6] (Wiesbaden 1966).

Gundermann, Iselin: Herzogin Dorothea von Preußen (1504–1547) [Studien zur Geschichte Preußens, Band 9] (Köln / Berlin 1965).

Gundermann, Iselin: Brandenburg-preußische Universitätsgründungen, *in*: Universitäten im östlichen Mitteleuropa. Zwischen Kirche, Staat und Nation – Sozialgeschichtliche und politische Entwicklungen. Herausgegeben von Peter Wörster unter Mitarbeit von Dorothee M. Goeze [Völker, Staaten und Kulturen in Ostmitteleuropa, Band 3] (München 2008) 105–126.

Gundlach, Franz: Catalogus Professorum academiae Marburgensis 1527–1910, bearbeitet von F. G. [Veröffentlichungen der Historischen Kommission für Hessen und Waldeck, 15] (Marburg 1927).

Gurnik, Adolf: Das große Kollegienhaus in Frankfurt a. O., *in*: Mitteilungen des Historischen Vereins für Heimatkunde zu Frankfurt a. Oder. Zweiundzwanzigstes Heft (Frankfurt a. Oder 1904) 43–46.

Guthmüller, Bodo / Kühlmann, Wilhelm (Hgg.): Europa und die Türken in der Renaissance (Tübingen 2000).

Haase, Friedrich: Vorlesungen über lateinische Sprachwissenschaft, herausgegeben von Friedrich August Eckstein, Band I: Einleitung. Bedeutungslehre (Leipzig 1874).

Haase, Günther / Winkler, Joachim (Hgg.): Die Oder-Universität Frankfurt. Beiträge zu ihrer Geschichte (Weimar 1983).

Hadeke (Hadelius, Hadus), Johannes: P. Iani Hadelii, Poetae a divo Maximiliano coronati, elegiarum liber primus (Viennae Austriacae, impensis Ioannis Meczker bibliopolae non ignobilis. Anno Christiano 1518).

Häuptli, Bruno W.: Publius Ovidius Naso: Ibis, Fragmente, Ovidiana. Lateinisch-deutsch. Herausgegeben, übersetzt und erläutert von B. W. H. (Zürich / Düsseldorf 1996).

Hambsch, Björn: Vorlesung, *in*: Gert Ueding (Hg.): Historisches Wörterbuch der Rhetorik, Band 9 (2009) Sp. 1194–1209.

Hammann, Gustav: Agricola, Johann, *in*: Neue Deutsche Biographie, Band 1

(1953) 100–101.

Hartfelder, Karl: Philipp Melanchthon als Praeceptor Germaniae [Monumenta Germaniae Paedagogica, Band 7] (Berlin 1889).

Hartfelder, Karl: Philippus Melanchthon, Declamationes. Ausgewählt und herausgegeben von K. H. Zweites Heft [Lateinische Litteraturdenkmäler des XV. und XVI. Jahrhunderts. Herausgegeben von Max Herrmann, 9] (Berlin 1894).

Hartling, Bertram: Die kurbrandenburgische Universität in Frankfurt/Oder und ihre Bedeutung für das Geistesleben Ostdeutschlands im 16. und 17. Jahrhundert, *in*: Wichmann-Jahrbuch, Band 16 (1962) 107–120.

Hartmann, Stefan: Albrecht, Herzog von Preußen, *in*: Frühe Neuzeit in Deutschland 1520–1620. Literaturwissenschaftliches Verfasserlexikon, herausgegeben von Wilhelm Kühlmann, Jan-Dirk Müller, Michael Schilling, Anselm Steiger und Friedrich Vollhardt, Band 1 (Berlin / Boston 2011) Sp. 99–106.

Haupt, Hermann: Peu(e)rbach (auch Purbach), Georg von, *in*: Neue Deutsche Biographie, Band 20 (2001) 281f.

Hausen, Carl Renatus: Geschichte der Universität und Stadt Frankfurt an der Oder seit ihrer Stiftung und Erbauung, bis zum Schluß des achtzehnten Jahrhunderts. Größtentheils nach Urkunden und Archiv-Nachrichten bearbeitet (Frankfurt an der Oder 1800; [2]1806).

Heidemann, Julius: Die Reformation in der Mark Brandenburg (Berlin 1889).

Heilen, Stephan: *Hadriani genitura* – Die astrologischen Fragmente des Antigonos von Nikaia. Band 1: Edition und Übersetzung; Band 2: Kommentar [Texte und Kommentare, Band 43] (Berlin / Boston 2015).

Heilen, Stephan: Konjunktionsprognostik in der Frühen Neuzeit, Band 1: Die Antichrist-Prognose des Johannes von Lübeck (1474) zur Saturn-Jupiter-Konjunktion von 1504 und ihre frühneuzeitliche Rezeption [Saecula Spiritalia, Band 53] (Baden-Baden 2020).

Heinrich, Gerd: Frankfurt a. d. Oder und Wittenberg. Zwei Universitätsgründungen im Vorfeld der Reformation, *in*: Peter Baumgart / Notker Hammerstein (Hg.): Beiträge zu Problemen deutscher Universitätsgründungen der frühen Neuzeit (Nendeln 1978) 111–130.

Heinrich, Gerd: Brandenburg II, *in*: Theologische Realenzyklopädie, Band 7 (Berlin / New York 1980) 111–128.

Heinrich, Gerd: Frankfurt an der Oder, Universität, *in*: Theologische Realenzyklopädie, Band 11 (Berlin / New York 1985) 335–342.

Helm, Jürgen: Zwischen Aristotelismus, Protestantismus und zeitgenössischer Medizin. Philipp Melanchthons Lehrbuch *De anima*, *in*: Melanchthon und das Lehrbuch des 16. Jahrhunderts. Begleitband zur Ausstellung im Kulturhistorischen Museum Rostock 25. April bis 13. Juli 1997. Herausgegeben von Jürgen Leonhardt (Rostock 1997) 175–191.

Henderson, Judith Rice: Erasmus von Rotterdam. C. Sprachlehre und Sprachkunst, *in*: Deutscher Humanismus 1480–1520 Verfasserlexikon. Herausgegeben von Franz Josef Worstbrock, Band 1: A-K (Berlin / New York 2008) Sp. 693–703.

Henneberger, Kaspar: Erclerung der Preüssischen grössern Landtaffel oder Mappen. Mit leicht erfindung aller Stedte / Schlösser / Flecken / Kirchdörffer / Orter / Ströme /Fliesser und See so darinnen begriffen ... Aus Alten und Newen Scribenten colligiret / wie dann auch dabei verzeichnet. Durch Casparum Hennebergerum ... (Königsperg in Preussen 1595).

Herold, Viktor: Zur ersten lutherischen Kirchenvisitation in der Mark Brandenburg 1540–1545, I. Teil, *in*: Jahrbuch für brandenburgische Kirchengeschichte 20 (1925) 5–104; II. Teil: 21 (1926) 59–128; III. Teil: 22 (1927) 25–137.

Hessus, Helius Eobanus: Operum Helii Eobani Hessi Farragines duae, nuper ab eodem qua fieri potuit diligentia contractae, et in hanc, quam uides formam coactae, quibus etiam non parum multa acceßerunt nunc primum et nata & aedita. Catalogum operum ipsorumuersa pagella ostendet. Acceßit unicuique farragini suus etiam index, explicans quid in singulis libris contineatur, & ad quos potißimum autor scribat (Halae Svevorum anno [15]39).

Heyden, Hellmuth: Die Erneuerung der Universität Greifswald und ihrer Theologischen Fakultät im 16. Jahrhundert, *in*: Festschrift zur 500-Jahrfeier der Universität Greifswald 17.10.1956. Herausgegeben von der Ernst Moritz Arndt-Universität Greifswald durch die Redaktionskommission, Band II (Greifswald 1956) 19–33.

Höhle, Michael: Zwischen Scholastik, Humanismus und Reformation. Die Anfänge der Universität Frankfurt (Oder), *in*: Ortstermine. Stationen Brandenburg-Preußens auf dem Weg in die moderne Welt. Teil der Gemeinsamen Landesausstellung Berlin und Brandenburg: Preussen 2001. Mit einem Essay von Günter de Bruyn. Herausgegeben vom Museumsverband des Landes Brandenburg e. V. (Berlin 2001) ‚Universität' 7 – ‚Universität' 16.

Höhle, Michael: Universität und Reformation. Die Universität Frankfurt (Oder) von 1506 bis 1550 [Bonner Beiträge zur Kirchengeschichte, Band 25] (Köln / Weimar / Wien 2002).

Höhle, Michael: Universitäten im Widerstreit: Frankfurt (Oder) und Wittenberg, *in*: Europäische Bildungsströme. Die Viadrina im Kontext der europäischen Gelehrtenrepublik der Frühen Neuzeit (1506–1811). Herausgegeben von Reinhard Blänkner (Schöneiche bei Berlin 2007) 61–78.

Höhle, Michael: Kontinuität und Bekenntniswechsel an der Universität Frankfurt/Oder, *in*: Enno Bünz, Heinz-Dieter Heimann, Klaus Heitmann (Hg.): Reformationen vor Ort. Christlicher Glaube und konfessionelle Kultur in Brandenburg und Sachsen im 16. Jahrhundert (Berlin 2017) 204–215.

Hofmeister, Adolph: Die Matrikel der Universität Rostock. II. Mich. 1499 – Ost. 1611. Mit Unterstützung des Grossherzoglich Mecklenburg-Schwerinschen Ministeriums und der Ritter- und Landschaft beider Mecklenburg herausgegeben von Dr. Adolph Hofmeister, Custos der Grossherzoglich. Universitäts-Bibliothek (Rostock 1891).

Holtze, Friedrich: Die ältesten märkischen Kanzler und ihre Familien, *in*: Forschungen zur Brandenburgischen und Preußischen Geschichte, Band 7 (1894) 479–531.

Holzberg, Niklas: Ein vergessener Schüler Philipp Melanchthons: Georg Aemilius, *in*: Archiv für Reformationsgeschichte 73 (1982) 94–122.

Holzberg, Niklas: Ovids Metamorphosen (München 2007).

Holzberg, Niklas: Aemilius, Georg, *in*: Killy Literaturlexikon, herausgegeben von Wilhelm Kühlmann, Band 1 (Berlin ^{2}2008) 45f.

Hooff, Anton van: Artemidor v. Daldis, *in*: Antike Medizin. Ein Lexikon. Herausgegeben von Karl-Heinz Leven (München 2005) Sp. 91–93.

Horn, Ewald: Die Disputationen und Promotionen an den Deutschen Universitäten vornehmlich seit dem 16. Jahrhundert. Mit einem Anhang enthaltend ein Verzeichnis aller ehemaligen und gegenwärtigen deutschen Universitäten [Elftes Beiheft zum Centralblatt für Bibliothekswesen] (Leipzig 1893).

Host, Matthäus: Matthaei Hosti Graecarum Literarum in Academia Francofurtana Professoris quondam, supra annos 50 Clarissimi VVillichius Senior Sive Narratio De vita, Studijs, Scriptis ac morte viri incomparabilis & immortali laude dignissimi Jodoci VVillichii Reselliani Borussiaci in Academia Marchica Philosophiae & Medicinae Professoris olim celeberrimi Cui inserta sunt Plurima lectu admodum jucunda & nonnulla scitu necessaria ob primum Academiae Francofurtanae Seculum, Communicante M. Valentino Pistorio Ecclesiae Francofurtanae Archidiacono Hosti Genero (Francofurti Marchionum Ex Officina Typographica Johannis Eichorn, Anno 1607).

Hubatsch, Walther: Albrecht von Brandenburg-Ansbach. Deutschordens-

Hochmeister und Herzog in Preußen 1490–1568 (Heidelberg 1960).
Hubatsch, Walther: Die Albertus-Universität zu Königsberg i. Pr. in der deutschen Geistesgeschichte 1544–1944, *in*: Deutsche Universitäten und Hochschulen im Osten, von Walther Hubatsch, Bernhard Stasiewski, Reinhard Wittram, Ludwig Petry, Erich Keyser [Wissenschaftliche Abhandlungen der Arbeitsgemeinschaft für Forschung des Landes Nordrhein-Westfalen, Band 30] (Köln / Opladen 1964) 9–39.
Huber-Rebenich, Gerlinde / Lütkemeyer, Sabine: Hessus (Koch; Coci), Helius Eobanus, *in*: Deutscher Humanismus 1480–1520 Verfasserlexikon. Herausgegeben von Franz Josef Worstbrock, Band 1, A-K (Berlin / New York 2008) Sp. 1066–1122.
Huber-Rebenich, Gerlinde: Hessus, Helius Eobanus, *in*: Der Neue Pauly, Supplemente 2. Staffel, herausgegeben von Manfred Landfester und Helmuth Schneider, Band 9 (Stuttgart 2014) 420–424.
Huck, Friedrich: Reformatorische Bestrebungen in Frankfurt (Oder), *in*: „Dem Wort nicht entgegen …“. Aspekte der Reformation in der Mark Brandenburg. Herausgegeben von Hans-Ulrich Delius, Max-Ottokar Kunzendorf und Friedrich Winter (Berlin 1988) 63–76.
Huebner, Wolfgang: Astrologie in der Renaissance, *in*: Zukunftsvoraussagen in der Renaissance. Herausgegeben von Klaus Bergdolt und Walther Ludwig unter Mitwirkung von Daniel Schäfer [Wolfenbütteler Abhandlungen zur Renaissanceforschung, Band 23] (Wiesbaden 2005) 241–279.
Hunger, Herbert: Lexikon der griechischen und römischen Mythologie mit Hinweisen auf das Fortwirken antiker Stoffe und Motive in der bildenden Kunst, Literatur und Musik des Abendlandes bis zur Gegenwart (Reinbek bei Hamburg 1974).
Huttner, Markus: Vorlesungsverzeichnisse als historische Quelle. Zu Entstehungsgeschichte, Überlieferungslage und Aussagewert Leipziger Lektionskataloge vom 17. bis zum 19. Jahrhundert, *in*: Ulrich von Hehl (Hg.): Sachsens Landesuniversität in Monarchie, Republik und Diktatur (Leipzig 2006) 51–71.
Immenhauser, Beat: Universitätsbesuch zur Reformationszeit. Überlegungen zum Rückgang der Immatrikulationen nach 1521, *in*: Jahrbuch für Universitätsgeschichte, Band 6 (2003) 69–88.
Irmscher, Johannes: Die klassischen Studien an der Viadrina, *in*: Die Oder-Universität Frankfurt. Beiträge zu ihrer Geschichte. Herausgegeben von Günther Haase und Joachim Winkler (Weimar 1983) 216–219.
Israel, Jürgen / Walther, Peter (Hgg.): Musen und Grazien in der Mark. 750 Jahre Literatur in Brandenburg. Ein Lesebuch (Berlin 2002).

Iustus, Guolphgangus: Omnium Academiarum, et quarundam illustrium Scholarum totius Europae, Erectiones, Fundationes & Confirmationes, à Pontificibus, Imperatoribusque Romanis, Regibus, Reginis, Episcopis, Principibus Electoribus, & Ducibus, ac Ciuitatibus Imperij, secundum temporum seriem ac succeßionem. Adiecti sunt et praecipui earundem Rectores, Authores, Instauratores, Promotores, & Praestantes Viri & Professores, egregia ornamenta atque lumina. Authore M. Guolphgango Iusto Francophordiano (Francofurti ad Viadrum, excudebat Ioannes Eichorn 1554).

Jacob, Frank-Dietrich: „Franckfurt" – Bemerkungen zur frühesten Gesamtansicht der Oderstadt, *in*: Frankfurt (Oder) in den ältesten Ansichten der Stadt aus dem 16. Jahrhundert. Stadtansichten als Quellen für die stadtgeschichtliche Forschung [Schriftenreihe des Stadtarchivs Frankfurt (Oder), Heft 2] (Frankfurt [Oder] 1997) 2–9.

Jaucourt, Louis de: Hegetmatia, *in*: Encyclopédie, ou Dictionnaire raisonné des sciences, des arts et des métiers, par une société de gens des lettres, Tome 8 (Paris 1766) 96.

Jaumann, Herbert: Humanismus$_2$, *in*: Reallexikon der deutschen Literaturwissenschaft. Neubearbeitung des Reallexikons der deutschen Literaturgeschichte, gemeinsam mit Georg Braungart, Klaus Grubmüller, Jan-Dirk Müller, Friedrich Vollhardt und Klaus Weimar herausgegeben von Harald Fricke, Band II: H-O (Berlin / New York 2000) 95–100.

Jaumann, Herbert: Hutten, Ulrich von, *in*: Deutscher Humanismus 1480–1520 Verfasserlexikon. Herausgegeben von Franz Josef Worstbrock, Band 1: A-K (Berlin / New York 2008) Sp. 1185–1237.

Jensen, Kristian: De emendata structura Latini sermonis. The Latin Grammar of Thomas Linacre, *in*: Journal of the Warburg and Courtauld Institutes, vol. 49 (1986) 106–125.

Jensen, Kristian: Die lateinische Grammatik Melanchthons: Hintergrund und Nachleben, *in*: Melanchthon und das Lehrbuch des 16. Jahrhunderts. Begleitband zur Ausstellung im Kulturhistorischen Museum Rostock 25. April bis 13. Juli 1997. Herausgegeben von Jürgen Leonhardt (Rostock 1997) 59–99.

Joachim II.: Kirchen Ordnung im Churfurstenthum der Marcken zu Brandemburg / wie man sich beide mit der Leer und Ceremonien halten sol. Gedruckt zu Berlin im jar 1540 [Hans Weiß]; *wieder abgedruckt in*: Mylius [s. unten] Erster Theil [1737] Nr. II, Sp. 6–249.

Jobst, Wolfgang: s. Iustus, Guolphgangus.

Jöcher, Christian Gottlieb (Hg.): Allgemeines Gelehrten-Lexicon, Darinne die Gelehrten aller Stände sowohl männ- als weiblichen Geschlechts, welche vom Anfange der Welt bis auf ietzige Zeit gelebt, und sich der gelehrten Welt bekannt gemacht, Nach ihrer Geburt, Leben, merckwürdigen Geschichten, Absterben und Schrifften aus den glaubwürdigsten Scribenten in alphabetischer Ordnung beschrieben werden. Erster Theil A – C (Leipzig 1750); Zweyter Theil D – L (Leipzig 1750); Dritter Theil M – R (Leipzig 1751); Vierter Theil S – Z (Leipzig 1751).

Kämmerer, Jürgen: vormals: Albertus-Universität zu Königsberg, *in*: Universitäten und Hochschulen in Deutschland, Österreich und der Schweiz. Eine Universitätsgeschichte in Einzeldarstellungen. Herausgegeben von Laetitia Boehm und Rainer A. Müller (Düsseldorf 1983) 233–236.

Kawerau, Gustav: Johann Agricola von Eisleben (Berlin 1881).

Kawerau, Gustav: Agricola, Johann, *in*: Realencyklopädie für protestantische Theologie und Kirche. Begründet von J. J. Herzog. In dritter verbesserter und vermehrter Auflage ... herausgegeben von D. Albert Hauck, Erster Band (Leipzig 1896) 249–253.

Kawerau, Gustav: Alexander Alesius' Fortgang von der Frankfurter Universität, *in*: Jahrbuch für brandenburgische Kirchengeschichte 14 (1916) 89–100.

Keil, Henricus: Grammatici Latini ex recensione Henrici Keilii. Vol. I: Flavii Sosipatri Charisii Artis Grammaticae libri V. Diomedis Artis Grammaticae libri III. Ex Charisii Arte Grammatica excerpta (Lipsiae 1857).

Keller, Andreas: Frühe Neuzeit. Das rhetorische Zeitalter (Berlin 2008).

Kemmether (2017 / 1): Kemmether, Gotthard: Brief des Frankfurter Magistrats an Joachim II. Frankfurt (Oder) 9. November 1539, *in*: Bürger, Pfarrer, Professoren. St. Marien in Frankfurt (Oder) und die Reformation in Brandenburg. Herausgegeben von Maria Deiters und Gotthard Kemmether (Frankfurt/Oder 2017) 284f.

Kemmether (2017 / 2): Kemmether, Gotthard: Edikt Kurfürst Joachims II. über die Reform der Frankfurter Universität, *in*: Bürger, Pfarrer, Professoren. St. Marien in Frankfurt (Oder) und die Reformation in Brandenburg. Herausgegeben von Maria Deiters und Gotthard Kemmether (Frankfurt/Oder 2017) 291.

Kintzinger, Martin: Ein Markt der Wissenschaften. Die Anfänge der Universität Frankfurt an der Oder, *in*: Förderverein zur Erforschung der Geschichte der Viadrina e. V., Jahresbericht Nr. 1 (1998) 6–29.

Kintzinger, Martin: Frankfurt an der Oder. Eine moderne Universität?, *in*: Attempto – oder wie stiftet man eine Universität. Die Universitätsgründungen der sogenannten zweiten Gründungswelle im Vergleich. Herausgegeben von Sönke Lorenz in Zusammenarbeit mit dem Institut für Geschichtliche Landeskunde und Historische Hilfswissenschaften der Eberhard-Karls-Universität Tübingen. Redaktion: Oliver Auge und Nicola Becker [Contubernium, Band 50] (Stuttgart 1999) 209–236.

Kipf, J. Klaus: Beckmann, Otto, *in*: Deutscher Humanismus 1480–1520 Verfasserlexikon. Herausgegeben von Franz Josef Worstbrock, Band 1: A-K (Berlin / New York 2008) Sp. 165–170.

Kipf, J. Klaus: Lang, Vinzenz (Vincentius Longinus Eleutherius), *in*: Deutscher Humanismus 1480–1520 Verfasserlexikon. Herausgegeben von Franz Josef Worstbrock, Band 2: L-Z (Berlin / Boston 2013) Sp. 12–16.

Kirchen Ordnung im Churfurstenthum der Marcken zu Brandemburg / wie man sich beide mit der Leer und Ceremonien halten sol. Gedruckt zu Berlin im jar 1540 [Druckerei Hans Weiß].

Kirchner, Ernst Daniel Martin: Die Churfürstinnen und Königinnen auf dem Throne der Hohenzollern, im Zusammenhang mit ihren Familien- und Zeit-Verhältnissen, aus den Quellen bearbeitet von E. D. M. K., 3 Bände (Berlin 1866–1870).

Klauck, Hans-Josef: Der erste Johannesbrief [EKK Evangelisch-katholischer Kommentar zum Neuen Testament, Band XXIII/1] (Göttingen 1991).

Klecker, Elisabeth: Dichter über Dichtung. Homer und Vergil in lateinischen Gedichten italienischer Humanisten des 15. und 16. Jahrhunderts [Wiener Studien, Beiheft 20] (Wien 1994).

Kliesch, Gottfried: Der Einfluß der Universität Frankfurt (Oder) auf die schlesische Bildungsgeschichte, dargestellt an den Breslauer Immatrikulierten von 1506–1648 [Quellen und Forschungen zur schlesischen Geschichte, Band 5] (Würzburg 1961).

Knefelkamp, Ulrich: Die Viadrina-Universität 1506–1613, *in*: Ulrich Knefelkamp / Siegfried Griesa (Hgg.): Frankfurt an der Oder 1253–2003 (Berlin 2003) 67–77.

Knefelkamp, Ulrich: Die alte Viadrina (1506–1811). Ein Rückblick auf ihre Geschichte, herausragende Professoren und Studenten, *in*: Richard Pyritz / Matthias Schütt (Hgg.): Die Viadrina. Eine Universität als Brücke zwischen Deutschland und Polen (Berlin 2009) 29–42.

Knod, Gustav C.: Deutsche Studenten in Bologna (1289–1562). Biographischer Index zu den Acta nationis Germanicae universitatis Bononiensis (Berlin 1899).

Knox, Peter E.: Ovid Heroides, Select Epistles, edited by P. E. K. (Cambridge 1995).

Koch, Hans-Theodor: Bartholomäus Schönborn (1530–1585). Melanchthons

De anima als medizinisches Lehrbuch, *in*: Heinz Scheible (Hg.): Melanchthon in seinen Schülern (Wiesbaden 1997) 323–340.

König / Hopp: C. Plinius Secundus d. Ä., Naturkunde. Lateinisch-deutsch, Bücher XXIX/XXX. Medizin und Pharmakologie: Heilmittel aus dem Tierreich. Herausgegeben und übersetzt von Roderich König in Zusammenarbeit mit Joachim Hopp (München / Zürich 1991).

Kößling, Rainer: Philipp Melanchthon als Grammatiker der lateinischen Sprache, *in*: Werk und Rezeption Philipp Melanchthons in Universität und Schule bis ins 18. Jahrhundert. Tagung anläßlich seines 500. Geburtstages an der Universität Leipzig. Herausgegeben von Günther Wartenberg unter Mitarbeit von Markus Hein [Herbergen der Christenheit, Sonderband 2] (Leipzig 1999) 71–81.

Korenjak, Martin: Geschichte der neulateinischen Literatur. Vom Humanismus bis zur Gegenwart (München 2016).

Kost, Karlheinz: Arat(os), *in*: Lexikon des Hellenismus. Herausgegeben von Hatto H. Schmitt und Ernst Vogt (Wiesbaden 2005) Sp. 94–99.

Krämer, Olav: Poesie der Aufklärung. Studien zum europäischen Lehrgedicht des 18. Jahrhunderts [linguae & litterae, volume 61] (Berlin / Boston 2019).

Kraus, Franz Xaver: Thamer, Theobald, *in*: Allgemeine Deutsche Biographie 37 (1894) 650.

Krebitz, Georg: s. Crebitius Croellianus, Georgius

Kroll, Wilhelm: Aus der Geschichte der Astrologie, *in*: Neue Jahrbücher für das klassische Altertum, Geschichte und deutsche Litteratur, 4. Jahrgang, 7. Band (1901) 559–577.

Kruschwitz, Peter: Terenz [Studienbücher Antike, Band 12] (Hildesheim / Zürich / New York 2004).

Kühlmann, Wilhelm: Pädagogische Konzeptionen, *in*: Notker Hammerstein (Hg.): Handbuch der Bildungsgeschichte, Band 1 (München 1996) 153–196.

Kühlmann, Wilhelm: Philipp Melanchthon (1497–1560), *in*: Humanistische Lyrik des 16. Jahrhunderts. Lateinisch und deutsch, in Zusammenarbeit mit Christof Bodamer, Lutz Claren, Joachim Huber, Veit Probst, Wolfgang Schibel und Werner Straube ausgewählt, übersetzt, erläutert und herausgegeben von Wilhelm Kühlmann, Robert Seidel und Hermann Wiegand [Bibliothek der Frühen Neuzeit. Erste Abteilung, Band 5] (Frankfurt am Main 1997) 339–357 und 1144–1158.

Kühlmann, Wilhelm: Georg Sabinus, *in*: Humanistische Lyrik des 16. Jahrhunderts. Lateinisch und deutsch, in Zusammenarbeit mit Christof Bodamer, Lutz Claren, Joachim Huber, Veit Probst, Wolfgang Schibel und Werner Straube ausgewählt, übersetzt, erläutert und herausgegeben von Wilhelm Kühlmann, Robert Seidel und Hermann Wiegand [Bibliothek der Frühen Neuzeit. Erste Abteilung, Band 5] (Frankfurt am Main 1997) 499–539 und 1240–1270.

Kühlmann, Wilhelm: Der Poet und das Reich – Politische, kontextuelle und ästhetische Dimensionen der humanistischen Türkenlyrik in Deutschland, *in*: Europa und die Türken in der Renaissance. Herausgegeben von Bodo Guthmüller und Wilhelm Kühlmann [Frühe Neuzeit, Band 54] (Tübingen 2000) 193–248.

Kühlmann, Wilhelm: Vom Humanismus zur Spätaufklärung. Ästhetische und kulturgeschichtliche Dimensionen der frühneuzeitlichen Lyrik und Verspublizistik in Deutschland. Herausgegeben von Joachim Telle, Friedrich Vollhardt und Hermann Wiegand (Tübingen 2006).

Kühlmann, Wilhelm: Wissen als Poesie. Ein Grundriss zu Formen und Funktionen der frühneuzeitlichen Lehrdichtung im deutschen Kulturraum des 16. und 17. Jahrhunderts [Frühe Neuzeit, Band 204] (Berlin / Boston 2016).

Kühlmann / Beichert: Aus den Jahren der pfälzischen Katastrophe. Julius Wilhelm Zincgrefs Briefe (1613–1626) an den Basler Professor Ludwig Lucius. Mit weiteren Briefen, Gedichten und den Thesen von Zincgrefs Basler juristischen Disputation (1613), herausgegeben, übersetzt, eingeleitet und kommentiert von Wilhelm Kühlmann und Karl Wilhelm Beichert (Heidelberg 2018).

Kühlmann / Niehl: Wilhelm Kühlmann, Rüdiger Niehl: Locher (Philomusus), Jakob, *in*: Deutscher Humanismus 1480–1520 Verfasserlexikon. Herausgegeben von Franz Josef Worstbrock, Band 2: L-Z (Berlin / Boston 2013) Sp. 62–86.

Kühlmann / Straube: Wilhelm Kühlmann, Werner Straube: Zur Historie und Pragmatik humanistischer Lyrik im alten Preußen: Von Konrad Celtis über Eobanus Hessus zu Georg Sabinus, *in*: Kulturgeschichte Ostpreußens in der Frühen Neuzeit. Herausgegeben von Klaus Garber, Manfred Komorowski, Axel E. Walter [Frühe Neuzeit, Band 56] (Tübingen 2001; Reprint Berlin 2010) 657–736; *wieder in*: Wilhelm Kühlmann: Gelehrtenkultur und Spiritualismus. Studien zu Texten, Autoren und Diskursen der Frühen Neuzeit in Deutschland, herausgegeben von Jost Eickmeyer und Ladislaus Ludescher in Zusammenarbeit mit Björn Spiekermann, Band 1 (Heidelberg 2016) 447–526.

Kühlmann / Telle: Wilhelm Kühlmann, Joachim Telle: Der Frühparacelsismus. Dritter Teil / 1. Herausgegeben und erläutert von W. K. und J. T. [Frühe Neuzeit, Band 170; Corpus Paracelsisticum, Band III. Dokumente frühneuzeitlicher Naturphilosophie in Deutschland] (Berlin / Boston 2013).

Kühlmann / Wiegand: Wilhelm Kühlmann, Hermann Wiegand: Sabinus, Georg, *in*: Frühe Neuzeit in Deutschland, 1520–1560: Literaturwissenschaftliches Verfasserlexikon, herausgegeben von Wilhelm Kühlmann, Jan-Dirk Müller, Michael Schilling, Johann Anselm Steiger und Friedrich Vollhardt, Band 5 (Berlin / Boston 2016) 397–407.

Kühn, Margarete: Die Universität Frankfurt a. d. Oder und der Humanismus in der Mark Brandenburg, *in*: Willmuth Arenhövel (Hg.): Katalog Berlin und die Antike. Architektur, Kunstgewerbe, Malerei, Skulptur, Theater und Wissenschaft vom 16. Jahrhundert bis heute (Berlin [1979]) 17–23.

Küster, George Gottfried: Martin Friedrich Seidels Bilder-Sammlung, in welcher hundert gröstentheils in der Mark Brandenburg gebohrne, allerseits aber um dieselbe wohlverdiente Männer vorgestellet werden, mit beygefügter Erläuterung, in welcher Derselben merkwürdigste Lebens-Umstände und Schrifften erzehlet werden, von G. G. K. (Berlin 1751).

Kugler, Hartmut: Städtelob, *in*: Reallexikon der deutschen Literaturwissenschaft. Neubearbeitung des Reallexikons der deutschen Literaturgeschichte gemeinsam mit Georg Braungart, Harald Fricke, Klaus Grubmüller, Friedrich Vollhardt und Klaus Weimar herausgegeben von Jan-Dirk Müller, Band 3 (Berlin / New York 2003) 491–494.

Laminski, Adolf: Georg Buchholzer. Erster evangelischer Prediger in Buckow, Schöna und Arnswalde sowie Propst an St. Nikolai in Berlin, *in*: Jahrbuch für brandenburgische Landesgeschichte, Band 50 (1999) 62–112.

Lausberg, Heinrich: Elemente der literarischen Rhetorik. Eine Einführung für Studierende der klassischen, romanischen, englischen und deutschen Philologie. Zweite, wesentlich erweiterte Auflage (München 1963).

Ledebur, Leopold von: Ueber den Tag und Ort des Uebertritts des Churfürsten Joachim II. von Brandenburg zur lutherischen Kirche. Eine durch die dritte Secularfeier dieser Begebenheit veranlaßte Zusammenstellung (Berlin 1839).

Lehmann, Andrea: Die Säkularfeiern der Alma Mater Viadrina (1606–1906) [Diplomarbeit zur Erlangung des akademischen Grades einer Diplom-Kulturwissenschaftlerin] (Europa-Universität Viadrina 2005).

Leibetseder (2017 / 1): Mathis Leibetseder: Kurfürst und Konfession. Der Gottesdienst vom 1. November 1539 als Teil kurfürstlicher Positionierungen im religiösen Feld des 16. Jahrhunderts, *in*: Reformation in Brandenburg. Verlauf – Akteure – Deutungen. Herausgegeben von Frank Göse unter Mitarbeit von Felix Engel [Schriften der Landesgeschichtlichen Vereinigung für die Mark Brandenburg, Neue Folge, Band 8] (Berlin 2017) 93–112.

Leibetseder (2017 / 2): Mathis Leibetseder (Hg.): Kreuzwege. Die Hohenzollern und die Konfessionen 1517–1740 [Stiftung Preußischer Kulturbesitz] (Berlin 2017); *hierin*: Mathis Leibetseder: a) Albrecht (1490–1568). Hochmeister bzw. Herzog in Preußen: 254–257; b) Zwei Testamente – zwei Konfessionen: 318–321; c) Joachim II. (1505–1571), Kurfürst von Brandenburg: 322–325; d) Zwischen Tradition und Reform?: 326f; e) Kurfürst und Kommunion. Ein Quellenfund zum Beginn der Reformation in der Mark Brandenburg: 328–331.

Leidl, Christoph G.: Cicero. B. De inventione und Rhetorica ad Herennium, *in*: Die Rezeption der antiken Literatur. Kulturhistorisches Werklexikon, in Verbindung mit Brigitte Egger herausgegeben von Christine Walde [Der Neue Pauly, Supplemente Band 7] (Stuttgart / Weimar 2010) Sp. 214–229.

Leonhardt, Jürgen: Melanchthon als Verfasser von Lehrbüchern, *in*: Melanchthon und das Lehrbuch des 16. Jahrhunderts. Begleitband zur Ausstellung im Kulturhistorischen Museum Rostock 25. April bis 13. Juli 1997. Herausgegeben von Jürgen Leonhardt (Rostock 1997) 13–33; *auch in:* Pirckheimer Jahrbuch für Renaissance- und Humanismusforschung, Band 13 (1998) 26–47.

Leonhardt, Jürgen: Drucke antiker Texte in Deutschland vor der Reformation und Luthers frühe Vorlesungen, *in*: Die Musen im Reformationszeitalter. Herausgegeben von Walther Ludwig im Auftrag der Stiftung Luthergedenkstätten in Sachsen-Anhalt [Schriften der Stiftung Luthergedenkstätten in Sachsen-Anhalt, Band 1] (Leipzig 2001) 97–129.

Leonhardt / Schindler: Jürgen Leonhardt, Claudia Schindler: Neue Quellen zum Alltag im Hörsaal vor 500 Jahren. Ein Tübinger Forschungsprojekt zur Leipziger Universität, *in*: Jahrbuch für Historische Bildungsforschung, Band 13 (2007) 31–56.

Lesigang-Bruckmüller, Annamaria: *Prolusio academica* und *Programma*: Zwei akademische Textsorten im Vergleich, *in*: Acta Conventus Neo-Latini Monasteriensis. Proceedings of the Fifteenth International Congress of Neo-Latin Studies (Münster 2012). General Editors: Astrid Steiner-Weber und Karl A. E. Enenkel (Leiden / Boston 2015) 359–370.

Leven, Karl-Heinz: Artemidoros Kapiton, *in*: Antike Medizin. Ein Lexikon. Herausgegeben von Karl-Heinz Leven (München 2005) Sp. 93.

Liddell / Scott / Jones: A Greek-English Lexicon, compiled by Henry George Liddell and Robert Scott, revised and augmented througout by Sir Henry Stuart Jones, ninth edition (Oxford 1940); Supplement edited by E. A. Barber (Oxford 1968); Revised Supplement edited by P. G. W. Glare (Oxford 1996).

Linacre, Thomas: Thomae Linacri Britanni De emendata structura Latini sermonis, Libri VI. Cum Praefa. Philip. Melanch. & Indice (Vitebergae apud Iosephum Clug 1532).

Linacre, Thomas: Thomae Linacri Britanni De emendata structura Latini sermonis, Libri VI. Cum epistola commendatitia Philippi Melanchthonis. Et indice quam antea copiosiore & diligentiore (Magdeburgae per Michaelem Lottherum 1543).

Lisch, Georg Christian Friedrich: Der Canzler Dr. Wolfgang Ketwig, *in*: Jahrbücher des Vereins für Mecklenburgische Geschichte und Altertumskunde, Band 26 (1861) 11–16.

Löwenstein, J[akob] S[amuel]: Biographien und Schriften der ordentlichen Professoren der Medicin an der Hochschule zu Frankfurth a. O. in den Jahren 1506 bis 1811, *in*: Janus. Central-Magazin für Geschichte und Litterargeschichte der Medicin, ärztliche Biographik, Epidemiographie, medicinische Geographie und Statistik, Band 3 (1848) 283–315 und 419–443.

Loewenstein, J[akob] S[amuel]: Zur Geschichte der Epidemien in Frankfurt a. O., *in*: Dritter Jahresbericht des Historisch-Statistischen Vereins zu Frankfurt a. O. (Frankfurt a. O. 1863) 19–31.

Löwenstein, J[akob] S[amuel]: Beiträge zur Geschichte der medicinischen Fakultät an der Hochschule zu Frankfurt a. O. während der Dauer ihres Bestehens von 1506 bis 1811, *in*: Mittheilungen des Historisch-Statistischen Vereins zu Frankfurt a. O. Neuntes bis zwölftes Heft, Heft 9 (Frankfurt a. O. [1873]) 1–28. – *Überarbeitete Fassung von Löwenstein (1848).*

Ludwig (1997 / 1): Walther Ludwig: Humanismus und Christentum im 16. Jahrhundert [Pforzheimer Hefte 6] (Pforzheim 1997).

Ludwig (1997 / 2): Walther Ludwig: Die neuzeitliche lateinische Literatur seit der Renaissance, *in*: Einleitung in die lateinische Philologie. Herausgegeben von Fritz Graf (Stuttgart / Leipzig 1997) 323–356.

Ludwig (2004 / 1): Walther Ludwig: Musenkult und Gottesdienst – Evangelischer Humanismus der Reformationszeit, *in*: Die Musen im Reformationszeitalter. Herausgegeben von Walther Ludwig im Auftrag der Stiftung Luthergedenkstätten in Sachsen-Anhalt [Schriften der Stiftung Luthergedenkstätten in Sachsen-Anhalt, Band 1] (Leipzig 2001) 9–51; *revidierte Fassung in*: Walther Ludwig: Miscella Neolatina. Ausgewählte Aufsätze

1989–2003, vol.1, edenda curavit Astrid Steiner-Weber [Noctes Neolatinae. Neo-Latin Texts and Studies, Band 2.1] (Hildesheim / Zürich / New York 2004) 249–294; *danach zitiert.*

Ludwig (2004 / 2): Walther Ludwig: Universitätslob – oder wie der Humanist Jakob Locher Philomusus für die Universität Ingolstadt warb, *in*: Philologus 140 (1996) 163–182; *revidierte Fassung in:* Walther Ludwig: Miscella Neolatina. Ausgewählte Aufsätze 1989–2003, vol. 1, edenda curavit Astrid Steiner-Weber [Noctes Neolatinae. Neo-Latin Texts and Studies, Band 2.1] (Hildesheim / Zürich / New York 2004) 378–400; *danach zitiert.*

Ludwig, Walther: Cicero's *De officiis* in Humanist School Instruction – The *Philologus incomparabilis* Hieronymus Wolf and His Great Commentary (1563) [Artes Liberales Lectures No. 4] (Warszawa 2020).

Ludwig, Walther: Ein erfinderischer Historiker: Trithemius und die Genealogie der Habsburger-Vorfahren, *in*: Wiener Studien, Band 136 (2023) 223–296.

Luther, Martin: An die Radherrn aller stedte deutsches lands: das sie Christliche Schulen auffrichtenn vnd halten sollen. Martinus Lutther. Wittemberg 1524; s. Brodersen, Kai

Luther, Martin: Biblia, das ist die gantze Heilige Schrifft Deudsch. Mart. Luth. (Wittemberg 1534).

Luther, Martin: Sendbrief vom Dolmetschen, *in*: D. Martin Luthers Werke. Kritische Gesamtausgabe, 30. Band (Weimar 1909) 627–646.

Luther, Martin: Vorrede auff die Epistel S. Pauli an die Römer, *in*: D. Martin Luthers Werke. Kritische Gesamtausgabe. Die Deutsche Bibel, 7. Band (Weimar 1931) 2–27.

Luther, Martin: Die Bibel nach Martin Luthers Übersetzung (Stuttgart 2016).

[Madihn, Ludwig Gottfried]: Rechtsgelehrtengeschichte der Universität zu Franckfurt an der Oder [Beyträge zu der juristischen Litteratur in den Preußischen Staaten. Eine periodische Schrift, 3. Sammlung] (Berlin 1779).

Mani, Nikolaus: Die griechische Editio princeps des Galenos (1525), ihre Entstehung und ihre Wirkung, *in*: Gesnerus. Swiss Journal of the history of medicine and sciences 13 (1956) 29–52.

Marti, Hanspeter: Disputation, *in*: Historisches Wörterbuch der Rhetorik. Herausgegeben von Gert Ueding, Band 2 (Tübingen 1994) Sp. 866–880.

Marzahn, Stephanie und Joachim (Hgg.): Der Stralauer Fischzug. Sagen, Geschichten und Bräuche aus dem alten Berlin (Berlin 1987).

Matrikel: Erfurt, s. Hermann Weissenborn (1884); Frankfurt an der Oder,

s. Ernst Friedlaender (1887); Heidelberg: s. Gustav Toepke (1884); Königsberg, s. Georg Erler (1910); Leipzig, s. Georg Erler (1895); Rostock, s. Adolph Hofmeister (1889); Wittenberg, s. Karl Eduard Foerstemann (1841) für Band1; Gotthold Naetebus (1905) für Band 3 (Indices).

McKeown, J[ames] C.: Ovid: Amores. Text, prolegomena and commentary in four volumes. Volume II: A commentary on book one [ARCA 22] (Leeds 1989).

Melanchthon, Philipp: De artibus liberalibus (oratio, a Phil. Mel. Tubingae habita anno 1517), *in*: Corpus Reformatorum, edidit Carolus Gottlieb Bretschneider, vol. 11 (Halis Saxonum 1843) 5–14.

Melanchthon, Philipp: Grammaticae Graecae institutiones integrae, à Philippo Melancht. conscriptae, atque pluribus in locis auctae (Coloniae apud Eucharium Ceruicornum 1525). – *Die Erstauflage erschien 1518 in Hagenau.*

Melanchthon, Philipp: Dialectices Philippi Melanchthonis, libri quatuor, ab autore nuper ipso de integro in lucem conscripti ac editi (Coloniae, Iohannes Soter excudebat 1528).

Melanchthon, Philipp: Commentarius de anima. Philip. Melanth. (Vitebergae ex officina Petri Seitz 1540); *weitere Ausgaben:* Commentarius de anima. Philip. Melan. (Argentorati ex officina Cratonis Cratomiliani Argentoratensis, Mense Septembri 1540); De anima commentarius Philippi Mel. (Parisiis. Apud Christianum Wechelum sub scuto Basiliensi in uico Iacobaeo: & sub Pegaso in uico Belalouacensi 1540).

Melanchthon, Philipp: Philippi Melanthonis Opera quae supersunt omnia. Edidit Carolus Gottlieb Bretschneider [Corpus Reformatorum, vol. 1–15] (Halis Saxonum 1834–1848); Post Carol. Gottl. Bretschneiderum edidit Henricus Ernestus Bindseil [Corpus Reformatorum, vol. 16–28] (vol. 16–18: Halis Saxonum 1850–1852; vol. 19–28: Brunsvigae 1853–1860]).

Melanchthon, Philipp: Privilegia Academiae Lipsiensis, *in*: Corpus Reformatorum. Post Carol. Gottl. Bretschneiderum edidit Henricus Ernestus Bindseil, vol. 20 (Brunsvigae 1854) 637–640; *deutsch von Rainer Kößling, in:* Melanchthon deutsch, Band 1 (Leipzig 1997) 106–109.

Melanchthon deutsch. Herausgegeben von Michael Beyer, Stefan Rhein, Günther Wartenberg, Band 1: Schule und Universität; Philosophie, Geschichte und Politik (Leipzig 1997).

Melanchthons Briefwechsel, Band 2: Regesten 1110–2335 (1531–1539). Bearbeitet von Heinz Scheible (Stuttgart-Bad Cannstatt 1978).

Melanchthons Briefwechsel, Band 7: Regesten 6691–8071 (1553–1556). Bearbeitet von Heinz Scheible und Walter Thüringer (Stuttgart-Bad Cannstatt 1993).

Melanchthons Briefwechsel, Band 11: Personen A-E. Bearbeitet von Heinz Scheible unter Mitwirkung von Corinna Schneider (Stuttgart-Bad Cannstatt 2003).

Melanchthons Briefwechsel, Band 12: Personen F-K. Bearbeitet von Heinz Scheible unter Mitwirkung von Corinna Schneider (Stuttgart-Bad Cannstatt 2005).

Melanchthons Briefwechsel, Band 13: Personen L-N. Bearbeitet von Heinz Scheible (Stuttgart-Bad Cannstatt 2019).

Melanchthons Briefwechsel, Band 14: Personen O-R. Bearbeitet von Heinz Scheible (Stuttgart-Bad Cannstatt 2020).

Melanchthons Briefwechsel, Band T 7: Texte 1684–1979 (1536–1537). Bearbeitet von Christine Mundhenk unter Mitwirkung von Heidi Hein und Judith Steiniger (Stuttgart-Bad Cannstatt 2007).

Melanchthons Briefwechsel, Band T 8: Texte 1980–2335 (1538–1539). Bearbeitet von Christine Mundhenk, Heidi Hein und Judith Steiniger (Stuttgart-Bad Cannstatt 2007).

Melanchthons Briefwechsel, Band T 9: Texte 2336–2604 (1540). Bearbeitet von Christine Mundhenk unter Mitwirkung von Marion Bechtold, Heidi Hein, Simone Kurz und Judith Steiniger (Stuttgart-Bad Cannstatt 2008).

Merbach, Paul Alfred: Literaturgeschichtliche Entwicklung der Provinz Brandenburg, *in*: Landeskunde der Provinz Brandenburg, IV. Band: Die Kultur von Prof. Robert Mielke, Paul Alfred Merbach, Dr. Curt Sachs und Dr. Richard Galle [Landeskunde der Provinz Brandenburg. Unter Mitwirkung hervorragender Fachleute herausgegeben von Ernst Friedel und Robert Mielke] (Berlin 1916) 195–367.

Mertz, Georg: Das Schulwesen der deutschen Reformation im 16. Jahrhundert (Heidelberg 1902).

Meyer, Hermann: Zur Geschichte der Universität Frankfurt a. O., *in*: Hermann Grauert zur Vollendung des 60. Lebensjahres gewidmet von seinen Schülern. Festgabe zum 7. September 1910 (Freiburg i. Br. 1910) 162–170.

Meyer, Philipp: Die Pastoren der Landeskirchen Hannovers und Schaumburg-Lippes seit der Reformation, Band 2 (Göttingen 1942).

Modrow, Irina: Wonach in Frankfurt „jeder, der nur wollte, gute Studien machen konnte ...“. Eine kleine Geschichte der Viadrina anläßlich ihres 500. Jubiläums (Schöneiche bei Berlin 2006).

Mühlpfordt, Günter: Die Oderuniversität Frankfurt (1506–1811). Mit einem Beitrag von Ralf-Rüdiger Targiel. Eine deutsche Hochschule in der Geschichte Brandenburg-Preußens und der europäischen Wissenschaft. Zum 475. Jahrestag der Eröffnung der Frankfurter Universität [Frankfurter Beiträge zur Geschichte 9] (Frankfurt [Oder] 1981).

Mühlpfordt, Günter: Die Oder-Universität 1506–1811. Eine deutsche Hochschule in der Geschichte Brandenburg-Preußens und der europäischen Wissenschaft, *in*: Die Oder-Universität Frankfurt. Beiträge zu ihrer Geschichte. Herausgegeben von Günther Haase und Joachim Winkler (Weimar 1983) 19–72.

Müller, Armin: Dialektik II. Die D. in der Antike bis Quintilian, *in*: Historisches Wörterbuch der Philosophie, Band 2: D – F (Basel 1972) Sp. 167–175.

Müller, Mario: Sabinus, Georg, *in*: Killy-Literaturlexikon, Autoren und Werke des deutschsprachigen Kulturraumes, herausgegeben von Wilhelm Kühlmann, Band 10 (Berlin 2011) 133–137.

Müller, Nikolaus: Die Besuche Philipp Melanchthons am kurfürstlichen brandenburgischen Hofe 1535 und 1538, *in*: Jahrbuch für brandenburgische Kirchengeschichte, Band 2/3 (1906) 10–19.

Müller, Rainer A.: Geschichte der Universität. Von der mittelalterlichen Universitas zur deutschen Hochschule (Hamburg 1996). – *Lizenzausgabe des 1990 im Verlag Georg D. W. Callwey GmbH & Co. (München) erschienenen Werks.*

Müller, Rainer A.: Studentenkultur und akademischer Alltag, *in*: Geschichte der Universität in Europa. Herausgegeben von Walter Rüegg, Band II. Von der Reformation zur Französischen Revolution (1500–1800) (München 1996) 263–286.

Müller, Roman: *Pura oratio* und *puri sermonis amator*. Zu zwei Begriffsklippen der Terenz-Forschung, *in*: Terentius Poeta. Herausgegeben von Peter Kruschwitz, Widu-Wolfgang Ehlers und Fritz Felgentreu [Zetemata, Band 127] (München 2007) 111–125.

Müller-Jahncke, Wolf-Dieter: Philipp Melanchthon und die Astrologie. Theoretisches und Mantisches, *in*: Philipp Melanchthon und die Naturwissenschaften seiner Zeit, herausgegeben von Günther Frank und Stefan Rhein (Sigmaringen 1998) 123–182.

Münster, Sebastian: Institutiones grammaticae in Hebraeam linguam Fr. Sebastiani Munsteri Minoritae, Ingelnheimensis, in quibus quid per ordinem tractetur, sequens indicabit pagella. Opus est recens, atque chartatim emendatum ab ipso autore in officina Frobeniana (Basileae, anno 1524).

Münster, Sebastian: Sepher Ha-Bachur. Liber electus complectens in grammatica quatuor orationes, quarum cuique tredecim sunt elementa seu fundamenta (Basileae 1525).

Münster, Sebastian: Kitsur ha-dikduk. Compendium Hebr. Grammaticae, ex

Eliae Iudaei uarijs & optimis libris per Sebastianum Munsterum concinnatum (Basileae 1527).

Muhlack, Ulrich: Rhenanus, Beatus, *in*: Deutscher Humanismus 1480–1520 Verfasserlexikon. Herausgegeben von Franz Josef Worstbrock, Band 2: L-Z (Berlin / Boston 2013) Sp. 656–710.

Mundhenk, Christine: Rhetorik und Poesie im Bildungssystem Philipp Melanchthons, *in*: Lutherjahrbuch, Band 78 (2011) 251–275.

Mundt, Lothar: Johannes Bocers Ankündigungen von *Aeneis*-Vorlesungen an der Universität Rostock 1560–1563. Ein Beitrag zur akademischen Vergil-Rezeption im 16, Jahrhundert, *in*: Wolfenbütteler Renaissance-Mitteilungen, Band 25 (2001) 103–121.

Mundt, Lothar: Die Lehrtätigkeit des Georg Sabinus an der Universität Königsberg, *in*: Manfred Komorowski / Hanspeter Marti (Hgg.): Die Universität Königsberg in der Frühen Neuzeit (Köln / Weimar / Wien 2008) 77–115. – *Eine überarbeitete und bibliographisch aktualisierte Fassung findet sich in:* Lothar Mundt: Georg Sabinus, Fabularum Ovidii interpretatio (2019) IX-XXXVII (*danach wird zitiert*).

Mundt, Lothar: Georg Sabinus, Fabularum Ovidii interpretatio – Auslegung der Metamorphosen Ovids. Herausgegeben, übersetzt und kommentiert von L. M. [Frühe Neuzeit. Studien und Dokumente zur deutschen Literatur und Kultur im europäischen Kontext, Band 226] (Berlin / Boston 2019).

Muret, Marc Antoine: M. Antonii Mureti Opera omnia ex mss. aucta et emendata cum brevi adnotatione Davidis Ruhnkenii studiose ab se recognita emendata aucta selectisque aliorum et suis adnotationibus instructa accurate edidit Carolus Henricus Frotscher. Accedunt indices copiosissimi. Vol. I (Lipsiae 1834).

Musculus, Andreas: Oratio de dignitate et necessario usu Academiarum: deque principum virorum curandi, ornandique eas officio: cum quadam laudatione Academiae Francofordianae, & honorifica Illustriß. Principis Ioannis Georgij, Electoris Brandeburgici etc. mentione. Recitata à reuerendo viro D. Andrea Musculo, Doctore & Professore Theologiae, & Marchiae Superattendente generali, cum Decanus quatuor spectata pietate & doctrina viris Doctorum gradum in Theologia decerneret, in Academia Francofordiana, die 14. Octobris, Anno 1573 (Francofordiae cis Viadrum, in officina Ioannis Eichorn [1573]).

Mylius, Christian Otto: Corpus Constitutionum Marchicarum, oder Königl. Preußis. und Churfürstl.Brandenburgische in der Chur- und Marck Brandenburg, auch incorporirten Landen publicirte und ergangene Ordnungen, edicta, mandata, rescripta etc. von Zeiten Friedrichs I. Churfürstens zu Brandenburg, etc. biß jetzo unter der Regierung Friderich Wilhelms Königs in Preussen etc. ad annum 1736. inclusivè mit allergn. Bewilligung colligiret und ans Licht gegeben von Ch. O. M. Mit Königl. Preußischen Privilegio. Erster Theil: Von Geistlichen- Consistorial und Kirchen-Sachen betreffend die Religion, äußerlichen Gottesdienst, Geistl. Jurisdiction, Kirchen-Visitation, Intraden [...] (Berlin und Halle [1737]).

Naetebus, Gotthold [Bearb.]: Album academiae Vitebergensis ab A. Chr. MDII usque ad A. MDCII. Volumen tertium continens indices, sub auspiciis bibliothecae Universitatis Halensis editum (Halis 1905).

Neander, August: Theobald Thamer, der Repräsentant und Vorgänger moderner Geistesrichtung in dem Reformationszeitalter. Eine historische Monographie von Dr. A. N. – „Die Geschichte ist Weissagung." (Berlin: Verlag von C. G. Lüderitz 1842).

Nebelung, Wolfgang: Zur Geschichte der Medizinischen Fakultät der Viadrina unter besonderer Berücksichtigung ihrer Ordinarien 1506–1811, *in*: Die Oder-Universität Frankfurt. Beiträge zu ihrer Geschichte. Herausgegeben von Günther Haase und Joachim Winkler (Weimar 1983) 197–202.

Noack / Splett: Lothar Noack, Jürgen Splett: Bio-Bibliographien. Brandenburgische Gelehrte der Frühen Neuzeit. Mark Brandenburg mit Berlin-Cölln 1506–1540 (Berlin 2009).

Novum Testamentum. Graece et Latine. Utrumque textum cum apparatu critico imprimendum curavit Eberhard Nestle novis curis elaboraverunt Erwin Nestle et Kurt Aland. Editio vicesima secunda (Stuttgart / London 1963/1969).

Nuntiaturberichte aus Deutschland 1533–1559 nebst ergänzenden Actenstükken. Vierter Band: Legation Aleanders 1538–1539, zweite Hälfte. Im Auftrage des k. Preussischen Historischen Instituts in Rom bearbeitet von Walter Friedensburg (Gotha 1893) [Nachdruck Frankfurt 1968].

Nutton, Vivian: Galenos aus Pergamon, *in*: Der Neue Pauly, Band 4 (Stuttgart 1998) Sp. 748–756.

Oeing-Hanhoff, Ludger: Dialektik III. Die D. von Boethius bis Jungius, *in*: Historisches Wörterbuch der Philosophie, Band 2: D – F (Basel 1972) Sp. 175–184.

Özyurt, Şenol: Die Türkenlieder und das Türkenbild in der deutschen Volksüberlieferung vom 16. bis zum 20. Jahrhundert (München 1972).

Paulos Alexandrinos: Paulu Alexandreōs Eisagōgika / Pauli Alexandrini Elementa apotelesmatica, edidit Ae. [Emilie] Boer. Interpretationes astronomicas addidit O[tto] Neugebauer (Lipsiae 1958).

Paulsen, Friedrich: Geschichte des gelehrten Unterrichts auf den deutschen Schulen und Universitäten vom Ausgang des Mittelalters bis zur Gegenwart. Mit besonderer Rücksicht auf den klassischen Unterricht (Leipzig 1885; ²1896; Berlin ³1919/1920).

Peil, Dietmar: Efeu, *in*: Metzler Lexikon literarischer Symbole. Herausgegeben von Günter Butzer und Joachim Jacob. 2., erweiterte Auflage (Stuttgart / Weimar 2012) 81–83.

Perkins, Caroline A.: Ovid's Erotic *vates*, *in*: Helios: journal devoted to critical and methodological studies of classical culture, literature, and society, vol. 27 (Lubbock 2000) 53–61.

Pettke, Sabine: *s.* Die pommersche Kirchenordnung von Johannes Bugenhagen 1535. Text mit Übersetzung, Erläuterungen und Einleitung. Herausgegeben im Auftrag der Evangelischen Landeskirche Greifswald von Norbert Buske (Berlin 1985); *die neuhochdeutsche Übersetzung der Kirchenordnung (S. 157–211) stammt von Sabine Pettke.*

Peuerbach, Georg von: Theoricae novae planetarum Georgii Purbachii astronomi celebratissimi [Nürnberg] [ca. 1473].

Peuerbach, Georg von: Theoricae nouae Planetarum, id est, septem errantium, syderum, necnon Octaui orbis, seu firmamenti authore Georgio Purbachio Germano, Mathematicarum disciplinarum (olim) interprete subtilissimo, nuper summa diligentia Orontij Finei Delphinatis emendatae, figuris item opportunissimis, & scholijs non aspernandis illustratae, longeque castigatius, quam antea, ipso curante coimpressae. Vaenundantur parisijs, in vico a sancto Iacobo, apud Reginaldum Caldarium, sub hominis siluestris insignio commorantem. 1534.

Pfotenhauer, Paul: Sechsstädter auf der Universität Frankfurt a. O. in der Zeit von 1506–16016, *in*: Neues Lausitzisches Magazin 62 (1886) 181–205.

Pingree, David: Māshā' allāh, *in*: Dictionary of Scientific Biography (1974) 159–162.

Pisanski, Georg Christoph: G. C. Pisanski's Entwurf einer preußischen Literärgeschichte in vier Büchern. Mit einer Notiz über den Autor und sein Buch herausgegeben von Rudolf Philippi (Königsberg 1886).

Polleichtner / Binder / Laird: Wolfgang Polleichtner, Gerhard Binder, Andrew Laird: Vergil (Publius Vergilius Maro), *in*: Die Rezeption der antiken Literatur. Kulturhistorisches Werklexikon, in Verbindung mit Brigitte Egger herausgegeben von Christine Walde [Der Neue Pauly Supplemente Band 7] (Stuttgart / Weimar 2010).

Pratscher, Wilhelm: Antichrist, *in*: Das wissenschaftliche Bibellexikon im Internet (WiBiLex), erstellt: Juni 2010. Permanenter Link zum Artikel:

http://www.bibelwissenschaft.de/stichwort/49887/

Preuß, Hans: Die Vorstellungen vom Antichrist im späteren Mittelalter, bei Luther und in der konfessionellen Polemik. Ein Beitrag zur Theologie Luthers und zur Geschichte der christlichen Frömmigkeit (Leipzig 1906).

Primavesi, Oliver: Eudem(os), *in*: Lexikon des Hellenismus. Herausgegeben von Hatto H. Schmitt und Ernst Vogt (Wiesbaden 2005) Sp. 311–315.

Proklos [Pseudo-Proklos]: Procli Diadochi Sphaera, astronomiam discere incipientibus utilissima, Thoma Linacro Britanno interprete, ad Arcturum, Cornubiae, Valliaeque illustrissimum principem (Venetiis cura, & diligentia Aldi Ro. Mense octob. M.ID. Cui concessum est ab Ill. S. V. ne hos quoque libros alii cuiquam impune formis excudere liceat).

Pyritz / Schütt: Richard Pyritz, Matthias Schütt (Hgg.): Die Viadrina. Eine Universität als Brücke zwischen Deutschland und Polen (Berlin 2009).

Rädle, Fidel: Disputatio, *in*: Reallexikon der deutschen Literaturwissenschaft. Neubearbeitung des Reallexikons der deutschen Literaturgeschichte gemeinsam mit Harald Fricke, Klaus Grubmüller und Jan-Dirk Müller herausgegeben von Klaus Weimar, Band 1 (Berlin / New York 1997) 376–379.

Rädle, Fidel: Die Musen in der katholischen Welt zwischen Thesenanschlag und Tridentinum, *in*: Die Musen im Reformationszeitalter. Herausgegeben von Walther Ludwig im Auftrag der Stiftung Luthergedenkstätten in Sachsen-Anhalt [Schriften der Stiftung Luthergedenkstätten in Sachsen-Anhalt, Band 1] (Leipzig 2001) 131–149.

Rädle, Fidel: Zur Neuauflage von Harry C. Schnurs Anthologie „Lateinische Gedichte deutscher Humanisten“, *in*: Neulateinisches Jahrbuch, Band 20 (2018) 556–573.

Rappaport, Bruno: Hegetmatia, *in*: Paulys Realencyclopädie der classischen Altertumswissenschaft, Band VII,2 (1912), Sp. 2613.

Rasmus, Eduard: Ueber die fabelhafte Urgeschichte von Frankfurt a. d. Oder, *in*: Mittheilungen des Historischen Vereins für Heimathkunde zu Frankfurt a. O. Fünfzehntes bis Siebzehntes Heft (Frankfurt a. O. 1885) 1–4.

R., G. W. v. = Raumer, Georg Wilhelm von: Verzeichniß der Vorlesungen der philosophischen Fakultät auf der Universität zu Frankfurt an der Oder vom Jahre 1541, *in*: Allgemeines Archiv für die Geschichtskunde des Preußischen Staates. Herausgegeben von Leopold von Ledebur, Siebzehnter Band (Berlin / Posen / Bromberg 1835) 298–301.

Rehfeld / Targiel: Hans Jürgen Rehfeld, Ralf Rüdiger Targiel: Führer durch die Ausstellung anläßlich des 500. Geburtstages Ulrichs von Hutten, *in*: Ulrich von Hutten. Mit Feder und Schwert. Katalog zur Ausstellung anläßlich seines 500. Geburtstages 1988 [Schriftenreihe des Stadtarchivs Frankfurt (Oder), Heft 1, herausgegeben von Ralf-Rüdiger Targiel] (Frankfurt [Oder] 1988) 50–96.

[Reiffenstein, Johannes]: Farrago aliquot epigrammatum, Philippi Melanchthonis, & aliorum quorundam eruditorum. Opusculum sanè elegans ac nouum (Haganoae per Iohannem Secerium A. 1528 Mense Ianuario).

Reitmann, Tatjana: Notiz zur Etymologie Odra, Oder, Viadrus, *in*: Karl Schlögel / Beata Halicka (Hgg.): Oder – Odra. Blicke auf einen europäischen Strom (Frankfurt am Main 2009) 115–118.

Rexroth, Frank: Wie sozialisiert man eine Hochschule? Die Eröffnungsfeiern der mittelalterlichen deutschen Universitäten und die Gründung der Erfurter Universität (28. April 1392), *in*: Berichte zur Wissenschaftsgeschichte, Band 21 (1998) 19–33.

Rhein, Stefan: Philipp Melanchthon als Gräzist, *in*: Werk und Rezeption Philipp Melanchthons in Universität und Schule bis ins 18. Jahrhundert. Tagung anläßlich seines 500. Geburtstages an der Universität Leipzig. Herausgegeben von Günther Wartenberg unter Mitarbeit von Markus Hein [Herbergen der Christenheit, Sonderband 2] (Leipzig 1999) 53–69.

Rhein, Stefan: Ein Gruß aus Wittenberg. David Chytraeus und die Hausschule Melanchthons, *in*: Karl-Heinz Glaser / Steffen Stuth (Hgg.): David Chytraeus (1530–1600). Norddeutscher Humanismus in Europa. Beiträge zum Wirken des Kraichgauer Gelehrten (Ubstadt-Weiher 2000) 1–19.

Rhein, Stefan: Die Crucigers – eine Dichterfamilie?, *in*: Die Crucigers. Caspar der Ältere, Caspar der Jüngere und Elisabeth Cruciger in ihrer Bedeutung für die Wittenberger Reformation. Herausgegeben von Armin Kohnle und Irene Dingel [Leucorea-Studien zur Geschichte der Reformation und der Lutherischen Orthodoxie, Band 40] (Leipzig 2021) 320–348.

Riedel, Adolph Friedrich: Codex diplomaticus Brandenburgensis. Sammlung der Urkunden, Chroniken und sonstigen Quellenschriften für die Geschichte der Mark Brandenburg und ihrer Regenten. Herausgegeben von Dr. Adolph Friedrich Riedel. Des ersten Haupttheiles oder der Urkunden-Sammlung für die Orts- und specielle Landesgeschichte dritter Band (Berlin 1843) [I, 3].

Riedel, Adolph Friedrich: Riedel's Codex diplomaticus Brandenburgensis. Sammlung der Urkunden, Chroniken und sonstigen Geschichtsquellen für die Geschichte der Mark Brandenburg und ihrer Regenten. Fortgesetzt auf Veranstaltung des Vereines für Geschichte der Mark Brandenburg. Des ersten Haupttheiles oder der Urkunden-Sammlung für die Orts- und spezielle Landesgeschichte dreiundzwanzigster Band (Berlin

1862) [I, 23].

Riedel, Adolph Friedrich: Riedel's Codex diplomaticus Brandenburgensis [... *wie bei I, 23*] Des zweiten Haupttheiles oder der Urkunden-Sammlung für die Geschichte der auswärtigen Verhältnisse sechster Band (Berlin 1858) [II, 6].

Riedel, Adolph Friedrich: Riedel's Codex diplomaticus Brandenburgensis [... *wie bei I, 23*] Des dritten Haupttheiles oder der Sammlung für allgemeine Landes- und kurfürstliche Hausangelegenheiten dritter Band (Berlin 1861) [III, 3].

Riedel, Adolph Friedrich: Riedel's Codex diplomaticus Brandenburgensis [... *wie bei I, 23*] Des vierten Haupttheiles oder der Urkunden-Sammlung für die Orts- und spezielle Landesgeschichte erster Band (Berlin 1862) [IV,1].

Riedel, Adolph Friedrich: Riedel's Codex diplomaticus Brandenburgensis [... *wie bei I, 23*] Supplementband und Schluß des ganzen Werkes bis auf die Register (Berlin 1865).

Ritschl, Friedrich: Friedrich Ritschl's Kleine philologische Schriften. Zweiter Band: Zu Plautus und lateinischer Sprachkunde. Friderici Ritschelii Opuscula philologica, volumen II: Ad Plautum et grammaticam Latinam spectantia (Leipzig 1868. Lipsiae MDCCCLXVIII).

Römer, Christof: Herkunft der Studenten der Universität Frankfurt/O. 1506–1810 [Historischer Handatlas von Brandenburg und Berlin, Nachträge, Heft 2] (Berlin / New York 1980).

Rogge, Joachim: Agricola, Johann, *in*: Theologische Realenzyklopädie, Band 2 (1978) 110–118.

Rostagni, Augusto: Svetonio *De poetis* e biografi minori. Restituzione e commento di A. R. (Torino 1964).

Rütten, Thomas: Hippokrates im Gespräch. Ausstellung des Instituts für Theorie und Geschichte der Medizin und der Universitäts- und Landesbibliothek Münster (10.12.1993 bis 8.1.1994) anläßlich der Eröffnung der Zweigbibliothek Medizin. Katalog von Th. R. (Münster 1993).

Sabinus (1535): Georgii Sabini Brandeburgensis Hodoeporicon. Itineris Italici. Anno 1535.

Sabinus (1538): Georgii Sabini Brandeburgensis Poemata. Quorum catalogum sequenti pagina reperies. [*Kolophon:*] Argentorati apud Cratonem Mylium Mense Martio Anno 1538. – *Catalogus eorum quæ hoc uolumine continentur. Elegiarum libri IIII. Cæsares Germanici. Epigrammata. Epithalamia Georgij Sabini, & Annæ filiæ Philippi Melanchthonis. Additæ sunt Petri Bembi, & Baptistæ Egnatij Epistolæ de Sabino scriptæ.*

Sabinus (1544): Georgii Sabini Brandeburgensis Poëmata. Ab authore recens aucta & recognita. [*Kolophon:*] Argentorati apud Cratonem Mylium, An. 1544. Mense Maio. – *Catalogus eorum quæ hoc uolumine continentur. Elegiarum libri IIII. Cæsares Germanici. Epigrammatum & Hendecasyllaborum liber. De nuptijs Regis Poloniæ carmen Heroicum, continens præcipuas omnium Polonicorum Regum historias. Ecloga de Gallo ad Ticinum capto. Additæ sunt aliquot epistolæ, cum ipsius Sabini: tum Petri Bembi, Baptistæ Egnatij, & Caroli V. Imperatoris, de Sabino scriptæ.*

Scheible, Heinz: Georg Sabinus (1508–1560). Ein Poet als Gründungsrektor, *in*: Die Albertus-Universität zu Königsberg und ihre Professoren. Aus Anlaß der Gründung der Albertus-Universität vor 450 Jahren herausgegeben von Dietrich Rauschning, Donata v. Nerée [Jahrbuch der Albertus-Universität zu Königsberg/Pr., Band 29 (1994)] (Berlin 1995) 17–31.

Scheible, Heinz: Melanchthon als akademischer Lehrer, *in*: Melanchthon in seinen Schülern, herausgegeben von Heinz Scheible (Wiesbaden 1997) 13–30.

Scheible, Heinz: Die Reform von Schule und Universität in der Reformationszeit, *in*: Lutherjahrbuch, Band 66 (1999) 237–262.

Scheible, Heinz: Philipp Melanchthon (1497–1560). Melanchthons Werdegang, *in*: Humanismus im deutschen Südwesten. Biographische Profile. Herausgegeben von Paul Gerhard Schmidt im Auftrag der Stiftung >Humanismus heute< des Landes Baden-Württemberg (Stuttgart 2000) 221–238.

Scheible, Heinz: Melanchthon. Vermittler der Reformation. Eine Biographie (München 2016).

Scherer, Emil Clemens: Geschichte und Kirchengeschichte an den deutschen Universitäten. Ihre Anfänge im Zeitalter des Humanismus und ihre Ausbildung zu selbständigen Disziplinen (Freiburg i. Br. 1927; Nachdruck Hildesheim / New York 1975).

Schirrmeister, Albert: Triumph des Dichters. Gekrönte Intellektuelle im 16. Jahrhundert [Frühneuzeitstudien, Neue Folge, Band 4] (Köln / Weimar / Wien 2003).

Schmidmaier, Dieter: Hodegetik im Umfeld von Jodocus Willich, *in*: Frankfurter Beiträge zur Geschichte 12 (Frankfurt a. O. 1983).

Schmidt, Paul Gerhard: Ulrich von Hutten als humanistischer Dichter, *in*: Ulrich von Hutten – Humanist, Publizist 1488–1523. Katalog zur Ausstellung des Landes Hessen anläßlich des 500. Geburtstages, bearbeitet von Peter Laub (Kassel 1988) 231–235.

Schnalke, Thomas: Chiron, *in*: Antike Medizin. Ein Lexikon. Herausgegeben von Karl-Heinz Leven (München 2005) Sp. 192f.

Schneider, Joachim: Über die Herkunft und Varianten des Flussnamens Oder, *in*: Mitteilungen des historischen Vereins zu Frankfurt (Oder), Heft 1 (2003) 7–14.

Schopenhauer, Arthur: Die Kunst, recht zu behalten [Reclam Taschenbuch Nr. 20694] (Ditzingen 2023).

Schroeter, Adalbert: Beiträge zur Geschichte der neulateinischen Poesie Deutschlands und Hollands von Adalbert Schroeter. Aus seinem Nachlaß herausgegeben mit Unterstützung der Königlich Preußischen Akademie der Wissenschaften [Palaestra, Band 77] (Berlin 1909).

Schubert, Charlotte: Zur Standortbestimmung des Digitalen in den Altertumswissenschaften, *in*: Gymnasium. Zeitschrift für Kultur der Antike und Humanistische Bildung, Band 127 (2020) 305–327.

Schuchard, Christiane: Die brandenburgischen Kirchenvisitations-Abschiede und -Register des XVI. und XVII. Jahrhunderts. Band 4: Die Mittelmark, Teil 1: Mittlere Mittelmark. Aus dem Nachlass von Victor Herold herausgegeben von der Historischen Kommission zu Berlin. Bearbeitet von Christiane Schuchard [Veröffentlichungen der Historischen Kommission zu Berlin. In Verbindung mit dem Landesarchiv Berlin, Band 109 /1] (Berlin 2019). – *Visitationsabschied Berlin-Cöln vom 15. August 1540: 31–39; Visitationsregister vom Jahre 1540: 39–96.*

Schuchard, Christiane: Die brandenburgischen Kirchenvisitations-Abschiede und -Register des XVI. und XVII. Jahrhunderts. Band 4: Die Mittelmark, Teil 3: Östliche Mittelmark. Aus dem Nachlass von Victor Herold herausgegeben von der Historischen Kommission zu Berlin. Bearbeitet von Christiane Schuchard [Veröffentlichungen der Historischen Kommission zu Berlin. In Verbindung mit dem Landesarchiv Berlin, Band 109/3] (Berlin 2021). – *Frankfurt (Oder) Stadt: Visitationsabschied vom 11. September 1540: 28–36; Einkünfte des Gemeinen Kastens: 36–51; Visitationsregister vom September 1540: 51–115.*

Schultze, Johannes: Die Mark Brandenburg. Vierter Band: Von der Reformation bis zum Westfälischen Frieden (1535–1648) (Berlin 1964).

Schwengler, Hans-Joachim: Jodocus Willichius, Polyhistor an der Oder-Universität Frankfurt im ersten Jahrhundert ihres Bestehens, *in*: Jahrbuch für brandenburgische Landesgeschichte 39 (1988) 88–96.

Schwenk, Herbert: Der pomphafte Einzug von Kurprinz Joachim, *in*: Berlinische Monatsschrift, 7. Jahrgang, Heft 10 (Oktober 1998) 16–22.

Schwenke / Vouilliéme: Paul Schwenke, Ernst Voulliéme: Die Berliner Druckerei des Hans Weiss 1540–47, *in*: Aus den ersten Zeiten des Berliner Buchdrucks der Friedrich-Wilhelms-Universität Berlin zum 11. Oktober

1910 überreicht von der Königlichen Bibliothek (Berlin 1910) 31–109.

Schwinges, Rainer Christoph: Deutsche Universitätsbesucher im 14. und 15. Jahrhundert. Studien zur Sozialgeschichte des Alten Reiches [Veröffentlichungen des Instituts für europäische Geschichte Mainz. Abteilung Universalgeschichte, Band 123] – [Beiträge zur Sozial- und Verfassungsgeschichte des Alten Reiches, Band 6] (Wiesbaden 1986).

Schwinges, Rainer Christoph: Rektorwahlen. Ein Beitrag zur Verfassungs-, Sozial- und Universitätsgeschichte des alten Reiches im 15. Jahrhundert [Vorträge und Forschungen, Sonderband 38] (Sigmaringen 1992).

Scripta publice proposita a Professoribus in Academia Vuitebergensi ab anno 1540 usque ad annum 1553 (VVitebergae excudebant Haeredes Petri Seitzii 1553); *zu den weiteren sechs Bänden, die bis 1572 erschienen, s. Domtera-Schleichardt (2021) 170f.*

Scripta in Academia Rostochiensi publice proposita, ab anno Christi 1560 usque ad Octobrem anni 1563 & inde ad initium anni 1567. Partes duae cum indice (Rostochii excudebat Iacobus Transylvanus anno 1567).

Seebaß, Gottfried: Andreas Osiander d. Ä. und der Osiandrische Streit. Ein Stück preussischer Landes- und reformatorischer Theologiegeschichte, *in*: Die Albertus-Universität zu Königsberg und ihre Professoren. Aus Anlaß der Gründung der Albertus-Universität vor 450 Jahren herausgegeben von Dietrich Rauschning, Donata v. Nerée [Jahrbuch der Albertus-Universität zu Königsberg/Pr., Band 29 (1994)] (Berlin 1995) 33–47.

Seidel, Robert: Praeceptor comoedorum. Philipp Melanchthons Schultheaterpädagogik im Spiegel seiner Prologgedichte zur Aufführung antiker Dramen, *in*: Werk und Rezeption Philipp Melanchthons in Universität und Schule bis ins 18. Jahrhundert. Tagung anläßlich seines 500. Geburtstages an der Universität Leipzig. Herausgegeben von Günther Wartenberg unter Mitarbeit von Markus Hein [Herbergen der Christenheit, Sonderband 2] (Leipzig 1999) 99–122.

Seidel, Robert: Lutherische Ehelehre und antikisierende Epithalamiendichtung – Ein Hochzeitsgedicht für Georg Sabinus und Anna Melanchthon, *in*: Neulateinisches Jahrbuch, Band 9 (2007) 287–307.

Seifert, Jan: Poesie, *in*: Barbara Bauer (Hg.): Melanchthon und die Marburger Professoren (1527–1627) (Marburg ²2000) 153–196.

Sieber, Armin: Die Rezeption von Philipp Melanchthons Rhetorik und Dialektik in volkssprachlichen Quellen des 16. Jahrhunderts, *in*: Werk und Rezeption Philipp Melanchthons in Universität und Schule bis ins 18. Jahrhundert. Tagung anläßlich seines 500. Geburtstages an der Universität Leipzig. Herausgegeben von Günther Wartenberg unter Mitarbeit von

Markus Hein [Herbergen der Christenheit, Sonderband 2] (Leipzig 1999) 133–146.

Siegmund-Schultze, Ernst: Alesius, Alexander, *in*: Theologische Realenzyklopädie, Band 2 (1978) 231–235.

Siegmund-Schultze, Ernst: Das Leben des Alexander Alesius (1500–1565) (Aachen 2005).

Solemnia anni secularis sive centesimi sacra, Quae Dei Opt. Max. favore serenissimi Principis Electoris Brandenburgici &c. assensu voluntateque Academia Francofurti ad Viadrum XXVII. April. anni MDCVI piè publicèque celebrabat gratitudinis debitae et memoriae ergo. Vulgata Sumptibus Iohannis Thiemen ([Francofurti ad Viadrum 1606] Typis Johannis Eichorn).

Sonnek, Johannes: Die Beibehaltung katholischer Formen in der Reformation Joachims II. von Brandenburg [Diss.] (Berlin 1903).

Spieker, Christian Wilhelm: Beschreibung und Geschichte der Marien- oder Oberkirche zu Frankfurt an der Oder. Ein Beitrag zur Kirchen- und Reformations-Geschichte der Mark Brandenburg (Frankfurt a. d. Oder 1835).

Spieker, Christian Wilhelm: Geschichte der Einführung der Reformation in die Mark Brandenburg. Zur Säkularfeier am 1. November 1839 (Berlin 1839).

Sprigath, Gabriele K.: Das Dictum des Simonides. Der Vergleich von Dichtung und Malerei, *in*: Poetica 36 (2004) 243–280.

Staats, Ines: Die Juristenprofile der Viadrina 1506–1571. Ein Beitrag zur „Familienuniversität" in Frankfurt an der Oder [Universität Potsdam, Philosophische Fakultät] (https://doi.org/10.25932/publishup-49056, abgerufen am 26. Januar 2023).

Stanhuffius, Michael: Sylvula complectens praecipua meteorum genera, quae apud Aristotelem & alios Philosophos passim reperiuntur, iam recens edita. Authore M. Michaele Stanhuffio VVurtzburgensi. Adiecta est Elegia Clarissimi uiri Bernardi Holtorpij (VVitebergae apud Vitum Creutzerum, anno 1554).

Staube, Manfred: Die Stellung Frankfurts im Wirtschaftsleben zur Zeit der Gründung der Universität, *in*: Die Oder-Universität Frankfurt. Beiträge zu ihrer Geschichte. Herausgegeben von Günther Haase und Joachim Winkler (Weimar 1983) 73–89.

Stegmann (2017 / 1): Andreas Stegmann: Die Kirchenpolitik des brandenburgischen Kurfürsten Joachim II., *in*: Jahrbuch für Berlin-Brandenburgische Kirchengeschichte 71 (2017) 42–148.

Stegmann (2017 / 2): Andreas Stegmann: Die brandenburgische Kirchenordnung von 1540, *in*: Enno Bünz, Heinz-Dieter Heimann, Klaus Heitmann (Hg.): Reformationen vor Ort. Christlicher Glaube und konfessionelle Kultur in Brandenburg und Sachsen im 16. Jahrhundert (Berlin 2017) 235–288.

Stegmann (2017 / 3): Andreas Stegmann: Die Kirchenordnung Joachims II. von 1540, *in*: 100 Schlüsselquellen zur Geschichte von Berlin, Brandenburg und Preußen, URL: https://www.hiko-berlin.de/Kirchenordnung-1540 [abgerufen am 31.08.2022].

Stegmann (2017 / 4): Andreas Stegmann: Die Reformation in der Mark Brandenburg (Leipzig 2017).

Stegmann, Andreas: Quellen zur brandenburgischen Reformationsgeschichte (1517–1615). Bearbeitet von A. St. [Einzelveröffentlichung des Brandenburgischen Landeshauptarchivs, Band 25; Teilband 1 und 2] (Tübingen 2020).

Stein, Caspar: Das Alte Königsberg. Eine ausführliche Beschreibung der drei Städte Königsberg samt ihren Vorstädten und Freiheiten, wie sie anno 1644 beschaffen waren. Von Caspar Stein. Nach dessen lateinischem Peregrinator zum ersten Male ins Deutsche übertragen von Arnold Charisius (Königsberg i. Pr. 1911). *Unveränderter Nachdruck*: [Sonderschriften des Vereins für Familienforschung in Ost- und Westpreußen, Nr. 91] (Hamburg 1998).

Steinacher, Roland: Wenden, Slawen, Vandalen. Eine frühmittelalterliche pseudologische Gleichsetzung und ihre Nachwirkungen, *in*: Die Suche nach den Ursprüngen: von der Bedeutung des frühen Mittelalters. Herausgegeben von Walter Pohl [Forschungen zur Geschichte des Mittelalters, Band 8] (Wien 2004) 329–353.

Steinmüller, Paul: Einführung der Reformation in die Kurmark Brandenburg durch Joachim II. (Halle 1903).

Steinmüller, Paul: Das Bekenntnis Joachims II., *in*: Forschungen zur Brandenburgischen und Preußischen Geschichte 17 (1904) 237–246.

Stölzel, Adolf: Brandenburg-Preußens Rechtsverwaltung und Rechtsverfassung dargestellt im Wirken seiner Landesfürsten und obersten Justizbeamten. Erster Band (Berlin 1888).

Stolberg, Michael: The Decline of Uroscopy in Early Modern Learned Medicine (1560–1650), *in*: Early Science and Medicine 12 (2007) 313–336.

Stotz, Peter: Die lateinische Sprache im Mittelalter, *in*: Online-Publikationen des MLS Zürich (http://www.uzh.ch/mls/onlinepub.html [abgerufen am 29.7.2009]) 3–37.

Stroh, Wilfried: Die Nachahmung des Demosthenes in Ciceros Philippiken,

in: Éloquence et rhétorique chez Cicéron: sept exposés suivis de discussions, Vandoeuvres-Genève, 24–29 août 1981 [Entretiens sur l'Antiquité Classique, 28] (Vandoeuvres-Genève 1982) 1–31.
Stroh, Wilfried: Ciceros demosthenische Redezyklen, *in*: Museum Helveticum 40 (1983) 35–50.
Stroh, Wilfried: Ovids Penelope. Zu seinem ersten Heroidenbrief, *in*: Hyperboreus 13 (2007) 191–208.
Stroh, Wilfried: Philosophie und Rhetorik in der antiken Bildungsgeschichte, *in*: Antike im Dialog. Herausgegeben von Rolf Kussl [Dialog Schule – Wissenschaft. Klassische Sprachen und Literaturen, Band 45] (Speyer 2011) 11–105.
Strohmaier, Gotthard: Avicenna (München ²2006).
Stupperich, Robert; Die Eigenart der Reformation in der Mark Brandenburg, *in*: „Dem Wort nicht entgegen ...". Aspekte der Reformation in der Mark Brandenburg. Herausgegeben von Hans-Ulrich Delius, Max-Ottokar Kunzendorf und Friedrich Winter (Berlin 1988) 13–30.
Tacke, Andreas: Geschichte wird gemacht: Zu den Metamorphosen eines Herrscherbildes. Die Darstellung des Kurfürsten Joachim II. von Brandenburg vom 16. bis zum 20. Jahrhundert, *in*: Aufreiter, Johanna (Hg.): KunstKritikGeschichte. Festschrift für Johann Konrad Eberlein (Berlin 2013) 353–372.
Targiel, Ralf-Rüdiger: Alma Mater Viadrina. Nachbetrachtung einer Ausstellung, *in*: Die Oder-Universität Frankfurt. Beiträge zu ihrer Geschichte. Herausgegeben von Günther Haase und Joachim Winkler (Weimar 1983) 279–285.
Targiel, Ralf-Rüdiger: Ulrich von Hutten und Frankfurt (Oder). Zu den ersten Stationen seines humanistischen Bildungsweges, *in*: Ulrich von Hutten – Humanist, Publizist 1488–1523. Katalog zur Ausstellung des Landes Hessen anläßlich des 500. Geburtstages, bearbeitet von Peter Laub (Kassel 1988) 167–174.
Targiel, Ralf-Rüdiger: Die zweite Etappe der Viadrina, *in*: Historischer Verein zu Frankfurt (Oder) e. V. – Mitteilungen, 1. Heft (1992) 20–23.
Targiel, Ralf-Rüdiger: Zu den Frankfurter Stadtansichten von 1548 und 1563, *in*: Frankfurt (Oder) in den ältesten Ansichten der Stadt aus dem 16. Jahrhundert. Stadtansichten als Quellen für die stadtgeschichtliche Forschung [Schriftenreihe des Stadtarchivs Frankfurt (Oder), Heft 2] (Frankfurt [Oder] 1997) 10–20.
Targiel, Ralf-Rüdiger: Christoph Stummel und die erste Studentenkomödie, *in*: UNI*on* 30 (Mai 2001) 23.

Targiel, Ralf-Rüdiger: Vom Fluss- zum Schmucknamen der Universität?, *in*: UNIon 37/39 (Februar/Mai 2003) 25.

Targiel (2006 / 1): Ralf-Rüdiger Targiel: Vom Großen Collegienhaus der Frankfurter Universität, *in*: Die Mark Brandenburg. Zeitschrift für die Mark und das Land Brandenburg, Heft 63 (Berlin 2006) 29–31.

Targiel (2006 / 2): Ralf-Rüdiger Targiel: Zur Geschichte des Großen Collegienhauses der Viadrina – sie endete 1962 und hinterließ keinerlei Spuren, *in*: UNI*on* 50 (August 2006) 32f.

Targiel, Ralf-Rüdiger: Publius Vigilantius Axungia – der erste Poet der Universität – ermordet vor 500 Jahren, *in*: Historischer Verein zu Frankfurt (Oder) e. V. Mitteilungen, Heft 1 (2012) 19–21.

Teitge, Hans-Erich: Der Buchdruck des 16. Jahrhunderts in Frankfurt an der Oder: Verzeichnis der Drucke [Beiträge aus der Staatsbibliothek zu Berlin, Preußischer Kulturbesitz, Band 11] (Berlin 2000).

Tewes, Götz-Rüdiger: Caesarius, Johannes, *in*: Deutscher Humanismus 1480–1520 Verfasserlexikon. Herausgegeben von Franz Josef Worstbrock, Band 1: A-K (Berlin / New York 2008) Sp. 349–360.

Thamer, Theobald: Paraclesis, id est, adhortatio ad sacratissimae Theologiae studium in Marpurgensi Academia celeberrima iam pridem habita, Per Theobaldum Thamerum, Theologiae Professorem. – Matthaei 9. Rogate Dominum messis, ut extrudat operarios in messem suam. – 2. Esdr. 2. Venite igitur ut aedificemus murum Hierusalem, ne simus ultra opprobrium. – 1. Cor. 9. Sic currite, ut comprehendatis (V. D. M. I. E. Marpurgi 1543).

Thielen, Peter Gerrit: Die Kultur am Hofe Herzog Albrechts von Preußen (1525–1568) [Göttinger Bausteine zur Geschichtswissenschaft, Heft 12] (Göttingen 1953).

Thorndike, Lynn: The Sphere of Sacrobosco and its Commentators (Chicago 1949).

Thurn, Nikolaus: Deutsche neulateinische Städtelobgedichte: Ein Vergleich ausgewählter Beispiele des 16. Jahrhunderts, *in*: Neulateinisches Jahrbuch, Band 4 (2002) 253–269.

Tieleman, Teun: Galen, *in*: Antike Medizin. Ein Lexikon. Herausgegeben von Karl-Heinz Leven (München 2005) Sp. 315–319.

Toepke, Gustav: Die Matrikel der Universität Heidelberg von 1386 bis 1662. Bearbeitet und herausgegeben von Gustav Toepke. Erster Theil: Von 1386 bis 1553 (Heidelberg 1884).

Töppen, Max: Die Gründung der Universität Königsberg und das Leben ihres ersten Rektors Georg Sabinus (Königsberg 1844).

Traninger, Anita: Disputation, Deklamation, Dialog. Medien und Gattungen europäischer Wissensverhandlungen zwischen Scholastik und Humanismus [Text und Kontext, Band 33] (Stuttgart 2012).

Traut, Hermann: Kurfürst Joachim II. von Brandenburg und der Türkenfeldzug vom Jahre 1542. Nach archivalischen Quellen bearbeitet (Gummersbach 1892).

Tschackert, Paul (Hg.): Urkundenbuch zur Reformationsgeschichte des Herzogthums Preußen. Dritter Band, Urkunden, zweiter Theil, 1542 bis 1549 [Publicationen aus den K. Preußischen Staatsarchiven, Band 45] (Leipzig 1890).

Van der Poel, Marc G. M.: De declamatio bij de humanisten. Bijdrage tot de studie van de functies van de rhetorica in de Renaissance (Nieuwkoop 1987).

VD 16: Verzeichnis der Drucke des 16. Jahrhunderts

Verweyen, Theodor / Srb, Wolfgang: Auf den Spuren eines hessisch-mitteldeutschen Späthumanismus. Artus Vigelius und seine Epithalamien-Anthologie, in: Dirk Niefanger / Werner Wilhelm Schnabel (Hgg.): Positionierungen. Pragmatische Perspektiven auf Literatur und Musik der Frühneuzeit (Göttingen 2017) 51–222.

Vögel, Herfried: Studien zu Ulrich von Hutten, *in*: Arbitrium 9 (1991) 306–311.

Vogel, Monika: Ter quinque volumina: Zahlenparaphrase in der lateinischen Dichtung von ihren Anfängen bis ins zweite Jahrhundert n. Chr. (Münster 2014).

Vogler, Günter: Die Reformation und die kurmärkischen Städte (1517–1539), *in*: Frankfurter Beiträge zur Geschichte 12 (Frankfurt a. O. 1983).

Vogler, Günter: Ulrich von Hutten – Ritter, Reformer, Rebell?, *in*: Ulrich von Hutten. Mit Feder und Schwert. Katalog zur Ausstellung anläßlich seines 500. Geburtstages 1988 [Schriftenreihe des Stadtarchivs Frankfurt (Oder), Heft 1, herausgegeben von Ralf-Rüdiger Targiel] (Frankfurt [Oder] 1988) 7–38.

Vormbaum, Reinhold: Die Evangelischen Schulordnungen des Sechszehnten Jahrhunderts [Evangelische Schulordnungen, Band 1] (Gütersloh 1860).

Vosberg, Emmy: Urkunden zur Güterverwaltung der Universität Frankfurt a. O. Herausgegeben von E. V. (Breslau 1903), *wieder in:* Acten und Urkunden der Universität Frankfurt a. O. Herausgegeben von Georg Kaufmann und Gustav Bauch unter Mitwirkung von Paul Reh und Emmy Vosberg. Erster Band (umfassend die bisher erschienenen Hefte I-VI) (Breslau 1907).

*Voss, Walter: Die wirtschaftlichen Verhältnisse der Universität Frankfurt a. O. 1506–1653 [Diss. Berlin 1939] (Greifswald 1939).

Voulliéme, Ernst: Nachträge zu den Buchhändleranzeigen des XV. Jahrhunderts in getreuen Nachbildungen, *in*: Erich von Rath (Hg.): Wiegendrucke und Handschriften. Festgabe Konrad Haebler zum 60. Geburtstag (Leipzig 1919) 18–44.

Walter, Uwe: Die Arbeit der Zuspitzung. Ciceros rhetorische Totalmobilmachung in den *Philippischen Reden* und das Ende der Römischen Republik, *in*: Lore Benz / Jochen Sauer (Hgg.): Rhetorik Politik Propaganda. Cicero und die Macht des Wortes (Heidelberg ^{2}2021) 11–38.

Walther, Peter: Musen und Grazien in der Mark, 750 Jahre Literatur in Brandenburg. Ein historisches Schriftstellerlexikon (Berlin 2002).

Wartenberg, Günther (Hg.): Werk und Rezeption Philipp Melanchthons in Universität und Schule bis ins 18. Jahrhundert. Tagung anläßlich seines 500. Geburtstags an der Universität Leipzig [Herbergen der Christenheit, Sonderband 2] (Leipzig 1999).

Wear, Andrew: Galen in the Renaissance, *in*: Vivian Nutton (ed.): Galen: Problems and Prospects. A Collection of Papers submitted at the 1979 Cambridge Conference (London 1981) 229–262.

Weichert, Friedrich: Die Oder-Universität Frankfurt und ihre Reformbestimmungen aus dem 16. Jahrhundert unter besonderer Berücksichtigung der theologischen Aspekte, *in*: Jahrbuch für Berlin-Brandenburgische Kirchengeschichte 55 (1985) 113–156.

Weissenborn, Hermann: Acten der Erfurter Universitaet. Herausgegeben von der Historischen Commission der Provinz Sachsen. Bearbeitet von Dr. J. C. Hermann Weissenborn, II. Theil, 2b-20. Allgemeine und Facultätsstatuten von 1390–1636; 3b. Allgemeine Studentenmatrikel, 2. Hälfte (1492–1636) [Geschichtsquellen der Provinz Sachsen und angrenzender Gebiete, Achter Band, Acten der Erfurter Universitaet, Zweiter Theil] (Halle 1884).

Wels, Volkhard: Melanchthon, Philipp: Elementa rhetorices. Grundbegriffe der Rhetorik. Mit den Briefen Senecas, Plinius‘ d. J. und den „Gegensätzlichen Briefen“ Giovanni Picos della Mirandola und Franz Burchards herausgegeben, übersetzt und kommentiert von Volkhard Wels (Potsdam ^{2}2011).

Weng, Gerhard: Philipp Melanchthons Gedichte zum akademischen Leben an der Leucorea zu Wittenberg, *in*: Fragmenta Melanchthoniana. Zur Geistesgeschichte des Mittelalters und der frühen Neuzeit, Band 1, herausgegeben von Günter Frank und Sebastian Lalla (Heidelberg / Ubstadt-

Weiher / Basel 2003) 179–241.

Wenskus, Otta: Die angebliche Vorhersage einer Sonnenfinsternis durch Thales von Milet. Warum sich diese Legende so hartnäckig hält und warum es wichtig ist, ihr nicht zu glauben, *in*: Hermes 144 (2016) 2–17.

Wiedermann, Gotthelf: Alexander Alesius' lectures on the Psalms at Cambridge, *in*: The Journal of Ecclesiastical History, vol. 37 (1986) 15–41.

Wiegand, Hermann: Hodoeporica. Studien zur neulateinischen Reisedichtung des deutschen Kulturraums im 16. Jahrhundert. Mit einer Bio-Bibliographie der Autoren und Drucke [Saecula Spiritalia, Band 12] (Baden-Baden 1984).

Wiegand (2000 / 1): Hermann Wiegand: Johannes Hadeke-Hadelius. Ein niedersächsischer Wanderhumanist in Rostock, Krakau und Wien, *in*: Humanismus im Norden. Frühneuzeitliche Rezeption antiker Kultur und Literatur an Nord- und Ostsee. Herausgegeben von Thomas Haye [Chloe. Beihefte zum Daphnis, Band 32] (Amsterdam / Atlanta, GA 2000) 105–133.

Wiegand (2000 / 2):Hermann Wiegand: Neulateinische Türkenkriegsepik des deutschen Kulturraums im Reformationsjahrhundert, *in*: Europa und die Türken in der Renaissance. Herausgegeben von Bodo Guthmüller und Wilhelm Kühlmann [Frühe Neuzeit, Band 54] (Tübingen 2000) 177–192.

Wiegand / Kühlmann: Hermann Wiegand, Wilhelm Kühlmann: Sabinus, Georg, *in*: Frühe Neuzeit in Deutschland 1520–1620: literaturwissenschaftliches Verfasserlexikon, herausgegeben von Wilhelm Kühlmann, Jan-Dirk Müller, Michael Schilling, Johann Anselm Steiger und Friedrich Vollhardt, Band 5 (Berlin / Boston 2016) Sp. 397–407.

Wilhelmi, Thomas: Stymmelius, Christoph, *in*: Frühe Neuzeit in Deutschland 1520–1620: literaturwissenschaftliches Verfasserlexikon, herausgegeben von Wilhelm Kühlmann, Jan-Dirk Müller, Michael Schilling, Johann Anselm Steiger und Friedrich Vollhardt, Band 6 (Berlin / Boston 2017) Sp. 205–212.

Willichius, Iodocus: Physiognomonica Aristotelis Latina facta. A Iodoco Willichio Reselliano. Addita est eiusdem interpretis oratio in laudem Physiognomoniae (Excusum Vitebergae, in officina Nicolai Schirlenz, Anno 1538).

Willichius, Iodocus: Brevis et familiaris in Epistolam Pauli ad Titum expositio. Autore Iodoco VVillichio (Lipsiae, ex officina Michaelis Blum, Mense Maio Anno 1540).

Willichius, Iodocus: Ars magirica hoc est, coquinaria, de cibariis, ferculis opsonijs, salimentis & potibus diuersis parandis, eorumque facultatibus.

Liber Medicis, philologis, & sanitatis tuendae studiosis omnibus apprimè vtilis. Iodoco VVillichio Reselliano Medico & Theologo, Academiae Francofordianae cis Viadrum professore doctißimo, nunc primùm editus. Huic accedit, Iacobi Bifrontis Rhaeti de operibus lactariis epistola. Cum indice rerum & verborum (Tiguri apud Iacobum Gesnerum [1563]).

Willichius, Iodocus: Urinarum probationes, D. Iodoci VVilichii Reselliani: illustratae scholis medicis, Hieronymi Reusneri Leorini D. med. in quibus principia solidae Uroscopiae, ad solidae Philosophiae fontes reuocantur: multique medicorum errores deteguntur. His accessere variae macularum delineationes: atque genuini urinarum colores. Remedia item plurima ex urina desumpta: maxima uerò ex parte Chemica. Cum Gratia & Priuileg. Caes. Maiest. (Basileae, per Sebastianum Henricpetri, 1582 mense Septembri).

Winkle, Stefan: Geißeln der Menschheit. Kulturgeschichte der Seuchen (Berlin ^{3}2005; Nachdruck 2014).

Winkler, Kurt: Kulturlandschaft Brandenburg? Annäherungen an und Distanzierungen von einem kulturhistorischen Paradigma, *in*: Günter de Bruyn – Schreibwelten. Zwischen märkischer Kulturgeschichte und deutscher Gegenwart. Herausgegeben von Christiane Barz, Wolfgang de Bruyn und Hannah Lotte Lund (Berlin 2022) 127–137.

Worstbrock (2013 / 1): Franz Josef Worstbrock: Vigilantius, Publius (Arvinianus, Gregorius; Schmerlin, Georg), *in*: Deutscher Humanismus 1480–1520 Verfasserlexikon. Herausgegeben von Franz Josef Worstbrock, Band 2 L-Z (Berlin / Boston 2013) Sp. 1245–1254.

Worstbrock (2013 / 2): Franz Josef Worstbrock: Wimpina (Koch), Konrad (Conradus Coci de Wimpina, ex Buchen dictus Wimpina), *in*: Deutscher Humanismus 1480–1520 Verfasserlexikon. Herausgegeben von Franz Josef Worstbrock, Band 2 L-Z (Berlin / Boston 2013) Sp. 1375–1404.

Worstbrock (2013 / 3): Franz Josef Worstbrock: Rustinimicus (Bauernfeind), Marcus, *in*: Deutscher Humanismus 1480–1520 Verfasserlexikon. Herausgegeben von Franz Josef Worstbrock, Band 2 L-Z (Berlin / Boston 2013) Sp. 776–780.

Zedler, Johann Heinrich: Grosses vollständiges Universal-Lexicon aller Wissenschafften und Künste, Band 29 (Halle / Leipzig 1741).

Zundel, Eckart: Clavis Quintilianea. Quintilians >Institutio oratoria< (Ausbildung des Redners) aufgeschlüsselt nach rhetorischen Begriffen (Darmstadt 1989).

Register
Personen und Sachen (in Auswahl)

A. = Anmerkung